Adam Zagajewski

POLEN

Staat im Schatten der Sowjetunion

SPIEGEL-BUCH

Umschlagentwurf: SPIEGEL-Titelgrafik
Karte: SPIEGEL-Grafik
Veröffentlicht im Rowohlt Taschenbuch Verlag GmbH,
Reinbek bei Hamburg, Mai 1981

Satz Times (Linotron 404)
Gesamtherstellung Clausen & Bosse, Leck
Printed in Germany
ISBN 3 499 33011 3

Inhalt

1
Vom Zauber des Wortes «Revolution» berauscht

Die ersten Jahre

Die Danziger Lenin-Werft im August 1980 zur Zeit der großen Streiks. Der Versammlungssaal ist von Vertretern zahlreicher Betriebe aus allen polnischen Küstenstädten voll besetzt.

Zum Vorstandstisch, über dem der polnische weiße Adler und ein Kruzifix hängen, kommt ein kleiner, gedrungener Mann. Er nimmt das Mikrofon und sagt:

«Ich bin der Delegierte eines kleinen Betriebes in Pruszcz Gdański. Ich kann aber nicht länger schweigen, ich muß es euch gestehen: Ich bin Parteimitglied, war Delegierter zum 7. Parteitag und zur 2. Parteikonferenz, bin Mitglied der Exekutive des Danziger Wojewodschaftskomitees der Partei. Ich bin Parteimitglied, aber in Wirklichkeit gehöre ich zu euch.»

Die Menge im Saal schreit: «Raus mit ihm, raus!»

Verwirrt versucht sich der Mann zu rechtfertigen. Er sei bereit, auf alles zu schwören, was ihm heilig und teuer ist: Er sei gläubiger Katholik, mit seiner Frau kirchlich getraut, seine Kinder habe er, obschon Parteimitglied, taufen lassen.

Die Menge brüllt: «Wir kennen diese Sorte! Wer hat den überhaupt delegiert?» Der Mann auf dem Podium zittert vor Angst, dann ruft er: «Ich werde vor euch auf das Kruzifix schwören, daß ich die Wahrheit sage.»

Das Kruzifix hängt zu hoch für ihn. Jemand holt einen Stuhl, der Mann klettert rauf und küßt die Christusfigur. Daraufhin beschließen die Delegierten, ihm zu vergeben.

Die obige Szene beobachtete Ewa Milewicz, Warschauer Juristin und Mitglied des KOR-Komitees für Gesellschaftliche Selbstverteidigung. Sie hatte jene entscheidenden Danziger Tage unter den streikenden Werftarbeitern verbracht. Die von ihr beschriebene Szene zeigt, wie in einem Spiegel, die wesentlichsten Widersprüche, die seit 1945 die polnische Wirklichkeit prägen. Im Alltag bleiben diese Widersprüche eher verborgen, erst außergewöhnliche Ereignisse bringen sie ans Tageslicht und machen die Doppelgleisigkeit des Lebens der Polen sichtbar – eines gläubigen und intelligenten Volkes, das in den steifen Rahmen des kommunistischen Systems hineingezwungen wurde.

Die Ereignisse auf der Danziger Werft 1980, mit dem ihnen eigenen schnellen Rhythmus des Denkens und des Handelns, haben es auch zustande gebracht, daß aus einer namenlosen Arbeitermasse plötzlich authentische Anführer aufgetaucht sind. Aber auch die Parteifunktionäre zeigten in jenen Tagen, unter dem Druck nicht alltäglicher Umstände, menschlichere Gesichter. Müde, in Schweiß gebadet, zu einem Dialog mit den Arbeitern gezwungen, mußten sie ihre bürokratische Routine durchbrechen. Tadeusz Fiszbach beispielsweise, der Danziger Parteisekretär, blieb im Gedächtnis der Streikteilnehmer als ein Parteiapparatschik, mit dem es sich doch vernünftig reden läßt, mit dem eine sachliche Verständigung möglich ist.

Eine Überraschung ähnlicher Art war die Rede, die der neuernannte Premierminister, General Wojciech Jaruzelski, im Februar 1981 im Sejm, dem polnischen Parlament, hielt. Der neue Regierungschef sprach wie ein reifer Politiker, der sich der ungeheuer komplizierten Lage im Lande voll bewußt ist und der das Danziger Abkommen zwischen Staat und Volk vollkommen respektierte. Es gab in seiner Rede nicht die Spur von jener arroganten Diktion eines Militärdiktators, wie das von jenen befürchtet wurde, die allein schon auf das Wort Armeegeneral mißtrauisch reagierten.

Fast alles, was im August 1980 in Polen zum Vorschein kam, war bereits früher vorhanden, wenngleich verdeckt. Es gab selbstverständlich die christliche Frömmigkeit und den flammenden Patriotismus, es gab daneben einen Parteikonformismus sowie die Vorsicht nicht engagierter Parteiloser, es gab ebenfalls einige Gründungskomitees freier Gewerkschaften – kleine Gruppen mutiger, entschlossener Leute, die stets von der Polizei bewacht und verfolgt wurden. Auch bei einzelnen Politikern des Regierungslagers mußte schon eine Bereitschaft vorhanden gewesen sein, die wirkliche Stimmung im Lande zu erkennen. August 1980 stand im Zeichen eines gewaltigen Ausbruchs der verborgenen Realität.

Wenn man den Sinn der polnischen Umwandlung verstehen will, muß man – wenn auch nur im gleichen eiligen Tempo, in dem Touristengruppen Pompeji und Herkulaneum besichtigen – die Geschichte jenes Vulkans kennenlernen. Es gibt etwas Faszinierendes in der Geschichte der polnischen Nation, die nach dem Zweiten Weltkrieg eine ihr aufgezwungene, aus dem Osten importierte Revolution erlebte. Sie erkannte dann am eigenen Leib, daß die radikale Lösung der sozialen Frage, das heißt die Verstaatlichung der Produktionsmittel, zu einer ebenso radikalen Verschärfung des klassischen politischen Problems der Macht führte, die von wenigen Menschen über das ganze Volk ausgeübt wird. Dennoch vermochte es diese Nation, sich auf ihre in früheren Jahren errungenen Tugenden zu besinnen und ihre Identität zu retten. Der Preis, den sie dafür zahlen mußte, war ein Leben voller Paradoxe, ohne politische, soziale und wirtschaftliche Stabilität, ohne die Bequemlichkeit des Wohlstands.

Etwas, was in Westeuropa völlig unbekannt ist, dagegen in Budapest, Prag oder Ostberlin sehr wohl verstanden wird, ist die permanente Verflechtung zweier Wirklichkeiten und zweier Sprachen – der offiziellen und der inoffiziellen –, zweier Denkweisen, zweier Kirchen – der marxistischen und der katholischen –, zweier Moralen, zweier Rituale. Dieser Dualismus geht auf das Jahr 1945 zurück, auf eine Epoche also, in der Europa neu gestaltet wurde, in der neue, nicht dem eigenen Volk, sondern fremden Befehlshabern verpflichtete Politiker an die Macht kamen. In Polen gehörte zu den letzten authentischen Persönlichkeiten des politischen Lebens Stanislaw Mikolajczyk, ein erfahrener Politiker und zugleich eine Gestalt wie aus der Volkssage.

Stanislaw Mikolajczyk, ein nicht sehr großer, untersetzter, glatzköpfiger Mann bäuerlicher Abstammung, gehörte in den dreißiger Jahren zu den führenden Politikern der Stronnictwo Ludowe, der Bauernpartei, die die Interessen der kleinen Landbesitzer vertrat. In einem Memoirenbuch aus jener Zeit wird die folgende Anekdote erzählt: Ein Oberst der polnischen Armee hielt während eines Manövers ein Fuhrwerk an. Zwei Polizisten saßen rittlings auf einem Mann, den sie auf die Bretter des Wagens geworfen hatten. «Wen habt ihr da?» fragte der Oberst. «Ach, das ist so ein Bauernaufwiegler», antwortete einer der Polizisten. «Er heißt Mikolajczyk. Er wollte ohne Erlaubnis des Kreisvorstehers eine Kundgebung organisieren und leistet uns Widerstand.»

Derselbe Bauernaufwiegler wurde im Jahre 1943 Premierminister der polnischen Exilregierung in London. Nach dem Kriegsende kam er nach Polen zurück, und 1947 mußte er wieder das Land verlassen – um der ihm drohenden Verhaftung zu entgehen –, versteckt im Kofferraum der Limousine des amerikanischen Botschafters.

Mikolajczyk, ein Realist, ein hartnäckiger und ausdauernder Taktiker, konferierte mit Churchill, Roosevelt und Stalin. Die von ihm geleitete Exilregierung repräsentierte die überwiegende Mehrheit der Polen in der Heimat, darunter die zwei großen Parteien der Linken: die Polnische Sozialistische Partei (Polska Partia Socjalistyczna – PPS) und die schon erwähnte Bauernpartei. Diese beiden Parteien bildeten zusammen mit den Nationaldemokraten und den Christdemokraten ein Untergrundparlament in dem von den Deutschen besetzten Polen.

Im Land wirkte also ein «Untergrundstaat», der über Ersatzministerien verfügte, über eine eigene Rechtsprechung, ein Bildungssystem mit Grundschulen, Gymnasien und Universitäten, über zahlreiche eigene Publikationen sowie last, not least über eigene Kampfeinheiten – die Armia Krajowa (AK), die Heimatarmee.

Diese politischen Körperschaften und gesellschaftlichen Institutionen bildeten eine Einheit und verstanden ihre Rolle als die Fortsetzung des polnischen Staates aus der Zeit vor September 1939. Die Teilnahme der Sozialistischen Partei und der Bauernpartei, die in starker Opposition zu den Gruppierungen um Polens Vorkriegsdiktator Józef Pilsudski standen, ließ hoffen, daß der künftige unabhängige polnische Staat eine parlamentarische Demokratie werden, gewisse gesellschaftliche Reformen durchführen und die Fehler des Vorkriegsautoritarismus korrigieren würde. Die Aufgabe der Londoner Exilregierung war es in dieser Konstellation, Polen in der Welt zu repräsentieren. Zwischen London und Warschau wurde ein ständiger Funkkontakt mit Hilfe von chiffrierten Depeschen aufrechtgehalten.

Unter die voluminöse Kappe des «Londoner Lagers» paßte fast alles, was zu jener Zeit in Polen lebte und dachte: die Linke, das Zentrum, die Rechte, die Katholiken, die Atheisten, die Bauern, die Arbeiter, die Intellektuellen, die Jugend, die Genossenschaften, Marxisten, Thomisten und Existentialisten. Hier in Warschau, Krakau und anderswo fanden politische und literarische Diskussionen statt, hier wurden heimlich Bücher herausgegeben, hier wurde eine Kadermannschaft herangebildet, die gleich nach der Wiedergewinnung der nationalen Unabhängigkeit die Verwaltung organisieren sollte.

Außerhalb des Londoner Lagers bildeten sich im besetzten Polen Gruppen von verhältnismäßig geringer Bedeutung, unter ihnen allerdings die Kommunisten. Die polnischen Kommunisten hatten – im Gegensatz zu den Sozialisten – nie eine starke, einflußreiche Partei.

In den dreißiger Jahren wurden sie nicht nur von der Warschauer Regierung bekämpft, sondern waren auch dem Argwohn Stalins zunehmend ausgesetzt, der 1938 schließlich befahl, die Kommunistische Partei Polens aufzulösen.

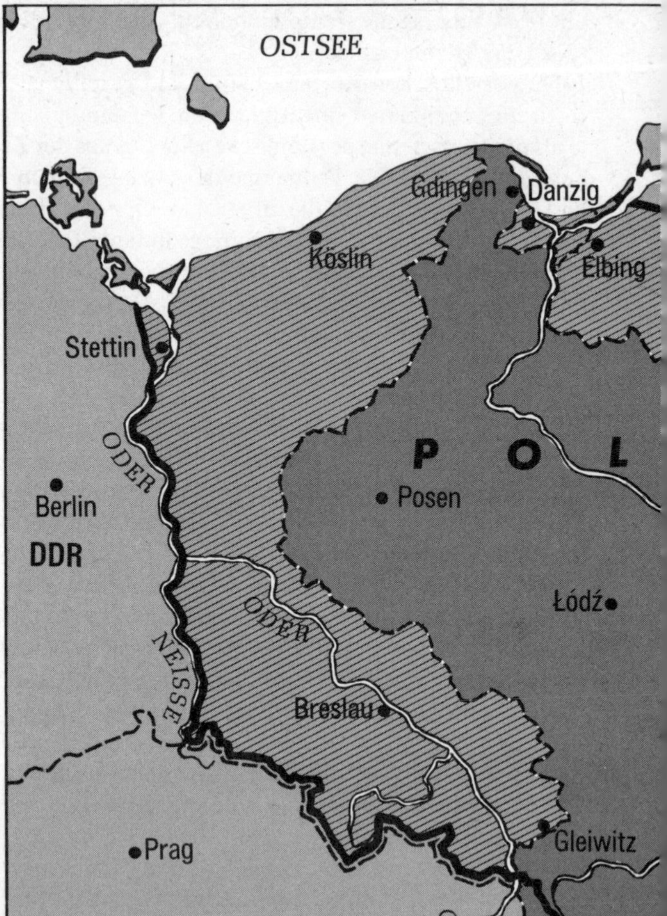
OSTSEE
Gdingen
Danzig
Köslin
Elbing
Stettin
ODER
P O L
Berlin
Posen
DDR
Łódź
ODER
NEISSE
Breslau
Prag
Gleiwitz
TSCHECHOSLOWAKEI
100 Kilometer
Grenze Polens seit 1945

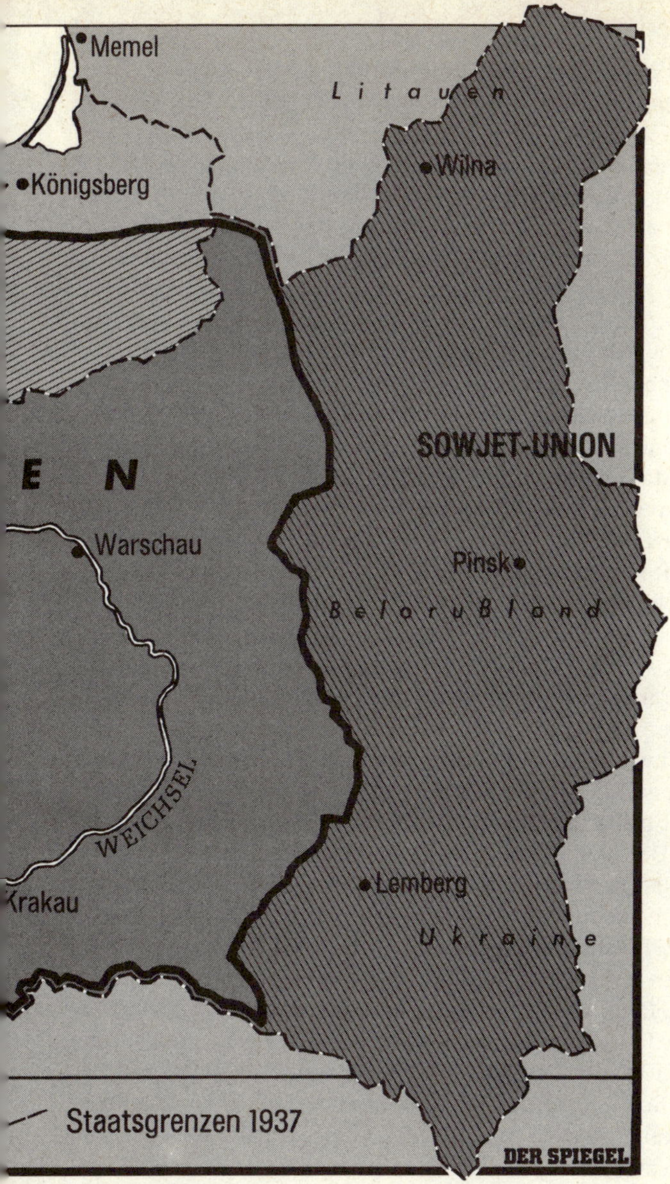
Memel
Litauen
Wilna
Königsberg
SOWJET-UNION
EN
Warschau
Pinsk
Belorußland
WEICHSEL
Lemberg
Krakau
Ukraine
Staatsgrenzen 1937
DER SPIEGEL

Eine beträchtliche Anzahl polnischer Kommunistenführer wurde nach Moskau befördert und als «imperialistische Spione und Provokateure» erschossen oder in die Gulag-Lager verschickt.

Dennoch hat gerade jene kleine Gruppe von eigentlich wenig bekannten Leuten, die Stalins Säuberungsaktionen überstanden, nach der Befreiung des polnischen Territoriums durch die Rote Armee die Macht im Lande übernommen, während das große Londoner Lager zerschlagen, zerstört, zur Flucht ins Ausland oder zum Schweigen gezwungen wurde. Einzelne seiner Vertreter wurden zwar auch in die neue Regierung aufgenommen, sie mußten jedoch vorher die Spielregeln der Kommunisten bedingungslos akzeptieren, die sich nun der Unterstützung des allmächtigen Josef Stalin erfreuten.

Drei Männer, jeder auf seine Weise groß – Churchill, Roosevelt und Stalin –, entschieden damals über das zukünftige Schicksal der Welt. Ihre Gespräche, in denen Roosevelts Kopfschmerzen beinahe genügten, um die Unabhängigkeit eines der kleineren europäischen Länder zu beenden, waren für die Zukunft genauso wichtig wie die großen militärischen Aktionen und Heldentaten auf den Schlachtfeldern.

Churchill ließ sich damals von der Idee leiten, zwei sehr unterschiedliche Forderungen miteinander zu vereinbaren: die Erschaffung eines starken und unabhängigen Polens und die Befriedigung von Stalins Ansprüchen auf die östlichen Wojewodschaften Polens. Mikolajczyk wäre vielleicht bereit gewesen, den Vorschlag Churchills – eine Westverschiebung Polens bei einer gleichzeitigen Garantierung der politischen Unabhängigkeit – zu akzeptieren, wenn er nicht durch die Haltung der eigenen Regierung gebunden gewesen wäre, die heftig gegen Grenzveränderungen protestierte. Denn zum ersten glaubte die Exilregierung nicht, daß sich die Sowjetunion an ihre Zusagen bezüglich der Unabhängigkeit Polens in dessen neuen Grenzen halten würde. Und zum zweiten sah sie keinen Grund, 180000 Quadratkilometer des eigenen Territoriums freiwillig abzutreten, ohne die eigene Bevölkerung konsultiert zu haben.

Zu jener Zeit waren die Polen übrigens überzeugt, daß ihr wirklich heldenhafter Kampf gegen die Nazis nach dem Kriegsende entsprechend gewürdigt würde. Es war eine naive Hoffnung, aber in dem von den Deutschen besetzten und gequälten Land gab es damals kaum jemanden, der imstande gewesen wäre, in Kategorien des politischen Realismus zu denken.

Die Lage wurde um so schwieriger, als die UdSSR seit April 1943 die diplomatischen Beziehungen zu der polnischen Exilregierung in London abgebrochen hatte. Das war die Strafe dafür, daß jene Regierung sich an das Rote Kreuz gewandt hatte, mit der Bitte, eine Gesandtschaft nach Katyn bei Smolensk zu schicken, wo die Deutschen Massengräber von polnischen Offizieren gefunden hatten. Die Verbrechen in Katyn waren, wie verschiedene Untersuchungen bestätigt haben, das Werk von Stalin und seinem Geheimdienstchef Berija. Über 4000 polnische Offiziere, die im September 1939 in sowjetische Gefangenschaft geraten waren, wurden in Katyn durch Genickschuß ermordet.

Am 1. August 1944 brach der Warschauer Aufstand aus. Die Entscheidung, den Kampf aufzunehmen, fällten die Führer der Heimatarmee (AK) in Warschau. Es war der verzweifelte Versuch, noch im letzten Moment vor dem Einmarsch sowjetischer Truppen die polnische Hauptstadt von polnischen Soldaten befreien zu lassen und damit aller Welt zu zeigen, daß das Londoner Lager die Macht in Polen hat.

Die Geschichte sollte jedoch anders verlaufen. Die sowjetische Offensive kam plötzlich zum Stillstand, die deutsche Armee erhielt Verstärkung. Stalin beeilte sich jetzt nicht, die Weichsel zu überschreiten. Mehr noch, die Alliierten, die den Aufständischen mit Waffen und Nahrungsmitteln zu Hilfe kommen wollten, bekamen lange Zeit keine Genehmigung, auf Flughäfen zu landen, die auf bereits von der Roten Armee erobertem Gebiet lagen.

Bei dem Warschauer Aufstand sind etwa 200000 Menschen umgekommen, hauptsächlich Zivilisten. Sie starben unter Geschossen und Bomben, viele aber wurden von deutschen SS-Einheiten ermordet.

Der Aufstand erschwerte nicht, er erleichterte den Sowjets die Errichtung ihrer neuen Ordnung in Polen; die Soldaten und Offiziere der Heimatarmee waren gefallen oder in deutsche Gefangenschaft geraten. Es ist schwer, sich das Ausmaß dieser Katastrophe vorzustellen. Der Fall und die Zerstörung Warschaus waren eine Niederlage von biblischem Ausmaß. Zugleich aber war es für die Polen eine schmerzliche Lektion in politischem Realismus. Wie es scheint, hat sich ihre Wirkung bis heute gehalten.

Mikolajczyk verhandelte weiter mit den drei Staatsmännern. Manchmal mögen ihm die beiden polnischen Vorkriegspolizisten, die einst auf ihm saßen, leichter zu ertragen gewesen sein als die drei Politiker Roosevelt, Churchill und Stalin. Im Oktober 1944 konferierte Mikolajczyk noch einmal mit Stalin in Moskau. Dieses Mal erklärte er sich mit der Veränderung der polnisch-sowjetischen Grenzlinie einverstanden, allerdings unter der Bedingung, daß Lemberg bei Polen bliebe. Stalin lehnte diesen Vorschlag ab. Im November reichte Mikolajczyk seinen Rücktritt vom Amt des Premierministers ein, und im Dezember hielt er bereits als Privatmensch in London eine Rede zum Thema Kompromiß. Er sagte, er habe im Lexikon nachgesehen und sich davon überzeugt, daß ein Kompromiß als eine Aufhebung gegensätzlicher Standpunkte auf Grund beiderseitiger Zugeständnisse definiert sei. Im Fall seiner Gespräche mit Stalin könne man aber von keinem Kompromiß sprechen, weil nur Zugeständnisse von der polnischen Regierung verlangt würden.

Kurze Zeit danach – 1945 – kam Mikolajczyk nach Polen. In der durch die sowjetische Armee befreiten polnischen Stadt Lublin war eine Provisorische Regierung Polens gegründet worden, in der die Kommunisten dominierten – das «Lubliner Lager». In dieser Regierung, die sich als Repräsentatin der ganzen Nation erklärte, sollte der Vorkriegspolitiker und Nichtkommunist Mikolajczyk als stellvertretender Premierminister eine integrierende Rolle spielen. Mikolajczyk nahm das Angebot an.

Etwa zur gleichen Zeit fand in Moskau ein denkwürdiger Prozeß statt: Auf der Anklagebank saßen sechzehn politische und militärische Führer des Londoner Lagers. Sie waren im März desselben Jahres von den Russen zu angeblichen Gesprächen mit Marschall Schukov eingeladen worden. Man hatte sie dann verhaftet und vor Gericht gestellt, mit der falschen Beschuldigung, sie hätten mit den Deutschen zusammengearbeitet und sich antisowjetischer Handlungen schuldig gemacht.

Als Mikolajczyk sich bereit erklärte, der von Kommunisten beherrschten Provisorischen Regierung in Lublin beizutreten, rechnete er in den künftigen freien Wahlen – die von den Großen Drei während ihres Treffens in Jalta den Polen feierlich versprochen worden waren – fest mit einem Sieg seiner Bauernpartei.

Die kommunistische Partei, offiziell damals «Polnische Arbeiterpartei» genannt, die noch im Winter 1945 nur 20000 Mitglieder zählte, wuchs wie Hefeteig; als Inhaberin der Macht hatte sie keinen Mangel an Kandidaten. Schon skurril war, daß die kommunistische Partei ein Duplikat der zwei größten mit ihr konkurrierenden politischen Parteien schuf, ein Duplikat der Sozialistischen Partei und der Bauernpartei. Denn die neuen gleichgeschalteten Parteien trugen die Namen der alten, traditionellen Gruppierungen.

Die Sozialisten befanden sich übrigens in einer sehr schwierigen Situation, da ihre Anführer entweder in London waren, wo nach wie vor die polnische Exilregierung ihren Sitz hatte, oder, wie etwa Kazimierz Puzak, der Generalsekretär der PPS vor dem Kriege, in sowjetischen Gefängnissen saßen. Einige der PPS-Politiker dagegen unterlagen dem Druck und den Überredungskünsten der Lubliner Regierung und traten in die neue, von den Kommunisten gleichgeschaltete «Polnische Sozialistische Partei» ein.

Mikolajczyks Abenteuer hatten noch kein Ende. Im Lande wurde er enthusiastisch begrüßt, da die breiten Massen in ihm einen energischen, ehrlichen Politiker sahen, den geeignetsten Konkurrenten der Kommunisten im Kampf um die Macht. Die polnischen Politiker, die in London geblieben waren, hielten ihn dagegen für einen Verräter, da er in eine Regierung eingetreten war, in der die Kommunisten die Übermacht hatten. Seine Bauernpartei, mit einem eher linken Profil und mit einem deutlichen Einsatz für demokratischen Parlamentarismus, war in jener Zeit, bis 1947, ein Sammelbecken nicht nur für ihre traditionellen Anhänger in den Dörfern, sondern für alle Gegner des Kommunismus, das heißt für die überwiegende Mehrheit des Volkes.

In Polen waren damals etwa 300000 sowjetische Soldaten stationiert. Im Südosten des Landes dauerten die Kämpfe gegen Truppen ukrainischer Nationalisten an, in den Wäldern hielten sich weiterhin polnische Partisanengruppen, die jetzt gegen die Kommunisten kämpften. Es herrschte also eine Art Bürgerkrieg im Lande. Die Sicherheitsorgane nutzten diese Situation und brachten über hundert Bezirksaktivisten von Mikolajczyks Partei um. Meist waren die Mörder «unbekannte Täter», die sofort nach dem Verbrechen verschwanden.

Einige Tage nach Mikolajczyks Rückkehr nach Polen besuchte er Krakau. Als er nach der Beratung mit den Bezirksfunktionären seiner Partei ins Hotel zurückkehren wollte, begleiteten ihn Funktionäre des Staatssicherheitsdienstes sowie sowjetische Soldaten und schossen dabei in die Luft. Dieses Bild charakterisiert Mikolajczyks Situation und die seiner Partei. Für sich hatte Mikolajczyk die Mehrheit der Gesellschaft, gegen sich Stalin und dessen Soldaten.

Der erbitterte Kampf dauerte bis zu den Wahlen im Januar 1947. Wahllisten der Bauernpartei wurden vernichtet, ihre Mitglieder und Anhänger erpreßt oder verhaftet. Die offiziellen Wahlergebnisse gaben den Stimmenanteil, der auf Mikolajczyks Partei fiel, mit nur zehn Prozent an, doch die Wahlen waren gefälscht. Der Block von Kommunisten und den ihnen gehorsamen Parteien errang – nach den offiziellen Wahlergebnissen – 80 Prozent der Stimmen.

Nach diesen Wahlen verließ Mikolajczyk Polen, im Kofferraum einer amerikanischen Limousine versteckt. Eine Epoche war zu Ende gegangen.

Mit der Niederlage Mikolajczyks und seiner Partei begann die Ära der Allmacht der Kommunisten in Polen. Nacheinander wurden alle nichtkommunistischen Organisationen, Institutionen und Zeitungen liquidiert, die Aktion der Verstaatlichung der Industrie ging ihrem Ende zu, es entstanden – unter Zwang – die ersten genossenschaftlichen oder staatlichen Landwirtschaftsbetriebe. Hunderte und Tausende ehemaliger Soldaten der Heimatarmee kamen in Gefängnisse. Ende 1948 wurde auch die neue, von den Kommunisten geschaffene Polnische Sozialistische Partei liquidiert, indem sie mit der Polnischen Arbeiterpartei vereinigt wurde. Von nun ab gab es nur noch die «Polnische Vereinigte Arbeiterpartei» (PZPR).

Revolution. Der Zauber dieses Wortes, schrieb Nadeschda Mandelstam – die Witwe des von Stalin nach Sibirien verbannten russischen Dichters Ossip Emiljewitsch Mandelstam – in ihrem «Jahrhundert der Wölfe», berauschte die russischen Intellektuellen und nahm ihnen die Fähigkeit, die Ereignisse objektiv zu beurteilen. Auch in Polen gab es eine Gruppe von Intellektuellen, hauptsächlich sehr jungen Leuten, die der Zauber des Wortes Revolution berauschte. Alles von vorn anzufangen, die Gesellschaft neu zu gestalten, einen neuen Menschen zu erschaffen, eine Kultur für die Massen aufzubauen, kann es auf der Welt eine mitreißendere Aufgabe geben? Dennoch war die Gruppe der Enthusiasten nicht sehr groß; im übrigen war es schwierig, Angst von Begeisterung zu unterscheiden, das eine Gefühl ging in das andere über wie die Farben eines Regenbogens.

Die polnische «Revolution» wurde aus der Sowjetunion importiert. Die zum großen Teil in der UdSSR ausgebildeten «Techniker der Revolution» wußten, wie man sich an die Sache zu machen hatte. Schon allein die Liquidierung der unabhängigen Presse und des Rundfunks bewirkte, daß die zentrale Machtstelle die Kontrolle über das menschliche Denken gewann. Zwar hörten andere Meinungen nicht auf zu existieren, aber sie wurden unter die Oberfläche gedrängt, sie wurden unklar und verworren und ähnelten bald mehr Klatschgeschichten und Gerüchten.

Der Mensch hatte die Schrift, den Druck und die Zeitung erfunden, nur schwer kam er nun ohne diese nützlichen Hilfsmittel aus. Schwarz auf weiß irgendeine These zu lesen, irgendeine Information zu sehen gehört zu den Grundbedürfnissen der menschlichen Intelligenz. Bekanntlich kauft sogar ein Fußballzuschauer, der ein faszinierendes Spiel mit eigenen Augen gesehen hat, am nächsten Tag die Sportzeitung, um sich zu überzeugen, daß er alles richtig gesehen hat. Wenn Zeitungen ihre Aufgabe sachlich erfüllen, tragen sie zur Stabilisierung und Rationalisierung der öffentlichen Meinung bei, geben sie ihr eine Gestalt. Die öffentliche Meinung ohne Zeitung erinnert an einen Dichter, der keine Verse mehr schreibt, mit all seinen Ideen allein gelassen wird und durch all die nicht geäußerten Ideen wunderlich wird.

Das Informationsmonopol der Partei und die Verdrängung aller, aber wirklich aller nicht von der zentralen Macht akzeptierten Nachrichten trugen in Polen dazu bei, daß sich irrationale Stimmungen bildeten. Bis heute ist die emotionale Macht des Klatsches, der Gerüchte über die Ratio ungeheuer groß. In Gerüchten aber sind Wahrheit und Lüge schwer zu unterscheiden.

Der Staat, mit dem sich die kommunistische Partei identifizierte, wurde zum einzigen Arbeitgeber und erhielt dadurch noch ein zusätzliches Kontrollmittel über die Gesellschaft. Immer wieder versuchte die Staatsmacht, die polnischen Bauern zu kollektivieren. Wer sich dem entgegenstellte, mußte hohe Zwangsabgaben in Kauf nehmen.

Polen wurde territorial nach Westen verschoben, politisch dagegen nach Osten. Es war dies ein ungewöhnlicher Schachzug von Stalin, der Polen politisch von Moskau abhängig machte: Die UdSSR schluckte Polens Ostgebiete und wurde dennoch zum Wohltäter, zum Garanten der neuen Westgrenze, die sie gegen eventuelle deutsche Ansprüche zu verteidigen versprach. Für viele Polen, die seit langem mit der einflußreichen rechten Nationaldemokratischen Partei verbunden waren, bedeutete die geographische Verschiebung nach Westen einen mildernden Umstand für den Kommunismus. Die Nationaldemokratische Partei war schon vor 1918 prorussisch ausgerichtet. Die meisten Anhänger besaß sie auf dem preußischen Annexionsgebiet. Für diese war der Anstieg des Polentums in den Westgebieten eine überaus positive Erscheinung. Hinzu kam die bittere Enttäuschung über die Haltung der Westmächte in den Verhandlungen mit Stalin, über den Verrat durch den Westen, wie man damals sagte. Auf den Westen könne man sich nicht verlassen, war eine vielgehörte Reaktion. Viele Polen stürzten sich damals in die Arbeit, in den Wiederaufbau des Landes, dessen Städte fast alle durch den Krieg zerstört worden waren. Ansonsten bemühten sie sich, unabhängig von der Ideologie, ihren Beruf anständig auszuüben.

Ab 1949 verstummten alle Stimmen, die die neue Macht aus anderen als aus ideologischen Gründen unterstützten. Es verstummten selbst jene, die bis dahin aus geopolitischen Gründen die neue Macht unterstützt hatten. Jetzt ließ sich der Stalinismus nur noch in stalinistischer Sprache rühmen, und die Realisten zweifelten an der Grundlage ihres Realismus. Die Kulturpolitik verschärfte sich, Polen wurde ein musterhafter Truppenübungsplatz des Stalinismus. Jede Möglichkeit, eine politische Meinung zu artikulieren, wurde beseitigt, jede Möglichkeit einer Diskussion verboten, alle Bindungen zwischen den verschiedenen gesellschaftlichen Gruppen, zwischen verschiedenen Generationen, Schichten oder politischen Orientierungen wurden unterbunden.

Die früheren Rechten schwiegen, versteckten sich, schrieben Memoiren. Die früheren Linken schwiegen, versteckten sich, schrieben Memoiren. Gerade in dieser Zeit wurden fast alle Institutionen und Errungenschaften der polnischen Linken zerstört: die Genossenschaftsbewegung, die die deutsche Okkupation überdauert hatte, die Volksuniversitäten, ganz zu schweigen von der Sozialistischen Partei selber.

Viele ehemalige Kämpfer der Heimatarmee kämpften jetzt nur noch um die nackte Existenz. Die Bauern fürchteten den Verlust ihrer – oft erst kurz zuvor zugewiesenen – Ländereien, die Politiker beweinten den Verlust ihrer Parteien, fast alle Polen das Ende eines kurzen Traums von der Freiheit und Unabhängigkeit eines polnischen Staates. Nur wenigen Jugendlichen schien es, als würden sie eine Revolution im Stil der Gedichte Majakowskis erleben.

«Mitte 1950», erinnert sich Kazimierz Dejmek, ein berühmter Theaterregisseur, einer der damals sehr jungen Leute, «erzählte mir ein Mann über die Methoden unseres Staatssicherheitsdienstes. Ich habe mir das mit unerschüttertem Urteil und der Überzeugung angehört, daß das alles reaktionärer Quatsch ist, daß so was bei uns einfach nicht passieren kann.»

Die Unverhältnismäßigkeit der Schicksale und Erfahrungen ist auch heute noch zu erkennen. Jemand, der sich Ende der vierziger und zu Beginn der fünfziger Jahre mit größter Schwierigkeit am Leben hielt und sich nach der verlorenen Unabhängigkeit des Landes sehnte, wird niemals seine Altersgenossen verstehen, die zu derselben Zeit in derselben Stadt die neue Gesellschaft aufgebaut haben. Die Gerechtigkeit befiehlt hinzuzufügen: Von diesen zweiten gab es sehr viel weniger als von den ersten.

2
In einem Gebäude von Lügen beginnt sich etwas zu ändern

Das Wesen politischer Tauwetter

Was ist Tauwetter? Tauwetter kommt, wenn im März die Strahlen der schon hochstehenden Sonne den Schnee auf den Dächern schmelzen lassen und Wassertropfen auf die blechernen Fensterbretter schlagen. Auf das Tauwetter als ein zyklisches Phänomen der Natur bezieht sich Ilja Ehrenburg in seinem bekannten, 1956 erschienenen politischen Roman. Seitdem bedeutet das Wort «Tauwetter» östlich der Elbe nicht nur die Schneeschmelze im Frühling, sondern auch den Zeitraum, in dem die politischen Verhältnisse und Bräuche milder werden. Die unglückliche Verwandtschaft mit der Welt der Natur, in der Winter und Sommer, Frost und Hitze, Tauwetter und Glatteis dauernd und unaufhaltsam wiederkehren, wirft einen Schatten auf den Begriff des Tauwetters selbst, der ebenfalls Übergangseigenschaften annimmt, die sozusagen nur saisonbedingt sind. Nach dem Tauwetter folgt wieder Frost; so wenigstens war es bis jetzt immer in Polen, aber auch in anderen östlichen Ländern.

In Polen gab es bis jetzt drei Tauwetterperioden, eine Rekordzahl. Jede von ihnen hatte andere Ursachen und auch ein anderes politisches Gewicht. Die meisten Vermutungen und Meinungsverschiedenheiten in der Interpretation verbinden sich mit dem ersten und größten Tauwetter – es war schon allein deshalb das größte, weil die Schicht der politischen Eisdecke, die damals zu schmelzen begann, außergewöhnlich dick war. Dieses Tauwetter kam mit dem Umschwung nach Stalins Tod, es begann schon im Spätherbst 1954 und endete 1957. Das zweite, das bescheidenste, oberflächlichste von allen, wurde durch den Arbeiteraufstand in den Küstenstädten ausgelöst. Es fand ein Wechsel in der

Parteispitze statt – Gomulkas Gruppe wurde von Giereks Gruppe ersetzt. Dieses Tauwetter herrschte 1971 und teilweise 1972. Das dritte Tauwetter haben ebenfalls die Arbeiter der Küste erkämpft, im August 1980.

An das erste Tauwetter erinnere ich mich nur nebulös. Ich weiß noch, welche Spannung damals nach den Juniereignissen in Posen 1956, den Zusammenstößen der Arbeiter mit den bewaffneten Ordnungshütern herrschte, und ich kann mich deutlich – das ist mein erstes politisches Erlebnis – an die Übertragung von Gomulkas berühmter Rede erinnern, in der er vor dem Kulturpalast in Warschau hunderttausend Zuhörern versprach, dem Volk immer die Wahrheit und nur die Wahrheit zu sagen.

Das zweite Tauwetter habe ich völlig bewußt und aktiv miterlebt. Ich gehörte zu dem Autorenkreis, der sich um die Krakauer Kulturzeitschrift *Student* konzentrierte. Jeder von uns fühlte sich damals als Enthusiast und Fahnenträger des Tauwetters, uns schien eine neue, schönere Epoche angebrochen zu sein; wir haben unser Bestes getan, um dazu beizutragen. Aber Papier vergilbt schnell, und schon heute, nach nicht ganz zehn Jahren, haben die damaligen Jahrgänge des *Studenten* nur noch archivarischen Wert.

Das dritte Tauwetter habe ich aus der Ferne gesehen, von West-Berlin aus, auf dem Fernsehschirm, ich habe seine Stimme im Radio gehört. Mit Verwunderung mußte ich zur Kenntnis nehmen, ein politisches Tauwetter sei für den Westen mit Unsicherheit und Bedrohung verbunden. Meine Berliner Nachbarinnen seufzten tief und machten sich um das Schicksal Polens und Berlins große Sorgen.

Tauwetter ist Freude. In einem scheinbar für alle Ewigkeit installierten Gebäude von Lügen und Drohungen beginnt sich plötzlich etwas zu verändern, die Stimme des Fernsehansagers wird weicher, die Zeitungen machen sich Tag für Tag an die Berichtigung von Fehlern, die von der gerade zurückgetretenen Parteiführung begangen wurden und über die ihre Leser schon seit langem Bescheid wußten. Die kulturellen Wochenzeitschriften publizieren große programmatische und kritische Artikel, wobei sie kein gutes Haar an den gestürzten Politikern lassen, über die sie noch bis vor kurzem ausschließlich Lobeshymnen zu singen pflegten. Im Radio gibt es Hunderte von Gesprächen unter dem gemeinsamen Motto: «Wie ist Polen zu retten?» Die Studenten überlegen, wie die Atmosphäre an den Universitäten saniert werden kann. Die Bauern verlangen Änderungen in der Agrarpolitik. Die Wirtschaftsexperten fordern, daß man sie endlich zu Wort kommen läßt und ihnen das Recht gibt, über ökonomische Probleme mitzuentscheiden. Die Literaturkritiker wollen eine mutige Literatur. Die Handwerker protestieren gegen Gesetze, die ihren Stand verkümmern lassen. Ganz Polen brodelt, redet und träumt.

Es ist die Gesetzmäßigkeit eines jeden Tauwetters, daß Dinge, die einzelnen Berufsgruppen oder einfach allen Leuten sehr wohl bekannt sind, nicht mehr schamhaft versteckt werden. Der eiserne Reifen der Zensur platzt, und plötzlich ist es kein Geheimnis mehr, daß im Land jede Kritik unterdrückt wurde, daß es nichts zu essen gab und daß von all den verschiedenen bürgerlichen Freiheiten nur eine einzige verpflichtend war: die des Schweigens. Die Journalisten bekennen sich zu ihrer Schuld und beschreiben detailliert die Gründe, weshalb sie versagt haben. Dieselben Leute, die noch zwei Wochen vorher treue Diener der damaligen Regierungsgruppe waren, üben jetzt zerschmetternde Kritik an den Verhältnissen, die vor drei Wochen geherrscht haben.

Die Namen der verfemten Schriftsteller – denn am häufigsten werden Literaten verdammt – erscheinen wieder im Druck. Man diskutiert große Reformen, es entstehen Kommissionen und beratende Körperschaften. Die besonders verhaßten Despoten verlassen ihre Stellungen – die Sekretäre der Parteikomitees der Wojewodschaften, die Direktoren einiger Betriebe, die Chefredakteure von Zeitungen und Zeitschriften.

Während des ersten und des dritten Tauwetters wurde vor

allem mit der Presse abgerechnet. Während des Auguststreiks 1980 erfuhren die Journalisten einheimischer Zeitungen in der Danziger Werft am eigenen Leibe, wie unbeliebt ihre Zeitungen sind. Einer von ihnen, der bei einer besonders dogmatischen Wochenzeitschrift unter dem irreführenden Titel *Recht und Leben* arbeitet, hat später seinen, wie er ihn nannte, «Weg der Schande» durch die Werft beschrieben. Die Arbeiter fragten ihn nämlich, bei welcher Redaktion er arbeite, und gaben, als sie den Namen der Zeitung hörten, ihrer Verachtung für diese Zeitung Ausdruck. Bei der Gelegenheit kam auch heraus, daß sie ganz genau wußten, was wer tut und schreibt.

Während des ersten Tauwetters kam es sogar dazu, daß Angestellte der Warschauer Zensurbehörde die Liquidierung der Zensur forderten und ihre Bereitschaft verkündeten, sich selber aufzulösen. Mehr sogar, es fand ein kurzer Streik der Funktionäre des Staatssicherheitsdienstes in Warschau statt; allerdings protestierten sie gegen die ihnen drohende Reduzierung des Etats.

Während des zweiten Tauwetters durfte man in der Presse die Polizei attackieren, allerdings hatte diese Kritik nur sehr beschränkte Wirkung. Man berief damals eine Kommission ein, die die Ursachen und den Verlauf des blutig niedergeschlagenen Arbeiteraufstandes vom Dezember 1970 untersuchen sollte. Nur wurden die Ergebnisse dieser Untersuchungen nie veröffentlicht.

Während des ersten Tauwetters wurden spontan Arbeiterräte ins Leben gerufen, die über eine gewisse Handlungsfreiheit im Bereich einzelner Betriebe verfügten. Diese Räte wurden um die Jahreswende 1958/59 wieder aufgelöst, indem man sie den sogenannten Konferenzen der Arbeiterselbstverwaltung einverleibte, denen auch Vertreter der Parteiorganisationen und der offiziellen Gewerkschaft angehörten. Gleichzeitig diskutierte man damals über einen möglichen Demokratisierungsprozeß auf der Ebene der Arbeiterräte und der lokalen Selbstverwaltung.

Eine Besonderheit des ersten Tauwetters war geradezu

eine Flut von Diskussionsklubs, die überall entstanden, in großen und kleinen Städten, in den Zentren und in den Vorstädten. Einer der ersten dieser Klubs entstand in Brzozów, einem Städtchen im Südosten Polens. Der berühmteste war der «Klub Krzywego Koła» (Klub des krummen Kreises) in Warschau, der erst im Jahre 1962, nach einer Polizeiprovokation, aufgelöst wurde. In Krakau existierte in der Zeit des ersten Tauwetters ein «Klub der roten Tomate». Dieser Name sollte deutlich unterstreichen, daß jener Klub nicht nur von außen rot war. In Gliwice (Gleiwitz) fand eine Diskussion über den Existentialismus – der Vortragende war der Literaturkritiker Jan Kott aus Warschau – im großen Saal der städtischen Operette statt.

Der ungewöhnliche Erfolg der Diskussionsklubs zeugte von dem großen Hunger nach Gedankenaustausch und von dem Bedürfnis danach, die Bildungslücken so schnell wie möglich zu füllen. Diskutiert wurde über alle denkbaren Themen: politische, historische, ökonomische und künstlerische. Die Klubs verwandelten sich manchmal – in Anlehnung an die Tradition der Klubs während der Französischen Revolution oder des polnischen Novemberaufstandes 1830 – in echt revolutionäre Versammlungen. Man diskutierte unermüdlich – und dabei blieb es dann aber auch.

Während des zweiten Tauwetters wurde viel von der Demokratisierung der Macht geredet. In der Partei diskutierte man das Projekt, den Grundsatz einer Rotation der Leitungsposten einzuführen, um es nicht wieder zu der unerträglichen Situation kommen zu lassen, daß wichtige Parteifunktionen von Menschen blockiert werden, die fern jeder Realität stehen, inkompetent und zu alt sind. Dieses Projekt wurde schnell verworfen, es tauchte erst wieder im Rahmen des dritten Tauwetters in der Diskussion auf. Eine bescheidene Innovation im zweiten Tauwetter waren die sogenannten Bürgertribunale, Fernsehsendungen, in denen hohe Parteifunktionäre oder Minister auf Fragen von Journalisten und Zuschauern antworteten – meist ausweichend.

Der Begriff des Tauwetters umfaßt im Grunde nur einen Teil der gesellschaftlichen und politischen Prozesse, die in solchen Umbruchzeiten stattfinden. Tauwetter ist der Teil der Ereignisse, den die Gesellschaft sieht und erlebt. Begleitet wird es schattenhaft von einer breiten Sphäre geheimer Ereignisse, die hinter den Mauern der Parteikomiteegebäude verborgen sind. Tauwetter ist also etwas, was eine Interpretation erfordert, was nicht völlig offenliegt. Es mangelt so auch nicht an Theoretikern des Tauwetters. Viele von ihnen verfolgen seinen Verlauf mit zynischem Argwohn und glauben, daß es hier um eine Prozedur geht, die ihrem Wesen nach einem Marionettentheater ähnelt, wo sich die Puppen nur dank der Hände der Schauspieler, die vor dem Blick der Zuschauer verborgen sind, verbeugen, herumlaufen und tanzen.

Vor allem das erste Tauwetter war Gegenstand derartiger Analysen und Diskussionen. Das zweite hatte nicht so viele Strömungen und Ebenen, seine Gründe lagen auf der Hand. Das dritte dagegen dauert noch an, und es ist klar, wer dieses Tauwetter mit eingeleitet hat: die streikenden Werftarbeiter und Bergleute.

1974 hörte ich in Krakau einer öffentlichen Diskussion zu, bei der es unter anderem zum Streit darüber kam, wie man das erste Tauwetter – den «Polnischen Oktober» 1956 – zu verstehen hätte, wie man seinen Sinn interpretieren sollte. Einer der beiden Diskutanten – beide waren Literaturkritiker – sagte, daß der Oktober vor allem eines bestätigte: Die Polen hätten sich für den Sozialismus, für einen humanistischen Sozialismus ausgesprochen. Der andere Gesprächsteilnehmer sagte: Der Oktober habe bewirkt, daß die Polen zu den Strömen der nationalen Tradition zurückgekehrt seien, der Oktober also eine Option für das Polentum gewesen sei.

Das Paradoxe der Situation beruhte darauf, daß der Kritiker, der über die Rückkehr zur nationalen Tradition sprach, ein Mitglied – und zwar ein loyales Mitglied – der Partei war, während sein Opponent nicht zur Partei gehörte und zwei Jahre später an der Oppositionsbewegung teilnahm.

Im November 1956 dagegen kam es während der Tagung des Schriftstellerverbandes zu einem Zusammenstoß zwischen dem Lyriker Wiktor Woroszylski, der kurz zuvor noch der inoffizielle Führer einer Gruppe von jungen kommunistischen Literaten war, und Stefan Kisielewski, einem Schriftsteller, der mit den Kreisen der unabhängigen Katholiken verbunden war. Gegenstand ihres Streits war Ungarn. Woroszylski war gerade erst aus Budapest zurückgekehrt, wo er Zeuge des Aufstands und der sowjetischen Intervention gewesen war. Jetzt rief er dazu auf, die unterdrückten Ungarn politisch zu unterstützen, Kisielewski dagegen forderte zu Ruhe und Besonnenheit auf, wobei er sich auf die Nähe der Sowjetunion berief, die ja nicht nur in Budapest, sondern auch in Warschau intervenieren könnte.

Zur Zeit des Stalinismus wirkte ein Teil der Bevölkerung beim Aufbau des neuen Systems aktiv mit, der andere zitterte um die eigene Haut, wobei die zweite Gruppe entschieden zahlreicher war. In der Zeit des ersten Tauwetters haben sich die optischen Unterschiede nicht verwischt. Diejenigen, die den Umbruch der vierziger zu den fünfziger Jahren eher zufällig überstanden, konnten dank des ersten Tauwetters zu einem normalen Leben zurückkehren. Der Fluch, während des Krieges in der westlich orientierten Heimatarmee gegen die Nazis gekämpft zu haben, hörte auf, sie zu belasten. Sie konnten sogar berufliche Karrieren machen, wenn sie Handwerker, Facharbeiter oder Ärzte waren. Andere durften das Gefängnis verlassen, in dem sie unter falscher Anklage gesessen hatten, und sie wurden offiziell rehabilitiert. Es wurde zwar keine große Sympathie für den Sozialismus bei ihnen freigesetzt, sie hofften aber, von dieser Zeit an ein gewöhnliches Leben führen, Familien gründen und Bücher veröffentlichen zu können. Ein großer Teil war der Ansicht von Kisielewski: Man müsse sich mit den Freiheiten, die im Oktober erkämpft worden seien, zufriedengeben und angesichts der Tatsache, daß hinter der Grenze Panzer mit rotem Stern patrouillieren, nicht das Unmögliche verlangen.

Für diese Gruppe, also für die unabhängigen, parteilosen Polen, die in der Mehrheit während der Okkupation mit der Heimatarmee verbunden waren, war das erste Tauwetter ein wichtiges Erlebnis, aber keine ideologische Erschütterung, weil sie sich schon vorher ihr eigenes Urteil über Stalin und den Stalinismus gebildet hatten. Der Oktober liquidierte eine unnormale Epoche und leitete eine verhältnismäßig normale ein: im Bereich der Möglichkeiten. Hervorragende Professoren, die von den Lehrämtern an den Universitäten entfernt worden waren, kehrten an ihre Katheder zurück. *Tygodnik Powszechny* (Allgemeine Wochenzeitschrift), ein katholisches Blatt auf europäischem Niveau, begann wieder zu erscheinen.

Völlig anders verhielt es sich mit denen, die aus Begeisterung oder aus Angst, aufrichtig oder auch nicht in den letzten Jahren die neue Gesellschaft aufgebaut hatten. Für sie war dieses erste Tauwetter eine ideologische Erschütterung, vor allem für diejenigen, die vorher die Instruktionen der Partei mit Leidenschaft und Überzeugung ausgeführt hatten. Das Gebäude der Ideologie zerfiel in Schutt und Asche. Der geheime Bericht Chruschtschows auf dem XX. Parteitag der KPdSU im Februar 1956 wurde in Polen in Form einer Broschüre «zum innerparteilichen Gebrauch» verbreitet und dadurch einer großen Öffentlichkeit zugänglich. Der Schlag war fürchterlich. Unter der Oberfläche der Schlagworte von der neuen Gesellschaft zeigte sich der Abgrund des Terrors und der Massenmorde. Außerdem schrieb über Stalins Verbrechen nicht etwa irgendein bourgeoiser Journalist, der dem internationalen Kapital diente. Der Autor des halbgeheimen Textes war schließlich der Generalsekretär der KPdSU persönlich.

Für diese meist noch sehr jungen Polen war das erste Tauwetter ein Schock, der sich in sehr verschiedenen Reaktionen entlud. Die einen brachen mit der Partei und mit der Politik überhaupt, gaben sich unpolitischen Tätigkeiten hin oder siedelten in die Provinz um, und ihre Spur verlor sich für immer. Andere – was nicht ohne Zusammenhang mit bestimmten Auseinandersetzungen innerhalb der Partei blieb – entdeckten tatsächlich Polen und den Patriotismus oder auch die politische Brauchbarkeit «Polens» und des «Patriotismus».

Wieder andere – und die waren in den folgenden Jahren tonangebend für ihre Generation – empfanden den Oktoberumbruch als eine persönliche Herausforderung. Voller Wut auf die Epoche, die sie betrogen hatte, voller Schuldgefühle gegenüber der Geschichte und gegenüber den Altersgenossen oder Bekannten, die den revolutionären Amok nicht mit ihnen geteilt hatten, waren sie ernsthaft gewillt, all das wiedergutzumachen, was sie vorher zerstört hatten. Der Umbruch dieses ersten Tauwetters löste in ihnen eine Energie von ungeheurem Ausmaß aus.

Zur selben Zeit, in der sich die Generation der ehemaligen Heimatarmee-Kämpfer grundsätzlich auf den Sozialismus einließ, da sie keinen anderen Weg und keine andere Landkarte Europas sah, hörten diejenigen, die in der stalinistischen Ära Helfershelfer der zerstörerischen Politiker waren, auf, sich vertrauensselig auf den Sozialismus zu verlassen; sie beschlossen, ihn besser zu begreifen und zu reformieren. Man nannte sie Revisionisten. Bis heute noch werden sie von manchen mit Mißtrauen, wenn nicht sogar mit Verachtung angesehen. Ich denke dabei an einen großen Teil der Intelligenz oder der Bevölkerung überhaupt, der in stalinistischen Zeiten dem Treiben der Helfershelfer schweigend zugesehen hatte. Es stellte sich nach Jahren heraus, daß es unter jenen jungen Stalinisten eine Menge von begabten Menschen gab, wie etwa den Philosophen Kolakowski, den Romancier Konwicki, den Lyriker Slucki und viele andere.

Bis heute noch ist ein Schatten von Mißtrauen zwischen den ehemaligen AK-Angehörigen und den ehemaligen Stalinisten geblieben, obwohl sie sich in den siebziger Jahren insoweit miteinander versöhnten, als sie im Rahmen der oppositionellen Bewegung zusammenarbeiteten. Es ist jedoch auch vorgekommen, daß irgendein parteiloser Professor sich weigerte, einen offenen Brief in Sachen der verfolgten Arbeiter zu unterschreiben, da schon Unterschriften von Leuten drunterstanden, die vor fünfundzwanzig Jahren Stalinisten gewesen waren. Ob in dem parteilosen Professor die Angst vor der Unannehmlichkeit oder die alte Gereiztheit seiner moralischen Sensibilität überwog, ist schwer zu entscheiden.

Das erste Tauwetter ermöglichte früheren Kämpfern der Heimatarmee eine Stabilisierung ihres Lebens, während es für die jungen Veteranen des Stalinismus den Beginn eines unruhigen Weges bedeutete – den Austritt oder den Ausschluß aus der Partei, den Verlust der Stellung und der Privilegien –, wenngleich sie auch nicht gänzlich die Sympathie der Öffentlichkeit verloren. Das erste Tauwetter hatte also für Polen eine historische Bedeutung. Das zweite hingegen milderte nicht einmal die moralischen und politischen Verwüstungen, die durch die Märzunruhen 1968 angerichtet waren. Danach war es zu Studentenmanifestationen gekommen, die von der Polizei brutal niedergeschlagen und von einem regelrechten Propagandakonzert übertönt und erstickt wurden, wobei die Verantwortung für die studentische Rebellion mythischen zionistischen Kräften zugeschrieben wurde.

Die Bedeutung des dritten polnischen Tauwetters, das 1980 begonnen hat, ist wohl am größten, und sei es nur durch die Tatsache, eine mächtige, von der Staatsmacht unabhängige Gewerkschaft ins Leben gerufen zu haben. Das dritte Tauwetter knüpft damit bewußt an das erste an. In der Warschauer Wochenzeitschrift *Polityka* erschien ein Gespräch mit Leszek Gozzik, einem der Arbeiterführer aus den Zeiten des Oktober 1956. Die Journalistin, die das Gespräch führte, betont besonders jene Momente in Gozziks Lebenslauf, die auf die, im übrigen von Erfolg gekrönten, Bemühungen der Behörden hinweisen, diesen Arbeiterführer von jeglicher gesellschaftlichen Tätigkeit fernzuhalten. Zum Schluß erteilte der Held des ersten Tauwetters, der sich zur Zeit seinen Lebensunterhalt als Fischer verdient, dem Helden des aktuellen, dritten Tauwetters, Lech Walesa, freundschaftliche Ratschläge, damit dieser nicht das gleiche Schicksal zu erleiden hätte wie er selbst.

Denn Tauwetter gehen zu Ende. Ich erinnere mich gut an den Dezember 1971, als der Chefredakteur des *Studenten* von einer Beratung in Warschau zurückkehrte und uns Mitarbeitern, die wir voller Tauwetterbegeisterung waren, sagte, man dürfe nicht weiter so schreiben wie bisher; es sei zu Ende. Von diesem Zeitpunkt an, belehrte er uns, werde jede Kritik bereits so verstanden, als kritisiere man die neue Parteileitung, das heißt die Gierek-Gruppe. Für uns, naive und kompromißlose Liebhaber des Tauwetters mit seiner Gedanken- und Schreibfreiheit, war das ein harter Schlag. Es stellte sich heraus, daß die Unabhängigkeit unserer Köpfe und Federn nur relativ und subjektiv war, daß in Wirklichkeit erfahrene Politiker über den eigentlichen Verlauf eines Tauwetters wachen, so wie der Schiedsrichter, der ein Fußballspiel leitet.

Als Parteichef Gomulka, der selbst auf der Tauwetter-Welle 1956 zur Macht gekommen war, bereits im Herbst 1957 die Wochenzeitschrift *Po prostu* (Ohne Umschweife) verbot – das zu jener Zeit radikalste Sprachrohr der Anhänger einer politisch-gesellschaftlichen Erneuerung –, kam es in Warschau zu dreitägigen Straßendemonstrationen. Dies war eines der letzten Zeichen, daß das große Oktobertauwetter zu Ende war.

Begonnen hatte es dagegen mit einer unklaren und vor der Bevölkerung geheimgehaltenen Unruhe innerhalb der Partei nach Stalins Tod 1953. Sie wurde ausgelöst durch Sendungen von Radio Freies Europa, in denen Oberstleutnant Światlo auftrat, ein früherer hoher Funktionär im Ministerium für Staatssicherheit, der im Dezember 1953 in den Westen geflohen war. Im Stil eines Polizeiagenten erzählte Światlo von der tatsächlichen Machtstruktur in Polen, von der Allgegenwart und der Allmacht sowjetischer Berater sowie von der Brutalität des Ressorts, in dem er selbst tätig war. Seine Enthüllungen blieben nicht ohne Eindruck auf die vielen Zuhörer, darunter auch auf Parteimitglieder. Ende 1954 kam es zu den ersten Personaländerungen in der Leitung des Staatssicherheitsdienstes und zu ersten Äußerungen darüber, daß dieses Ministerium die geltenden Gesetze grob mißachtet habe.

Das Jahr 1955 dagegen brachte den Anfang des großen Tauwetters auf dem Gebiet der Kultur. Langsam zerbröckelten die starren Dogmen des sozialistischen Realismus; immer seltener wurden neue moderne Kunstströmungen als dekadente oder imperialistische Kunst des Westens definiert. Im August 1955 publizierte die Wochenzeitschrift *Nowa Kultura* (Neue Kultur) das «Gedicht für Erwachsene» von Adam Wazyk, der selber bis zu dieser Zeit ein eifriger Vollstrecker der Parteibefehle im Bereich der Literatur gewesen war. Das «Gedicht» enthielt eine heftige Kritik am Stalinismus und entblößte die Kümmerlichkeit und die moralische Nichtigkeit des von der Partei aufgebauten sozialpolitischen Systems. Es enthielt auch eine Art von poetischer Reportage über Nowa Huta, der Industriestadt, die zu Beginn der fünfziger Jahre entstanden war. Wazyk – der noch einige Jahre früher eine von Optimismus strotzende Ode mit dem Titel «Das Volk geht in die Innenstadt» veröffentlicht hatte – stellte nun eine düstere, durchaus nicht fröhliche oder gar singende Stadt vor.

Nowa Huta, als die gewissermaßen symbolische Stadt, zog dann auch die Aufmerksamkeit des hochtalentierten Regisseurs Andrzej Wajda auf sich. Sein Film «Der Mensch aus Marmor» stellte einen Maurer vor, der zunächst in Nowa Huta opfervoll Häuser baut und als Held der Arbeit gefeiert wird, dann ins Gefängnis gerät, schließlich während des Küstenaufstandes im Dezember 1970 umkommt. Ich erwähne das deshalb, weil der mutige und schöne Film von Wajda in den polnischen Kinos im Frühling 1977 gezeigt wurde, in einem außergewöhnlich finsteren Zeitraum, in dem die Polizeidrohungen gegen die Bürgerrechtler aus dem KOR – dem Komitee für die Verteidigung der Arbeiter – immer lauter wurden.

Wajdas Film stellte sozusagen ein Mikrotauwetter dar. Als halb episches und halb politisches Kunstwerk strahlte er die Hoffnung auf ein künftiges wirkliches Tauwetter aus. Die Kinosäle verwandelten sich damals in eine Kultstätte des Tauwetters; sie waren umgeben von der vereisten Wirklichkeit. In den meisten Kinos applaudierte das Publikum dem abwesenden Regisseur. In solchen Situationen ist das Erleben eines mutigen Films nicht nur rein ästhetischer Art. Denn ein solcher Film springt für eine schweigende Publizistik ein und läßt beim Publikum die fröhliche Verwunderung wachsen: «Sie haben es durchgelassen!», die Zensur hat erlaubt, ein Bild der Wirklichkeit zu zeigen.

Das Jahr 1955 stand also unter dem Zeichen des Tauwetters in der Literatur, in der Malerei, im Theater und in der Musik (denn der stalinistische Ästhetikkodex umfaßte auch die Musik). Die Auswirkung des ersten Tauwetters im Bereich der Kultur war sehr bedeutend, sie gehörte dabei zu den bleibenden Errungenschaften, die auch nicht durch die Kälteperiode Ende der sechziger Jahre liquidiert wurde. Die Zensur gewann verhältnismäßig schnell ihre Leistungsfähigkeit zurück, und sie strebte nicht mehr danach, wie am Höhepunkt des Oktobers, sich aufzulösen. Aber eine Rückkehr zu den Normen des «sozialistischen Realismus», des bis zur Mitte der fünfziger Jahre einzig erlaubten Stils des kulturellen Schaffens, blieb aus. Seit Oktober 1976 konnte Polen mit nur sehr wenigen Beschränkungen an dem normalen europäischen Kunstbetrieb teilnehmen, die interessantesten Filme der ganzen Welt ansehen, die Literatur des 20. Jahrhunderts lesen. Das war etwas völlig Außergewöhnliches im Ostblock, ein Phänomen, das den Rang der Kultur in Polen noch erhöhte. Die Kunst wurde zur Glücksinsel auf dem Meer der nie gelösten politischen, ökonomischen und sozialen Probleme.

Doch begannen bald darauf bösartige Beobachter zu flüstern, daß der Partei ein genialer Schachzug geglückt sei. Indem sie nämlich den Künstlern tatsächlich die Freiheit gewährte, nach eigenen formalen Wegen zu suchen, und sich das Recht vorbehielt, bei realistischen Werken, die die Wirklichkeit treu und unverhüllt zeigten, zu intervenieren, schob die Partei sanft und gerissen zugleich die Künstler in die Richtung der modernen, experimentellen und abstrakten Kunst. Sie hatte ein leichtes Spiel, da die Künstler, von denen viele noch die Stalin-Zeit in frischer Erinnerung hatten, sich nach einer Freiheit des Schreibens, des Malens, des Bildhauerns geradezu sehnten. Es gibt nichts Schlimmeres, als einem freien Künstler zu diktieren, wie er arbeiten muß, welcher Richtung er sich widmen, welche Technik er anwenden darf und vor welcher er sich zu hüten hat. Der Wunsch nach Freiheit kann dann leicht mit Eitelkeit verwechselt werden, denn eben der besondere Stil der künstlerischen Arbeit macht in unserer Zeit den Autor groß. Es stellte sich auch bald heraus, daß es leichter ist, Künstler dazu zu bewegen, bestimmte Themen zu vermeiden, also ein negatives Diktat bei Inhalten durchzusetzen, als die Künstler dazu zu bringen, bestimmte ästhetische Normen anzunehmen. Hinzuzufügen ist, daß im Stalinismus das sich auf die Form beziehende Diktat mit dem sachlichen, inhaltlichen Diktat parallel ging.

Dennoch hatte die Erlaubnis einer Vielfalt von Formen und künstlerischen Richtungen eine große und positive Bedeutung. Das Leben, wenigstens das kulturelle, hörte auf, langweilig zu sein, und die Langeweile gehört zu den schlimmsten Eigenschaften eines kommunistischen Staates. Ein konkretes und reines Ziel, das Ideal eines großen Teils der jungen Generation, zeichnete sich bereits ab. Seit der Zeit des ersten Tauwetters stellten sich die Polen nicht mehr nur vor den Fleischgeschäften an, sondern sie standen auch vor den Theater- oder Kinokassen Schlange, selbst vor den Buchläden. In jüngster Zeit warten große und disziplinierte Schlangen auf den ersten seit fünfunddreißig Jahren herausgegebenen Gedichtband von Czeslaw Milosz; der Nobelpreis machte den Exil-Dichter salonfähig in der Volksrepublik. Die Kunst wurde zu einem Bereich, in dem sachliche Arbeit möglich war, ein Wettbewerb der Heterogenität. Nicht nur die katholische Kirche und die private Landwirtschaft, wie es die ausländischen Journalisten immer in einem Atemzug aufzuzählen pflegen, sondern auch die unabhängige Kunst entschied seit Jahren in großem Maße über die Besonderheit Polens innerhalb der anderen Länder Osteuropas.

Das erste Tauwetter kam leider nicht ohne Opfer aus. Der komplizierten und bis heute nicht voll geklärten Geschichte dieses sich über zwei Jahre hinstreckenden Tauwetters ist zuzuschreiben, daß die Posener Arbeiter bereits während des Veränderungsprozesses den Preis für das Tauwetter mit ihrem Leben zu zahlen hatten.

Damals war Boleslaw Bierut, in der stalinistischen Zeit Staatspräsident und Parteichef, schon tot. Ihm war der gemäßigte Edward Ochab gefolgt. Arbeiter der Posener Metallwerke waren seit längerer Zeit mit Beschuldigungen gegen die Fabriksleitung aufgetreten, da die Produktionsnormen erhöht und die Lohnsteuer falsch berechnet wurde. Am 26. Juni 1956 fuhr eine Arbeiterdelegation zu Verhandlungen mit der Zentralbehörde nach Warschau. Die Behörde zögerte jedoch mit der Erfüllung der begründeten Forderungen der Arbeiter. Am 28. Juni kam es zu Demonstrationen und Straßenkämpfen in Posen. Die Menge drang bis zum Sitz des Parteikomitees der Wojewodschaft vor, eroberte das Gefängnis und befreite die dort einsitzenden Häftlinge. Die Regierung ließ Panzer gegen die Arbeitermenge auffahren, nach offiziellen Angaben kamen 53 Personen um; westliche Beobachter waren der Ansicht, daß etwa 200 Personen getötet wurden.

Die erste politische Reaktion der Partei war unerhört scharf, es war die Rede von «imperialistischen Zentren und einem reaktionären Untergrund». Im Laufe der Zeit wurde jedoch die offizielle Beurteilung des Posener Dramas gemildert. Wladyslaw Gomulka, der im Oktober 1956 zum Ersten Sekretär der Partei gewählt wurde, gestand den Posener Metallarbeitern wenigstens ihr moralisches Recht zu. An der Spitze der Kommission, die die Umstände des Posener Aufstands zu untersuchen hatte, stand damals Edward Gierek, der auf diese Weise zum erstenmal mit der Explosion der Arbeiterwut konfrontiert wurde. Die nächste Explosion dieser Art sollte ihn an die Macht bringen und die übernächste ihn wiederum stürzen. Über die Ergebnisse der von ihm geleiteten Untersuchungen hat aber die Öffentlichkeit nie etwas erfahren.

Die Posener Arbeiter waren, ähnlich wie die Arbeiter Ostberlins 1953, von Empörung und Wut motiviert. Ihr Auftreten war nicht vorbereitet, die Menge auf der Straße wollte ihre Emotionen an den verhaßten Objekten entladen. Ein ähnliches Handlungsmuster wiederholte sich noch zweimal: im Dezember 1970 und im Juni 1976. Eine Besonderheit der polnischen Situation war, daß die Staatsmacht, in Gestalt der kommunistischen Partei, sich jedesmal gezwungen sah, den Arbeitern, wenn auch mit Verspätung, recht zu geben und einzugestehen, daß sie in der von ihr beanspruchten Rolle, die Arbeiterklasse zu repräsentieren, versagt hatte. Denen, die auf den Straßen Posens, Danzigs, Gdingens oder Stettins umgekommen waren, konnte das keinen Trost mehr bringen, es konnte auch ihre Familien nicht trösten, aber es bestärkte die Lebenden in der Überzeugung, daß das Recht auf ihrer Seite ist. Es wurde ihnen auch bewußt, über welche mächtige Kraft die Arbeiterschaft verfügte. Die Arbeiter erfuhren auch den wechselhaften Charakter der polnischen Partei, die tagtäglich zynisch die Macht ausübte, ohne sich im geringsten um die Untergebenen zu kümmern, jedoch angesichts deren aktiven Widerstands bereit war, ihr eigenes Verhalten wenigstens für eine kurze Zeit zu revidieren.

Es würde schwerfallen, diese Eigenschaft einer angeborenen Herzensgüte der Parteifunktionäre zuzuschreiben; eher bewirkten die Uneinheitlichkeit innerhalb der Parteiführung, die dauernden Machtkämpfe zwischen verschiedenen Gruppen und Fraktionen, daß jede größere gesellschaftliche Erschütterung zu Veränderungen in der Politik und vor allem zu einem Personalwechsel an der Spitze des Partei- und Staatsapparats führt. Der Dezemberaufstand der Küstenarbeiter 1970 fand in einem Augenblick statt, als die Position des seit vierzehn Jahren regierenden Gomulka durch Fraktionskämpfe bereits stark unterminiert war; ihm folgte ein Personalwechsel in der Partei- und Staatsführung. Um sich in den Augen der Bevölkerung Glaubwürdigkeit zu verschaffen, mußten die neuen Machthaber für eine gewisse Zeit eine Liberalisierung der Verhältnisse im Lande verordnen. Dagegen war zur Zeit des Arbeiteraufstandes in Radom und Ursus 1976 die Machtposition des damaligen Parteichefs Gierek noch nicht sichtbar erschüttert; für demokratische Reformen bestand also für ihn und seine Mannschaft keine dringende Notwendigkeit.

Die Posener Ereignisse von 1956 wurden schnell zu einer Legende, die Erinnerung daran lebte im Volk. Wie im Mittelalter Geschichten über Kometen und Pestepidemien in der Erinnerung blieben und verbreitet wurden, so erzählte man jetzt die Berichte über die Zusammenstöße in Posen. Die offizielle Propaganda verdrängte nämlich diese Ereignisse bald in die Tiefe des Unterbewußtseins, sie entfernte sie aus den Zeitungen, Zeitschriften und Büchern. Man analysierte sie nicht, sie wurden nicht besprochen, interpretiert; weder auf der Seite derer, die geschossen hatten, noch auf der der Arbeiter. Das rächte sich vierzehn Jahre später, als jene nicht analysierten Posener Ereignisse mit der Kraft eines Mythos nachwirkten, der eine Wiederholung unumgänglich macht, wie das den Mythen so eigen ist. Und wieder zog, im Dezember 1970, eine Menschenmenge in Richtung des Parteikomitees, wieder stürmte sie Gefängnisse, wieder fuhren Panzer auf den Straßen auf.

Auch in der Zeit des zweiten Tauwetters, im Jahre 1971, hörte man sehr schnell auf, über jene blutigen Zusammenstöße an der Küste zu reden. Ich erinnere mich, wie damals, während einer Konferenz junger Literaten, einer der Parteiideologen, der inzwischen bereits verstorbene Zbigniew Zaluski, den jungen Schriftstellern von der Küste, die Augenzeugen der dramatischen Ereignisse waren, zuredete, sie sollten ihre Eindrücke literarisch verarbeiten. Aber nur ein paar Monate später befahl auf einer anderen Konferenz ein anderer Parteiideologe, man solle sich nicht länger mit dem «Schnee von gestern» beschäftigen, man müsse in die Zukunft blicken.

Trotz allem, trotz der Verluste und Enttäuschungen und auch trotz der Tatsache, daß wieder verschiedene Gruppen und gesellschaftliche Schichten die gleichen Dinge anders erlebten und sich unterschiedliche Hoffnungen machten – allgemein gesehen hat die Intelligenz damals mehr gewonnen als die Arbeiter –, hat das erste Tauwetter das Verhältnis der Polen zu ihrem Nachkriegsstaat endgültig geformt. Die Machtbeschränkung der politischen Geheimpolizei, die Entlassung der früheren Heimatarmee-Kämpfer aus den Gefängnissen, die entschärften Beziehungen zwischen Staat und Kirche, schließlich allein die Tatsache, daß Parteichef Gomulka, wenn auch nur für kurze Zeit, das öffentliche Vertrauen erringen konnte – das alles bewirkte, daß die Volksrepublik Polen von ihren Bürgern damals tatsächlich als *das* Polen gebilligt und bejaht wurde. Es war zwar eine bedingte Anerkennung, nicht blind und nicht vollständig; künftig sollte entweder diese eingeschränkte oder auch eine vorbehaltlose Anerkennung in den Vordergrund treten, je nach der weiteren Entwicklung der Ereignisse.

Aus diesen zwei Elementen – der Bejahung und des Vorbehalts – setzt sich bis heute das Verhältnis der Mehrheit der Polen zum eigenen Staat zusammen. Die Bejahung bezieht sich im allgemeinen auf den Staat an sich, denn ein Volk, das so bitter erfahren hat, ohne Staat und unter fremden Bannern zu leben, vermag sehr wohl die offensichtlichen Vorteile der gegenwärtigen Situation zu erkennen. Der Vorbehalt bezog und bezieht sich nach wie vor auf den ideologischen

Charakter des Staates und auf sein Verhältnis zu dem mächtigen östlichen Nachbarn.

Die Machthaber in Polen haben oft den Beweis erbracht, daß sie dieses komplizierte Verhältnis der Gesellschaft zum Staat sehr wohl verstehen: In Krisensituationen greifen sie zu Gesten, die ganz deutlich an die Gemeinschaft des Denkens und der Interessen appellieren. Dann kommt es zu einem Treffen des Premierministers oder des Parteichefs mit dem Primas, die Propaganda schlägt neue Töne an, vermeidet es, Themen anzuschneiden, die trennen, greift Fragen auf, die verbinden.

Diese Art von Saisonsolidarität gehört auch zur Tauwettertradition. Ein Tauwetter setzt allmählich große Energien frei, bedroht, zumindest potentiell, die politische Stabilität des östlichen Mitteleuropas. Dann gießt der Steuermann auf die aufgewühlten Wellen ein großes Faß Öl. Das dritte Tauwetter hatte – abgesehen von den fundamentalen Zugeständnissen des Arbeitgebers Staat an die Arbeitnehmer – eine große Anzahl solcher besänftigender Akzente: die im Danziger Abkommen ausgehandelte wöchentliche Übertragung der heiligen Messe; die Fernsehübertragung der Botschaft von Johannes Paul II. an die Polen; eine Radioübertragung der Christmette aus der Wawel-Kathedrale in Krakau, die erste seit Bestehen der Volksrepublik. All dies hatte einen nationalen Charakter.

Am weitesten in dieser Richtung ging natürlich 1980 die feierliche Einweihung des Danziger Denkmals zu Ehren der Arbeiter, die im Dezember 1970 umgekommen waren – eine Feierlichkeit, an der nebst Bischöfen und Vertretern der «Solidarität»-Gewerkschaft mit Lech Walesa an der Spitze auch der Vorsitzende des Staatsrats und der Oberbefehlshaber der Kriegsmarine teilnahmen. Der symbolische Akt, in dem die Staatsmacht die Bevölkerung um Verzeihung bat – eines der drei Kreuze des Denkmals weist schließlich auf die Opfer von Posen 1956 hin –, war sehr wichtig. Darüber hinaus fand die Danziger Feierlichkeit in einem Augenblick statt, als die Weltpresse eine Konzentrierung der sowjetischen Panzer an der polnischen Grenze meldete, was den lyrischen Ton der Danziger Redner etwas verzweifelt klingen ließ.

Tauwetter bestehen nicht nur aus feierlichen Momenten. Verhältnismäßig viel Platz in der Tauwetterpublizistik nehmen die Themen Korruption und Privilegien der Partei- und Staatsbürokratie ein. Im Oktober 1956 attackierte die Zeitschrift *Po prostu* wütend das System der Läden «hinter gelben Gardinen». Gelbe Gardinen verhüllten vor uneingeweihten und neidischen gewöhnlichen Menschen die Schätze, die in den Geschäften ausschließlich den Mitgliedern der herrschenden Kaste verkauft wurden. Der Deckname «gelbe Gardinen» erlaubte eine leicht verhüllte Kritik an dem ganzen Privilegiensystem, das die bevorzugte herrschende Gruppe von den gewöhnlichen Sterblichen trennte. Gleichzeitig brachte damals die Presse verschiedene Fälle von Wirtschaftsaffären ans Tageslicht, deren Helden eben Leute aus dieser höheren Sphäre waren. Die Historiker der Tauwetter zweifeln an der Selbstlosigkeit der Motive bei denen, die gerade in solchen Momenten hinter die Kulissen blicken lassen und mit dem Finger auf die Schuldigen zeigen, die Staatseigentum gestohlen haben. Das sei eher ein Kampf zwischen verschiedenen Parteifraktionen, die im eigenen Machtinteresse einen Teil der Polizeidossiers vor dem Publikum ausbreiten.

Während des ersten Tauwetters wurden die Geschäfte mit den gelben Gardinen geschlossen, später aber wurde dieses Verkaufssystem für Auserwählte allmählich wieder aufgebaut; allerdings wurden die gelben Gardinen durch schwarze ersetzt, die überhaupt kein Licht mehr durchließen. Die Verkaufsstellen für die «Besseren» reizten jedoch weiterhin, und sie wurden entdeckt. Im dritten Tauwetter erhob sich wieder laute Kritik an den übermäßig Privilegierten, und eine beträchtliche Zahl von Wirtschafts- und Unterschlagungsaffären wurde zum Teil von der offiziellen Presse ans Tageslicht gebracht.

Am stärksten empörte die Leute der Fall von Maciej Szczepanski, dem Präsidenten des Komitees für Radio und Fernsehen und Urheber einer ganz besonderen Konzeption von Propaganda. Das Fernsehen unter seiner Leitung erinnerte an ein Sandwich, das sich aus altem, schlecht schmekkendem Brot und einer dicken Schicht von appetitlichem saftigem Schinken zusammensetzte. Das harte Brot war die eine Stunde dauernde Tagesschau, voller Lügen und Schmeicheleien an die Adresse von Gierek und seiner Mannschaft, die ein völlig falsches Abbild der Realität gab – und die im Volksmund die «Stunde des Wohlstands» genannt wurde. Der Schinken dagegen, das waren die neuesten amerikanischen Serien, die direkt nach den verlogenen Nachrichten ausgestrahlt wurden. Jener Szczepanski, einer der Mächtigen im Staat, wurde plötzlich im August 1980 als gewöhnlicher Krimineller entlarvt, der sich riesige Summen aus der Staatsschatulle angeeignet hatte. Solche bewußt zur Veröffentlichung freigegebenen Nachrichten über die von kommunistischen Magnaten begangenen Diebstähle und Gaunereien gehören ebenfalls zu jenem Ölfaß, welches das wogende Meer des Volkszorns beruhigen soll. Ortega y Gasset behauptete, daß sich die Revolution nicht gegen den Mißbrauch, sondern gegen den Brauch richtet. Wenn man also die Aufmerksamkeit der empörten Leute auf den Mißbrauch lenkt, sehen sie nicht die dahinterliegenden Bräuche, sie geben sich mit der Enthüllung angeblicher Abweichungen von der Norm zufrieden. Eine andere Sache ist es, daß dieses Mal das bekanntgewordene Ausmaß der Korruption des Herrn Szczepanski tatsächlich ungewöhnlich hoch war und sich ausgezeichnet dazu eignete, die Rolle eines großen Ölfasses zu erfüllen.

Die Presseangriffe auf die Geschäfte hinter gelben Gardinen verschleierten damals, zur Zeit des ersten Tauwetters, und verschleiern auch heute eine wichtige Kritik, die ganz allgemein die Bildung und Aktivitäten einer politischen Elite in Frage stellen würde. Dies ist jedoch ein sehr heikles Thema, weil es die Machtstruktur selbst zum Ziel hat. Deshalb wird es eher von seiten der Mißbräuche und nicht von seiten der Bräuche und Normen her attackiert. Diese Vorsicht entspringt nicht der Feigheit oder gar der mangelnden Erkenntnis des kommunistischen Machtsystems; sie ist vielmehr die Konsequenz dessen, was man euphemistisch die Staatsraison nennt.

Angefangen vom ersten Oktobertauwetter, als die Fürsprecher der politischen Vorsicht traten Vertreter der unabhängigen Katholiken auf, werden die Taten und das Programm jedes Tauwetters von dem wie eine Bremse wirkenden Bewußtsein begleitet, daß direkt hinter der nicht weit entfernten Grenze die sowjetische Großmacht wacht. In die Tauwetterströmung selbst ist also die Überzeugung eingebettet, daß es im Hinblick auf die militärische und politische Abhängigkeit Polens von dem Willen der Kremlführung unmöglich ist, radikalere politische Veränderungen durchzusetzen.

Zwar wird jetzt aus dem zeitlichen Abstand diese eiserne politische Vorsicht des Oktobers 1956 angezweifelt. Fraglos wirkte damals noch das abschreckende Budapester Beispiel nach, und auch Gomulka selbst, der bereits bestrebt war, die Epoche der Änderungen abzuschließen und zur politischen Stabilität zurückzukehren, bediente sich gern geopolitischer Argumente. Im Januar 1957, vor den Sejm-Wahlen, rief er dazu auf, die von der Partei aufgestellten Kandidaten der «Nationalen Einheitsfront» zu wählen, da die Streichung dieser Kandidaten, wie er sagte, der Streichung Polens von der Landkarte Europas gleichkäme. Der Primas Kardinal Wyszyński hatte, wenn er zu Ruhe und Besonnenheit aufrief, ebenfalls die Möglichkeit einer russischen Intervention im Sinn.

Im Herbst 1980 dagegen, als die öffentliche Meinung des Westens ziemlich fest davon überzeugt war, daß die russischen Panzer jeden Moment auf den Straßen Warschaus und Danzigs erscheinen, herrschte in Polen Ruhe, obwohl fast niemand diese Möglichkeit ausschloß. Das heißt nicht, daß im dritten Tauwetter das Element jener euphemistischen Staatsraison fehlte, im Gegenteil, die Vorsicht in den

Formulierungen war buchstäblich bei jedem Schritt bemerkbar. Nur daß der Streik der Werftarbeiter eine psychologische Barriere durchbrach – die Barriere der Angst, die Panzer würden aus jedem beliebigen Grund kommen.

Es gab in Polen in den letzten Jahrzehnten auch Perioden, in denen sich jemand, der einen scharfen politischen Witz erzählte, schon fast vorwerfen lassen mußte, eine sowjetische Intervention zu provozieren. Der Streik der Werftarbeiter durchbrach also die Barriere einer irrationalen, übertriebenen Furcht vor der Intervention, er wischte dagegen nicht die rational begründeten politischen Erwägungen weg, die allzu kühne politische Handlungsweisen verboten, auch wenn die These von dem grundsätzlichen Unterschied zwischen Tschechoslowakei 1968 und Polen 1980 in aller Munde war.

Tauwetter ist Leidenschaft und Enthusiasmus, aber in diesen Stimmungslagen steckt ebenso ein gesunder Menschenverstand. Vorsicht und Leidenschaft gegeneinander abzuwägen gehört nicht zu den leichtesten Aufgaben, aber in allen drei bisherigen Tauwetterperioden ist es nicht dazu gekommen, daß die Grenzen der Vernunft überschritten worden wären.

Eine Gefahr völlig anderer Art beruht aber darauf, daß Tauwetter vor allem eine Stimmung ist, und Stimmungen verwehen wie Nebel. Man kann nicht sagen, daß sich das erste Tauwetter in ein Nichts aufgelöst hätte, da der Prozeß der Entstalinisierung in Polen trotz aller Rückschritte relativ weit geführt wurde. Dennoch brachten die dem «Polnischen Oktober» folgenden Jahre eine deutliche Qualitätsminderung des gesellschaftlichen Lebens mit sich. Weder ließen sich die Arbeiterräte noch die relative Pressefreiheit länger aufrechterhalten, noch konnte man die beschlossenen ökonomischen Reformen einführen. Es gelang auch nicht, einer Wiederholung der Arbeiterdemonstrationen und deren blutiger Unterdrückung zuvorzukommen, noch die Fraktionskämpfe in der Partei auszuschalten.

Damit die Stimmungen dauerhaft werden, bedarf es einer

institutionellen Sicherung der Zugeständnisse, die von der Partei in der Krisenstunde gemacht worden sind. Der Oktober 1956 erreichte, daß auf eine weitere Kollektivierung der Landwirtschaft verzichtet wurde und daß die Kirche eine etwas größere Freiheit erhielt. Aber es entstanden keine Institutionen, die es vermocht hätten, das riesige Potential der gesellschaftlichen Aktivität, das während des Tauwetters freigesetzt war, zu sammeln und zu festigen.

Die Gesellschaft der Bürger, die «société civile», die sich um die Teilnahme an der Macht riß und durch die heißen Monate des Jahres 1956 aufgerüttelt war, wurde nachher verraten; sie wußte nicht, was sie mit dieser Leidenschaft anfangen sollte. Hunderte und Tausende von gesellschaftlichen und politischen Aktivisten, die Gründer von unzähligen Diskussionsklubs oder spontan entstandenen Jugendorganisationen, fanden keine dauerhafte Beschäftigung mehr, als das Fieber des Tauwetters zurückging.

Damals tauchte eine sehr spezielle Gattung Mensch auf, meist sehr junge Anhänger des Oktobertauwetters, die jedoch schnell in Schwierigkeiten gerieten, weil ihre Klubs und Gruppierungen aufgelöst wurden. Einige dieser Leute hatten bald ihre Legende, sie waren als Redner auf den Oktoberversammlungen aufgetreten, sie waren Studenten- oder Arbeiterführer, die in ganz Polen oder auch in einer Stadt bekannt waren. Sobald das Tauwetter zu Ende ging, wurden sie arbeitslose Politiker. Die Staatsorgane begannen, sie zu korrumpieren oder zu verfolgen. Einige dieser jungen Helden ließen sich sogar dazu bringen, als Polizeiagenten zu arbeiten.

Es stellte sich damals heraus, daß es für die Staatsmacht gar nicht so schwierig ist, ein Tauwetter zu liquidieren, das keine eigenen politischen Organe geschaffen hat. Woche für Woche, Monat für Monat wurden verschiedene kleinere Errungenschaften des Tauwetters zurückgenommen, und es gab keinen Weg, sich dem zu widersetzen. Denn jemand, der in Krakau bekannt geworden war, konnte nicht etwa auf Hilfe von jemandem aus Danzig zählen; es existierte keine

Kommunikation zwischen den einzelnen Zentren, zumindest keine, die den Zielen und Absichten der Staatsmacht hätte Widerstand leisten können.

Das dritte, 1980 begonnene Tauwetter unterscheidet sich auch dadurch von den bisherigen, daß seine Helden und Teilnehmer von Anfang an bewußt danach strebten, eigene, von der Macht anerkannte und legalisierte Institutionen zu schaffen. Sie kannten das traurige Schicksal der Helden früherer Streiks und forderten nun gesetzliche und institutionalisierte Garantien für sich selber. Das dritte Tauwetter war das erste, das ein Gedächtnis hatte, das erste Tauwetter, das die alten Fehler vermied. In vielen Charakteristika erinnerte es an die früheren Zeiten der Auflehnung und der Hoffnungen, aber es hat auch völlig neue Tatsachen geschaffen.

Aus einer Stimmung hat es sich in einen Zustand verwandelt, in eine gesellschaftspolitische Realität.

3
Sehnsucht nach dem Absoluten

Die Kirche

Ein Pole, der mit einem Franzosen, Engländer oder einem Bürger der Bundesrepublik spricht, kann nicht damit rechnen, daß ihm die Frage erspart bleibt: Warum spielt ausgerechnet die Kirche eine so bedeutende Rolle im Leben der polnischen Gesellschaft? Diese Frage sagt freilich mehr über den Fragenden aus als über die katholische Kirche in Polen. Der Fragende setzt nämlich voraus, daß das Christentum nicht mehr im Zentrum der Geschichte steht, höchstens noch mit der Psychoanalyse konkurriert. Der Fragende vergißt, daß sich noch vor gar nicht allzulanger Zeit die Bischöfe mit den Fürsten um die Macht stritten und das Christentum die europäische Zivilisation schuf.

Soll das heißen, daß die außergewöhnlich wichtige Funktion der Kirche im öffentlichen Leben Polens eine historisch rückläufige Entwicklung ist, ein Rückschritt um einige Jahrhunderte? Und die polnische Religiosität nur das Ergebnis des politischen Drucks, eine mechanische Folge der kommunistischen Indoktrination? Würden die Polen auch dann in die Kirche gehen, wenn Christdemokraten das Land regierten? Haben andererseits, und wenn ja, dann in welchem Maße, gerade die besonderen Eigenschaften des Katholizismus es den Christen in Polen ermöglicht, als solche zu überleben und sogar die Stellung und die Bedeutung der Kirche zu festigen?

Die polnische Kirchenhierarchie war von Anfang an den regierenden Kommunisten gegenüber kompromißbereit. Kardinal Hlond, der Vorgänger des Primas Wyszyński, befaßte sich Mitte der vierziger Jahre vor allem mit der Einrichtung einer polnischen Kirchenadministration in den Oder-Neiße-Gebieten, die Polen angegliedert wurden. Er ernannte apostolische Verwalter und organisierte das kirchliche Leben. Auf diese Weise akzeptierte er praktisch den Wandel, der in Polen stattgefunden hatte. Der Konflikt zwischen dem kommunistischen Staat und der katholischen Kirche wurde also nicht durch eine unnachgiebige Haltung des Klerus hervorgerufen. Im Gegenteil, die spätere Verschärfung der Beziehungen ist einer von Stalin angeordneten politischen Radikalisierung zuzuschreiben, der alle Länder Osteuropas am Ende der vierziger Jahre zum Opfer fielen.

Im Oktober 1948 starb Kardinal Hlond, sein Nachfolger als Primas von Polen wurde Stefan Wyszyński, damals 47 Jahre alt. Noch im April 1950 kam es zum Abschluß eines Abkommens zwischen Staat und Kirche. Der Staat erlaubte den Katholiken, ein religiöses Leben fortzusetzen, er ließ sogar Religionsunterricht in den Schulen zu. Die Kirche dagegen verpflichtete sich, dem Staat gegenüber loyal zu sein und sich auf Tätigkeiten rein kirchlicher Natur zu beschränken. Dieses Abkommen wurde jedoch bald von dem kommunistischen Staat gebrochen. Die noch von Hlond eingesetzten apostolischen Verwalter, die in den Westgebieten wirkten, wurden abberufen, die Priester verfolgt, das Kirchenvermögen teilweise konfisziert. Dem Kielcer Bischof Kaczmarek wurde ein Prozeß mit der falschen Anklage gemacht, er hätte während des Krieges mit den deutschen Okkupanten kollaboriert. Im Februar 1953 usurpierte der Staat das Recht für sich, fast alle kirchlichen Ämter selbst zu besetzen. Das Episkopat protestierte gegen das eine wie gegen das andere; bald darauf, im September 1953, wurde Primas Wyszyński verhaftet. Die Beziehungen zwischen dem kommunistischen Staat und der katholischen Kirche erreichten ihren Tiefpunkt.

Die weltlichen Katholiken hatten nicht viel Gelegenheit, sich zu organisieren und ihre Überzeugungen öffentlich zum Ausdruck zu bringen. Es gab zwar Versuche – vor dem Jahr 1948, also vor der radikalen Verschärfung des politischen Regimes –, eine politische Partei der Katholiken zu gründen, die aber scheiterten. Verhältnismäßig laut machten sich im katholischen Lager zu jener Zeit dessen Publizisten und Schriftsteller bemerkbar. Dies bewirkte im übrigen eine gewisse Normalisierung des öffentlichen Lebens im Nachkriegspolen. Da bis heute eine Gründung politischer Parteien unmöglich ist, werden die strittigen Probleme auf publizistischer und literarischer Ebene ausgetragen. Die Schreibenden sind privilegiert, auf dem Papier kann man mehr sagen als im Parlament. Es wird zwar nicht alles gesagt, schließlich gibt es eine Zensur, aber im Spiel mit kleinen Nuancen kann man seine eigene Position deutlich machen.

Das steht auch nicht – obwohl es so scheinen mag – im Widerspruch zu der Tatsache, daß die Freiheit der öffentlichen Meinungsaussage erheblich beschränkt ist. Am meisten leiden darunter die Tageszeitungen, der Rundfunk und das – genauso gleichgeschaltete – Fernsehen, weniger dagegen die Wochenzeitschriften, und gerade die spielten und spielen immer noch, mehr oder weniger offen, eine recht bedeutende politische Rolle im polnischen öffentlichen Leben. Die Wochenzeitschrift *Po prostu* (Ohne Umschweife) war das wichtigste Forum der Tauwetterperiode während und unmittelbar nach dem «Polnischen Oktober» 1956; ihre Liquidierung zeigte an, daß die Zeit der Liberalisierung vorbei war. Die Zeitschriften sind in Polen also rudimentäre Organe des politischen Lebens, die in schlechten Zeiten eingehen, in besseren Epochen wieder aufleben.

Deshalb könnte manchmal der Eindruck entstehen, daß einige Publizisten oder Literaten eigentlich Politiker im Schafspelz eines Dichters sind und daß das Interesse für Literatur in Polen übertrieben ist; zu dem Schriftstellerberuf drängen sich aktive Naturen verschiedenster Art, denen Passivität oder Beschränkung aufs Privatleben nicht zusagen.

Was Wunder also, daß sich die katholischen Laien gleich nach dem Krieg mehr um Zeitschriften als um politische Parteien gruppierten. Schon im März 1945 entstand in Krakau die Wochenzeitschrift *Tygodnik Powszechny* (Allgemeine Wochenzeitschrift), die unter der Leitung desselben Chefredakteurs, Jerzy Turowicz, bis zum heutigen Tag erscheint. *Tygodnik Powszechny* zog und zieht Menschen an, die vom Kommunismus nicht begeistert sind, aber realistisch denken, die versuchen, soviel wie möglich im Bereich der Kultur, des Brauchtums und der Religion zu retten. Grundsatz dieser Gruppe ist eine möglichst große intellektuelle Unabhängigkeit; sie beurteilen Ereignisse und Probleme aus der Position eines kritischen Beobachters. Nach Stalins Tod weigerte sich das Redaktionsteam des *Tygodnik*, einen panegyrischen Nachruf auf den Despoten zu drucken; die Zeitschrift wurde den Redakteuren weggenommen und der linientreuen Gruppe «Pax» zugewiesen. Nach dem Tauwetter 1956 kehrte *Tygodnik* in die Hände ihrer Gründer zurück. Die Leute aus diesem Kreis gewannen sogar eine gewisse politische Bedeutung, da sie als Gruppierung unter dem Namen «Znak» (Zeichen) die Genehmigung erhielten, einige Abgeordnete in den Sejm, das polnische Parlament, zu entsenden. In den siebziger Jahren hörte die Gruppe «Znak» praktisch auf zu existieren; es blieb der Name, aber die heutigen «Znak»-Parlamentarier sind zu sehr viel schwerwiegenderen politischen Konzessionen bereit, als es der Philosophie des ursprünglichen «Znak» entspricht.

Tygodnik Powszechny und «Znak» sammelten um sich liberale, modern denkende Leute. Einen ganz anderen Anhängerkreis hatte die Zeitschrift *Dziś i jutro* (Heute und morgen), ein Sprachrohr der «Pax»-Gruppe. Die Nummer eins war hier Boleslaw Piasecki, ein Vorkriegsfaschist, der aus dem Gefängnis entlassen wurde, nachdem er dem sowjetischen NKWD-General Sjedow versprach, die polnischen Katholiken zur Zusammenarbeit mit der kommunistischen Staatsmacht zu bewegen. Um ihn scharten sich Leute radikal nationalistischer Prägung, die bereit waren, eine starke Staatsmacht in jeder, auch in kommunistischer Gestalt zu akzeptieren.

Die von Piasecki geleiteten Gruppen sogenannter «patriotischer Priester» hörten viel mehr auf die Stimme der kommunistischen Parteisekretäre als auf die der eigenen Kirchenfürsten. Zwar bemühte sich Piasecki, auch in der Funktion eines Vermittlers zwischen Regierung und Episkopat aufzutreten. Im Grunde aber war er ein Werkzeug der neuen Macht und unterstützte die totalitäre Politik der Parteiführung mit so großer Begeisterung, daß er sie sogar noch 1956 verteidigte, nachdem das große politische Tauwetter bereits angebrochen war.

Auch im Jahre 1968, als die vom Innenminister Moczar angeführte «Polizeifraktion» eine beispiellose Hetze gegen Juden, Liberale und Intellektuelle entfesselte, erklärte sich die «Pax»-Gruppe eindeutig für diese nationalistisch-neostalinistische Polizeifraktion. Eine Eigentümlichkeit von «Pax» war auch der Versuch, den Konformismus zu einer Theorie zu erheben, in der das Christentum mit dem fortschrittlichen System (lies: mit dem Stalinismus) zu einer Einheit verschmolz.

Das Tauwetter 1956 öffnete dem Primas Wyszyński die Gefängnistore, die Beziehungen zwischen Kirche und Staat verbesserten sich entscheidend. Am 29. Oktober, dem Tag seiner Rückkehr nach Warschau, wandte sich Wyszyński an die im Hof des Kardinalspalastes versammelten Einwohner der Hauptstadt: «Unser Vaterland fordert in diesem Augenblick von euch große Ruhe, große Besonnenheit und viele, viele Gebete.» Diese Worte bedeuteten, daß die Beziehungen zwischen der Kirche und der Partei in eine völlig neue Phase getreten waren. Die Kirche blieb zwar stets der Gegner, aber in Zeiten größerer gesellschaftlicher Spannungen wurde sie zugleich, wenn auch nur für kurze Zeit, zum Bundesgenossen, weil sie dann – mit der Stimme des Primas – an Ruhe und Geduld appellierte.

Die Partei revanchierte sich. Am 31. Dezember 1956 gab der Staatsrat ein Dekret heraus, das kategorisch das Recht des Staates, kirchliche Posten zu besetzen, aufhob (was im Februar 1953 beschlossen worden war). Allerdings blieb der staatlichen Administration das Recht vorbehalten, gegen personelle Vorschläge der kirchlichen Hierarchie Einspruch zu erheben. Auf diese Weise ist, wie man in Krakau erzählt, der spätere Papst, Karol Wojtyla, Bischof geworden: Er wurde vom Episkopat erst dann als Kandidat aufgestellt, als schon viele andere Namen von der Parteiführung abgelehnt worden waren.

Der Kreis um den *Tygodnik Powszechny* unterstützte begeistert die Erneuerung des öffentlichen Lebens im Jahre 1956, obwohl die Publizisten dieser Zeitung gleichzeitig die politische Landkarte Europas sehr aufmerksam beobachteten und davor warnten, die UdSSR allzusehr zu provozieren.

Viele junge Katholiken verließen zu dieser Zeit Boleslaw Piaseckis «Pax»-Gruppe. In den vierziger Jahren hatten sie die scheinbar fortschrittlichen Tendenzen in den Erklärungen des «Pax» ernst genommen; da sie erklärtermaßen sowohl Anhänger gesellschaftlicher Reformen als auch Katholiken waren, meinten sie, ihr Platz sei im «Pax». Dieselben jungen Leute lasen begeistert die Werke des Franzosen Emmanuel Mounier, eines Philosophen des Personalismus. Sie waren enttäuscht von der Rolle, die «Pax» gegenüber der Kirche spielte, und auch von Piaseckis diktatorischem Führungsstil innerhalb seiner Organisation. Sie gründeten eine neue Monatszeitschrift *Wiez* (Das Band), deren Chefredakteur Tadeusz Mazowiecki wurde. Die Zeitschrift gewann die Anerkennung einer nicht sehr großen, aber gesellschaftlich relevanten Gruppe junger Intellektueller, und im Jahre 1980 wurde Mazowiecki einer der engsten Berater des revolutionären Gewerkschaftsführers Lech Walesa.

Dank dem «Polnischen Oktober» 1956 erhielten auch diejenigen katholischen Laien etwas mehr Spielraum, die nicht unbedingt Publizisten oder Literaten waren. In vielen Städten wurden «Klubs der katholischen Intelligenz» gegründet, von denen sich besonders der Warschauer Klub lebhaft entwickelte. In verschiedensten Kreisen und Zirkeln traf sich eine große Anzahl von Jugendlichen, die lasen, diskutierten oder sich alter und kranker Menschen annahmen.

Die Kirche gewann sehr viel durch diesen beträchtlichen Zuwachs an jungen Leuten. Auch der besondere Umstand, daß gerade den katholischen Intellektuellen jede Form von Gemeinschaftsaktivität erleichtert wurde, hatte keine geringe Bedeutung. Er schloß zwar die Arbeiter oder Bauern von dieser Art der Zusammenarbeit mit der Kirche aus – natürlich nicht vom Kirchgang oder einer anderen Tätigkeit in der Gemeinde –, leitete dafür aber einen Prozeß ein, der das polnische religiöse Leben vertiefen und intellektualisieren sollte.

Die offizielle Politik gegenüber der Kirche verschärfte sich schnell wieder. Parteichef Gomulka entfernte sich von den Losungen des Oktobers; das zeigte sich deutlich auf allen Gebieten, und auch die Kirche wurde nicht verschont. Die atheistische Propaganda verstärkte sich wieder, man begann, der Kirche das Leben auf Schritt und Tritt zu erschweren.

1960 kam es zu Unruhen in Nowa Huta, der kurz nach dem Krieg entstandenen Industriestadt in der Nähe von Krakau, die der Stolz des Systems war. In dem hunderttausend Einwohner zählenden Zentrum der Stahlindustrie, erbaut auf Wiesen und Feldern ehemaliger Dörfer, gab es keine Kirche, und es sollte auch keine geben. Denn laut der kommunistischen Doktrin verschwinden die religiösen Bedürfnisse der Menschen in dem Maße, in dem die neue Gesellschaft aufgebaut wird; und besonders das Proletariat braucht das Wort Gottes nicht. Entgegen jeder Theorie wünschten die Arbeiter von Nowa Huta jedoch eine Kirche in ihrer Stadt, sie stellten sogar ein Kreuz an der Stelle auf, wo die Kirche erbaut werden sollte. Die Polizei entfernte das Kreuz, es kam zu Auseinandersetzungen mit den Polizisten, in der Doktrin entstand eine Lücke. Die Bewohner von Nowa Huta forderten weiter ihre eigene Kirche; ihre Bemühungen unterstützte der damalige Krakauer Bischof, Karol Wojtyla, und schließlich fand im Mai 1977 die Einweihung der neuen Kirche statt.

Die Freude über die Kirche in Nowa Huta wurde allerdings durch ein ungewöhnliches Ereignis getrübt. An dem Maisonntag, an dem die Kirche eingeweiht wurde, herrschte in Krakau Trauer um den offensichtlich von der Polizei ermordeten Universitätsstudenten und Bürgerrechtler Stanislaw Pyjas; durch die Stadt zog eine Prozession schwarzer Fahnen, getragen von Studenten und nicht nur von Studenten.

Ende 1965 wandten sich die polnischen Bischöfe an ihre deutschen Amtsbrüder mit einer Botschaft, in der sie die Beziehungen zwischen dem polnischen und dem deutschen Volk in den vergangenen tausend Jahren unter besonderer Berücksichtigung des letzten Weltkrieges untersuchten. Die Bischöfe zeigten das Unrecht auf, das den Polen durch die Deutschen widerfahren war, aber sie verschlossen auch nicht die Augen vor dem Leid der Deutschen, die mit Gewalt aus den Oder-Neiße-Gebieten vertrieben worden waren. «In diesem wahrhaft christlichen, aber auch sehr menschlichen Geist strecken wir ... unsere Hände zu Euch aus, erteilen Euch Vergebung und erbitten sie von Euch.»

Die Botschaft entstand in der Atmosphäre des zu Ende gehenden Zweiten Vatikanischen Konzils und war ein ungewöhnliches Dokument dafür, daß sich die Bischöfe über die politischen und nationalen Schemata hinwegsetzten: Die Fähigkeit zu sagen, «wir bitten um Vergebung» war etwas Großartiges. Und gerade wegen dieser im tiefsten Sinne des Wortes christlichen Geste wurde die Kirche einer ein Jahr lang währenden Kampagne von Verleumdungen, Anklagen und Denunziationen ausgesetzt. Denn das Recht auf Interpretation der polnisch-deutschen Beziehungen beanspruchte die Partei für sich allein, aus einer übertrieben schwarz gemalten Bundesrepublik zog sie propagandistischen Nutzen. Die Worte der Bischöfe berührten dagegen eine tiefere Wirklichkeit, jene Schicht der Wirklichkeit, die das Fundament der Politik ist. Der Brief der polnischen Bischöfe beleuchtete das Vorübergehende der Parteipolitik, obwohl er in gewissem Sinn natürlich auch eine politische

Tat war: Einige Jahre später begannen die deutsch-polnischen Gespräche.

Für die katholische Kirche Polens war diese Botschaft sogar etwas mehr als eine Wende im Verhältnis zu den deutschen Katholiken und zu den Deutschen schlechthin; indem die Bischöfe von der Notwendigkeit der gegenseitigen Vergebung sprachen, schufen sie einen neuen Maßstab für den polnischen Katholizismus, einen wirklich evangelischen Maßstab! Die polnische Kirche war immer, besonders aber in der Zeit der Teilungen Polens, eine Volkskirche, die die Erniedrigten und Verfolgten verteidigte. Der Primas von Polen füllte nach der alten Tradition immer die Funktion des Interrex in der königlosen Zeit aus. Der Klerus war patriotisch, manchmal nationalistisch, manchmal auch antisemitisch. Die Botschaft der Bischöfe aus dem Jahre 1965 zeigte ein reines, vom Evangelium inspiriertes Antlitz der Kirche.

Ein Jahr darauf, 1966, beging die polnische Kirche das Millennium, das tausendjährige Jubiläum der Taufe Polens. Die Botschaft an die deutschen Bischöfe sollte diese Feierlichkeiten einleiten – als eine symbolische Reinwaschung des Gewissens. Die Millenniumsfeierlichkeiten wurden durch dauernde Propagandaattacken gegen die Kirche vergiftet. Parteichef Gomulka ließ nicht zu, daß Papst Paul VI. nach Polen kam, Kardinal Wyszyński bekam keine Erlaubnis, nach Rom zu fahren. Die Polizei begann eine Jagd auf das durchs Land herumziehende Bild der Tschenstochauer Muttergottes.

Zwei Jahre später, im Frühjahr 1968, verteidigten die Bischöfe sowie die Abgeordneten der «Znak»-Gruppe die gegen geistige Unterdrückung protestierenden Studenten vor der Polizei und vor der Propaganda. Kardinal Wyszyński wandte sich in einer Predigt mit entschiedenen Worten gegen die Welle des amtlich verordneten Antisemitismus. Die letzten Jahre der Gomulka-Regierung milderten die Feindschaft zwischen der Partei und der Kirche nicht im geringsten. Eine Verbesserung der Beziehungen brachte erst das nächste – übrigens nur sehr relative – Tauwetter im Jahre 1971, nachdem der neue Parteichef, Edward Gierek, an die Macht gekommen war. Die Regierung erteilte Baugenehmigungen für eine gewisse Anzahl von neuen Kirchen (was immer ein Streitpunkt zwischen Partei und Episkopat war), der Ton der Parteipropaganda gegenüber der Kirche wurde milder.

Aber die Kirche hatte immer noch keinen Zugang zu den Massenmedien; sie wurde auch nicht als Rechtsperson anerkannt, worum sich die Bischöfe seit langem bemühten. Gierek bedachte einerseits Kardinal Wyszyński mit großer Aufmerksamkeit, andererseits versuchte er gleichzeitig, über den Kopf des Primas hinweg Gespräche mit dem Vatikan anzuknüpfen. Das siebzigjährige Oberhaupt der Kirche wurde eine auch von der Partei anerkannte Autorität. Ein von der Partei wenig geschätzter Kardinal war dagegen der Erzbischof von Krakau, Karol Wojtyla. In den sechziger Jahren sah es allerdings anders aus. Da versuchte die Partei mit Hilfe von Gerüchten und einer psychologischen Kampagne den «modernen» Wojtyla dem «reaktionären» Wyszyński gegenüberzustellen. Aber als im Oktober 1978 das Konklave Kardinal Wojtyla zum Papst wählte, wurde diese Etappe des Kleinkrieges gegen die Kirche naturgemäß beendet.

Warum hat die Kirche ihre Bedeutung während der dreißigjährigen Existenz der Volksrepublik Polen beträchtlich erweitern können? Die erste Antwort: Die Geschichte der Parteimacht in diesem Zeitraum unterteilt sich in verschiedene, durch Krisen getrennte Epochen. Jeder der Parteiführer ist in Schande gegangen, verabschiedet mit Seufzern der Erleichterung. Die Kirche dagegen, im übrigen 980 Jahre älter als die Partei, überlebte ohne diese Art von ruinösen Episoden und wurde zudem von einem außergewöhnlichen Menschen, dem Kardinal Wyszyński, geleitet. Während der Parteiapparat sich aus charaktermäßig immer minderwertigeren Menschen zusammensetzte, aus Karrieristen und Konformisten, dazu noch kleinen Formats, gab es in der Kirche immer bessere, mutigere und intelligentere Priester, die sich nicht für die fetten Pfründe, sondern für ein Leben im bewußten Widerstand gegen den Druck des Staates entschieden. Die Kirche hat sich unter dem Einfluß des Zweiten Vatikanischen Konzils innerlich gereinigt, sie ist frei von der Versuchung der Macht. Die Partei hingegen, täglich damit beschäftigt, sich an der Macht zu halten, hat nur eine oberflächliche Gewissensabrechnung mit den stalinistischen Untaten durchgeführt und ist schnell zu Korruption, Eitelkeit und Arroganz zurückgekehrt.

Jede Kirche, nicht nur die katholische, ist ein Beispiel für ein besonderes menschliches Gebilde. Jede Kirche ist eine Institution mit allen Fehlern einer Institution. Die Kirchen sind aus Seele und Körper zusammengesetzt. Ihr Körper ist die Gemeinschaft guter und weniger guter Menschen, eine Gemeinschaft von Prälaten, Kanonikern, Vikaren und Bischöfen, die Seele dagegen der Glaube an Gott. Der Körper der katholischen Kirche ist gewaltig, was ihm im übrigen nicht nur die Atheisten und Agnostiker übelnehmen, sondern auch alle reformierten Kirchen. Aber eben im Duell mit der kommunistischen Macht, die sich in der zweiten Phase ihrer Macht die Vernichtung aller Institutionen und Verbände zum Programm gemacht hat, rettete diese doppelte Struktur die katholische Kirche vor dem Zerfall. Jene innere Mechanik der Kirche, einer Kirche der Menschen, des Volkes, konzentriert sich im Moment der Bedrohung auf ein einziges Ziel: die Kirche zu retten.

Diese Erklärung allein genügt jedoch nicht. Die katholische Kirche als Institution strebt, da sie über jahrhundertelange Erfahrungen im Konflikt mit der weltlichen Macht verfügt, gewöhnlich den Kompromiß an. So war es auch in Polen nach 1944, obwohl die kirchliche Hierarchie selbstverständlich weder den Kommunisten noch den Sozialisten wohlwollend gegenüberstand. Das Abkommen vom April 1950, in dem die Bischöfe sich zur Loyalität gegenüber dem ungeliebten Regime verpflichteten, um den Preis, die religiösen Tätigkeiten weiter fortzuführen, zeigt die Grenzen der kirchlichen Unterwerfung. Die Kirche als Gesamtheit strebt keinesfalls nach Märtyrertum. Als der Primas Stefan Wyszyński verhaftet wurde, zeigte das Episkopat vollen Gehorsam gegenüber der Staatsmacht. Die Kirche braucht also mehr als Körper und Seele, um ihre Unabhängigkeit von der totalitären Staatsführung zu retten; auch mutige Menschen sind für sie unentbehrlich.

Die Kommunisten haben im Grunde der Kirche geholfen: Indem sie sie völlig unnötigen Repressionen unterwarfen – unnötig in dem Sinn, daß sich die Bischöfe ja sowieso zur Loyalität gegenüber dem Staat verpflichtet hatten –, trugen sie zur moralischen Festigung ihrer besten Leute bei.

Selbst die begeisterten Dostojewski-Anhänger, die dessen wilde Antipathie gegen den Katholizismus teilten, konnten in dieser Zeit die Vorzüge der katholischen Kirche schätzenlernen. Der Irrtum der Kommunisten beruht darauf, daß sie um sich herum immer nur Kommunisten dulden, sie träumen von einer einfarbigen Welt. Die schwarzen Soutanen, früher von den Freimaurern gehaßt, wurden zum optimistischen Zeichen, das die elementare Mannigfaltigkeit der Welt bestätigte.

Außerdem wurde die katholische Kirche in Polen nicht zum erstenmal zu Kampf und Widerstand gezwungen. Während der deutschen Okkupation gehörten die Priester, insbesondere in den Gebieten, die dem Reich eingegliedert waren, zu dem Teil der polnischen Bevölkerung, der am heftigsten verfolgt wurde. Auch während der Teilungen im 19. Jahrhundert gehörten sie durchaus nicht zu den Privilegierten. In dem von Preußen besetzten Teil Polens spürten sie die Folgen des Bismarckschen Kulturkampfes, während sie unter der russischen Besatzung dauernd des Verrats verdächtigt wurden. Die Russen versuchten ohne Erfolg, die Polen zur Orthodoxie zu bekehren. Sie nahmen im übrigen an, daß in Polen nur die gesellschaftliche Elite – zu der sie auch die Priester rechneten – von lateinischen, katholischen Einflüssen verdorben sei, während die großen Volksmassen nur davon träumten, sich mit den slawischen Brüdern in

Rußland in einem Glauben zu verbinden (so dachte auch Dostojewski, so schrieben viele russische Publizisten, die Slawophilen). Sie irrten sich, das Volk identifizierte sich mit eben diesem Katholizismus, betete vor dem Bild der Muttergottes und vor dem Kreuz des Bekümmerten Jesus. Die lateinischen Einflüsse «verdarben» das gesamte polnische Volk, nicht nur den Adel und die Priester.

Die Grenze zwischen dem Katholizismus und der Orthodoxie war eine wesentliche Linie, die die Tradition Roms von der byzantinischen trennte. Rom bedeutete Achtung des Gesetzes, Konzentration auf das praktische Leben, Byzanz war imstande, ein reiches mystisches Leben mit der Billigung von Despotismus zu vereinen.

1861, zwei Jahre vor dem blutig unterdrückten Januaraufstand, fanden in Warschau friedliche Demonstrationen gegen die russischen Besetzer statt. Die Massen versammelten sich in den Kirchen; die zaristische Gendarmerie drang in die Gotteshäuser ein und führte dort Verhaftungen durch.

Das Bild von der katholischen Kirche als einer Ansammlung dicker Prälaten, die die harte Arbeit des Bauern und des Arbeiters ausnützen, entspricht in Polen nicht der Wirklichkeit. Der Katholizismus absorbiert dank seiner Vorliebe für das praktische Leben und dank seiner Präsenz all das, was in einem Land gut oder schlecht ist.

In der Zwischenkriegszeit verharrte die Kirche im Konflikt mit der liberalen Intelligenz, was zur Folge hatte, daß sich nur sehr wenige Intellektuelle mit ihr solidarisierten; darunter litt das katholische geistige Leben, das überwiegend nicht von einem hohen Niveau gekennzeichnet war. Dies änderte sich weitgehend nach dem deutschen Einmarsch 1939, als der ungewöhnlich starke Druck von seiten der nationalsozialistischen Vernichtungsmaschinerie viele Katholiken dazu brachte, zur absoluten Waffe zu greifen – zu dem Glauben an Gott.

Nach Kriegsende traten der Kirche immer mehr aufgeklärte Menschen bei und machten sich daran, den polnischen Katholizismus in die Gegenwart einzugliedern. Nicht nur führten die katholischen Priester in Polen ihre Aufgabe immer bewußter aus, ohne sich auf die bloß defensiv verstandene seelsorgerische Arbeit zu beschränken, die Kirche als Ganzes gewann gleichzeitig auch ein immer größeres intellektuelles Format.

Was heißt defensiv ausgeübte seelsorgerische Arbeit? Ich denke an den Stil, die Religion als Brauch darzustellen, wo Taufe, Erstkommunion, kirchliche Trauung, regelmäßiger Kirchenbesuch am Sonntag und an den Feiertagen als die grundsätzlichen und fast alleinigen Pflichten eines Christen gelten. Ein solcher Katholizismus läßt sich mit den Forderungen einer totalitären Macht vereinen, obwohl er zugleich wie die Asche in einer Herdstelle ist, in der immer noch das Feuer eines ernstgenommenen Glaubens steckt.

Man stößt auch auf Priester, deren Predigten an die Artikel in Parteizeitungen erinnern. Ich weiß noch genau, daß bei der Hochzeit meiner Cousine der Priester zu produktiver Arbeit für das Wohl des Volksstaates aufrief, wobei er sich sogar des Tons der Propagandaredner bediente. Die Kirche ist ja auch nicht einheitlich, es gibt ganz unterschiedliche Bischöfe, und selbst der Primas, Kardinal Wyszyński, hatte bessere und schlechtere Tage. Die große Tradition der kirchlichen Diplomatie, der Verhandlungen mit der weltlichen Macht, trägt verschiedene Früchte. Wichtig ist jedoch, daß in all diesen Vergleichen und Aktionen die Kirche in Polen als souveräner Gesprächspartner auftritt. Der Moskauer Patriarch, das Haupt der russisch-orthodoxen Kirche, wird entsprechend den Forderungen der Nomenklatura ernannt, das heißt entsprechend dem Parteischlüssel für die Verwaltungsposten im Staat. Wenn sich dagegen Kardinal Wyszyński im Geiste «der Ruhe und der Besonnenheit» äußert, dann tut er das aus eigenem Willen; deshalb begrüßt die Partei im übrigen diese Art von Erklärungen um so freudiger.

Die Atheisten des fortschrittlichen Lagers, die Erben Voltaires, konnten nicht verstehen, wozu überhaupt Kirchen existieren. Die Gestalt eines Mönches in der weißen oder braunen Kutte erschien diesen aufgeklärten Rationalisten als etwas absolut Komisches, gleichgültig, ob der Mönch in einem Wirtshaus ein Glas Wein trank oder ob er in Gedanken versunken im Klostergarten auf und ab ging. Auch die ganz modernen Technokraten oder schlechthin praktisch denkenden Leute, die an einem guten Funktionieren der Industrie, der Banken und des Kommunikationswesens interessiert sind, verstehen nur mit Mühe den Sinn von Kirchen. Eine Institution, die ihre Existenz mit der Gestalt eines unsichtbaren Schöpfers legitimiert, ist das ernst zu nehmen?

Die Situation änderte sich aber, wenn die Kirche nicht mit straffen Institutionen, die von ideenlosen Managern geleitet werden, wetteifert, sondern mit großen bürokratischen Organismen, deren Ziel es ist, das Leben nach den Prämissen von Marx und Lenin zu gestalten. Weil diese Organismen genauso viel produzieren wie sie zerstören, so viel vorantreiben wie sie verzögern, sind sie eher ein Hindernis als eine Unterstützung, da sie lieber kontrollieren und beschränken als helfen. Die Kirche wird infolgedessen als überaus rationale Institution angesehen.

Auf dem Hintergrund dieser unproduktiven, von den Kommunisten geschaffenen, sich nach irrationalen Prämissen ausrichtenden Institutionen scheint die katholische Kirche mit ihrer seit Jahrhunderten ausgearbeiteten Arbeits- und Organisationstechnik sehr rational zu funktionieren. Dabei ist der polnische Klerus gar nicht so zahlreich: etwa 20000 Priester, darunter 4500 in Mönchsorden, sowie etwa 28000 Nonnen. Sie beten nicht nur oder halten heilige Messen ab – obwohl das am wichtigsten ist –, die Nonnen pflegen auch Kranke und Alte. Die Auswirkungen dieser Arbeit sind oft sichtbarer als die der gigantischen Partei- und Staatsbürokratien, die sich obendrein fast völlig überschneiden.

Die Kirche ersetzt nicht die Ende der vierziger Jahre abgeschafften Institutionen, Parteien, Körperschaften und Vereine. Dadurch jedoch, daß sie unabhängig bleibt, erinnert sie daran, wie Unabhängigkeit schmeckt. Mehr noch: Weil die Kommunisten die Angewohnheit haben, die Gewaltenteilung in eine Legislative und Exekutive aufzuheben und das frühere demokratische System durch einen Machtblock in der Hand der Partei zu ersetzen, beginnt die unabhängige Kirche gleichsam naturgemäß eine äußerst wichtige politische Funktion zu erfüllen. Die Gesellschaft, der die Teilung, die Differenzierung der Macht lieb ist, drängt die Kirche unwillkürlich dazu, den Platz der gleichgeschalteten bedeutungslosen Machtorgane einzunehmen.

«Den Platz einnehmen» – mehr in einem symbolischen als in einem realen Sinn. Die Kirche kann schließlich weder zum Parlament noch zum Obersten Gericht werden – dafür steht ihr aber eine moralische Autorität zu, oder besser gesagt, eine moralisch-politische Autorität. Die Kirche ist eine politische Körperschaft, deren Kraft und Bedeutung eher in der Sphäre des Potentiellen liegt, was dann in den Krisen- und Spannungszeiten zutage tritt. Gleichzeitig beruht die politische Bedeutung der Kirche darauf, daß sie durch ihre wachsame Anteilnahme am kollektiven Leben die Grenzen für eventuelle Machtüberschreitungen, für eventuellen Terror setzt.

In dieser Weise also nützt der «Körper» der Kirche der polnischen Gesellschaft. Warum ist aber auch die «Seele» der Kirche so lebendig, das heißt der Glaube an Gott? Es gibt eine sehr vereinfachte Antwort auf diese Frage: «In Not zu Gott.» Bekanntlich braucht der Mensch Gott sehr viel mehr in Zeiten der Bedrohung, der Unsicherheit, bekanntlich waren es eben die Gläubigen, die in den nationalsozialistischen und sowjetischen Konzentrationslagern die größte moralische Kraft und Überlebensfähigkeit bewahrt hatten.

In Polen kann man schwerlich – zumindest seit 1955 nicht – von einem antireligiösen Terror reden; trotzdem blüht nicht nur die Kirche, auch der Glaube an Gott ist sehr lebendig.

In den Konzentrationslagern oder Gefängnissen ist es der Glaube an Gott, der es möglich macht, sich über das gegebene System der Bedingungen, Umstände, der Armut und Erniedrigung hinwegzusetzen; die Gedanken des gläubigen Menschen finden in Gott den absoluten Bezugspunkt, dem gegenüber alles andere gegenwärtige Leiden an Bedeutung verliert. Da gibt es etwas Größeres, das die Realität des augenblicklichen Terrors schwächt. Die Gedanken konzentrieren sich um einen idealen Punkt, das innere Leben wird reich; es wird interessant, faszinierend. Auf seiner Pritsche in einer Lagerbaracke schickt Hiob seine Gedanken zu Gott, seine innere Welt ist unendlich viel reicher als die seiner primitiven Umwelt, als die nackten Bretterwände, der aus Lehm gestampfte Appellplatz, der immer gleiche Weg in den Wald, in dem die Gefangenen Bäume fällen.

In Polen kam es nie zu extremen Lebensbedingungen, obwohl zahllose politische Gefangene vor 1956 oder 1955 nicht weniger gelitten hatten als die Millionen Opfer der totalitärsten Regime im 20. Jahrhundert. Ein Charakteristikum des polnischen öffentlichen Lebens nach dem Oktober 1956 war jedoch immer ein gewisser Zynismus. Jeder, der sich in Polen im politischen Leben umsieht oder an ihm teilnimmt, sozusagen am offiziellen Strang dieses Lebens zieht, muß bemerken, daß die Wirklichkeit eigentlich ein Königreich des Relativismus ist. Hier werden verbissene Kämpfe geführt, Konflikte und Streitigkeiten ausgetragen, aber alles ist merkwürdig oberflächlich, vergänglich, es berührt nicht die Realität; die Streitigkeiten bleiben an reinen Personalfragen hängen, vernünftige Veränderungsvorschläge verschwinden tief in den Schubladen der Ministerien. Durchgeführt werden dagegen Veränderungen, die ein rein mechanisches Ergebnis zynischer Spiele zwischen den einzelnen Gruppen und Fraktionen darstellen.

Es liegt etwas Irreales in der gesamten Gesellschaftsatmosphäre; die Parteibürokratie stört jeden an der Ausübung seines Berufes. Die Zensur nimmt die Lust zum Schreiben, die Beamtenpyramide macht die Mühe der Ingenieure und Arbeiter zunichte, erschwert allen die Arbeit. In dieser Situation ist Gott gleichsam leichter erreichbar, die ideale

Wirklichkeit leuchtet durch die Unvollkommenheit der realen Welt. Im Reich des Relativismus wächst die Versuchung und die Sehnsucht nach dem Absoluten.

Der Kommunismus in der stalinistischen Variante – und eine andere kennen wir noch nicht – nimmt der Gesellschaft die Möglichkeit einer freien politischen oder bürgerlichen Aktivität, die «société civile» wird im Prinzip entmündigt. Die große Masse an Energie, an Interessen läuft gleichsam ins Leere und ist nicht mit den objektiven Bedürfnissen und Möglichkeiten verankert. Das heißt noch nicht, daß jemand, der sich vorher beispielsweise aktiv für das ideelle sozialistische Kooperativwesen eingesetzt hat, ein eifriger Katholik wird, nachdem man ihn aus dieser Tätigkeit herausgeworfen hat. Ich kenne frühere Genossenschaftler, die bis heute kompromißlose Atheisten und sogar ein wenig anachronistisch kirchenfeindlich eingestellt sind. Man kann also keinen eindeutigen Grundsatz aufstellen; ich habe aber den Eindruck, daß es im heutigen Polen mehr Künstler und mehr Christen gibt, als es sie in einem hypothetischen nichtkommunistischen Polen geben würde. Diese Energie oder dieser Teil der Energie, der sich nicht aktiv politisch entlädt, wird der Kunst oder der Religion gewidmet. Natürlich ist das im höchsten Grade paradox – man braucht nur daran zu erinnern, wie viele Theoretiker und Pessimisten im 20. Jahrhundert den Verfall von Kunst und Religion in der Massengesellschaft vorausgesagt haben.

Sicher wird ein großer Teil jener ungenutzten Energie unwiederbringlich und absurd vergeudet, in Langeweile und Wodka umgesetzt, denn auch das sind Begleiterscheinungen der Lage, in der sich die Länder Mittelosteuropas befinden, aber der Katholizismus und die Kultur ziehen auch Gewinne daraus.

Noch interessanter ist eine andere Erscheinung, die ich den Kampf der Titanen nennen würde. Die Titanen sind in diesem Fall die Ideologie und die Religion. Die modernen Ideologien entstanden bekanntlich im 19. Jahrhundert und nährten sich von den religiösen Gefühlen, die bisher auf das Christentum fixiert waren. Der Laisierungsprozeß der europäischen Gesellschaften trug insofern zur Entstehung von Ideologien bei, als der Eifer und die Bedingungslosigkeit, die dem Glauben an Transzendenz eigen sind, auf die menschliche Gesellschaft übertragen wurden. Es gibt überzeugende Beweise für die These, daß die christlichen Leidenschaften und Hoffnungen auf die Hegelsche Philosophie und von dort auf die Schriften von Karl Marx übertragen wurden.

Die Genese der Ideologien ist natürlich sehr kompliziert, sie verbindet sich auch mit dem Beginn der Massengesellschaft und der Entwicklung der Wissenschaft. Joseph Alois Schumpeter hat den Marxismus als ein Gebilde definiert, das zwei Dinge miteinander verbindet: den Anspruch auf wissenschaftliche Gediegenheit, der sich aus dem positivistischen Glauben an die Allmacht der Wissenschaft ableitet, und die Hülle der religiösen Botschaft. In jedem Fall verbindet die Ideologie und die Religion eine schamhaft versteckte Verwandtschaft.

Polen, das der Weltgeist boshaft als Truppenübungsplatz der Geschichte auserwählte, erlebte die kommunistische Ideologie bereits in körperlicher Gestalt, ausgerüstet mit Panzern und mit einer Geheimpolizei. Der Kampf der Titanen, aus dem die Ideologie im 19. Jahrhundert siegreich hervorging, hat von neuem begonnen, und diesmal stellten sich die Chancen der beiden kämpfenden Seiten anders dar. Die Ideologie beherrschte zwar die Schulen, die Universitäten, die Verlage sowie Rundfunk und Fernsehen, aber sie fand keinen Zugang zu der individuellen Gedankenwelt.

In diesem Jahrhundert verläuft der Prozeß gleichsam umgekehrt: Die Ideologie wird gezwungen, dem Christentum das gestohlene Feuer wiederzugeben. Es ist eine Art Falsifizierung der kommunistischen Ideologie erfolgt, die nicht imstande ist, ihre Versprechungen zu erfüllen. Der Traum von der Befreiung des Menschen ist gescheitert – statt der Freiheit kam die politische Polizei. In dieser Situation kehrten die auf die Ideologie gesetzten Hoffnungen langsam dorthin zurück, von wo sie gekommen waren – zum Christentum.

Der Boden war dafür gut vorbereitet in Polen, der Katholizismus hatte tiefe Wurzeln geschlagen. Nach 1945 kann man von einer beträchtlichen religiösen Renaissance reden. Es war nicht so, daß einfach ein ungebrochen katholisches Polen sofort und entschieden die Versuchung der kommunistischen Ideologie von sich gestoßen hätte; es mußte erst zu dem Kampf der Titanen kommen. Das Christentum im Nachkriegspolen ist stärker verbreitet und reiner, als es in der Zwischenkriegszeit war. Die vor dem Krieg streikenden Arbeiter hatten es nicht eilig, Marienbilder an die Fabrikmauern zu hängen, so wie das die Werftarbeiter im August 1980 in Danzig taten.

Auf die Frage, ob die religiöse Renaissance in Polen ein historischer Rückschritt ist, würde die Antwort lauten: natürlich, zumindest in dem Sinn, daß hier der schon seit hundert Jahren in Europa währende Prozeß der Umwandlung von Religion in Ideologie gebremst wurde. Man müßte jedoch die Botschaft der Historie einseitig und fanatisch verstehen, um diesen Rückschritt tatsächlich als Rückschritt zu werten. Vielleicht kommt der Tag, an dem dieser Rückschritt in ganz Europa ein Fortschritt sein wird. Die Ideologien haben mit ihrem Fanatismus der Welt viel geschadet, das Christentum der noch ideologischen Epoche scheint um eine Erfahrung reicher zu sein, die eben aus der Konfrontation mit der Ideologie kommt. Es ist ein gewandeltes, vom Fanatismus gereinigtes Christentum, das sich mit den Schwachen solidarisiert.

Der polnische Katholizismus hat dabei seine Bindungen an die eigene Geschichte nie zerrissen. Weiterhin ist er die Volksreligion. Auch das bildhafteste Moment des Katholizismus, das sich am stärksten mit rein weltlichen Emotionen mischt, der ungewöhnlich starke Marienkult, den fortschrittliche Theologen verspotten, bildet weiterhin einen wesentlichen Bestandteil der polnischen Religiosität.

Gleichzeitig gewinnt die Gestalt Christi in der polnischen Religiosität eine immer größere Bedeutung. Für viele junge Menschen, junge Intellektuelle oder Arbeiter wird die eigene, selbst von der kirchlichen Lehre unabhängige Entdekkung von Christus zu einem geistigen Ereignis. Mir scheint es sogar, als sei der Katholizismus der jungen Generation sehr viel mehr auf Christus ausgerichtet als auf Maria. Der Gott-Mensch Jesus, der sanfte ethische Gesetzgeber, der Christus der Bergpredigt, nimmt immer mehr Raum in der religiösen Vorstellung der Polen ein.

Das heißt natürlich nicht, daß die Gestalt Christi zuvor keine Bedeutung hatte. Im Gegenteil, im 19. Jahrhundert erfanden polnische Emigranten, die, von den Besetzern aus dem Vaterland verjagt, in der Fremde vorwiegend in Paris lebten, eine starke messianistische Doktrin, in der sie Polen in der Weltgeschichte die Rolle des «Christus der Völker» zuschrieben, der für die ganze Welt litt.

Jetzt aber wird Christus vor allem als Gott-Mensch und ethischer Gesetzgeber gesehen. Der Kommunismus, der in radikalen politischen Phasen ungewöhnlich scharf gegen das Christentum auftritt, vermittelt die Erkenntnis, daß in dem Moment, in dem das Christentum verbannt wird, in dem es in seiner Existenz bedroht ist, offenbar wird, wie sehr die europäische Ethik im Neuen Testament verwurzelt ist. Es war nicht nur das Christentum, das unsere Zivilisation geschaffen hat, aber ohne das Christentum wäre sie nicht zu dem geworden, was sie ist.

Die Ethik, die von den Kommunisten verkündet wird, ist verworren und brutal; sie stellt den Anspruch, die Gegenwart für das Wohl einer nebulösen Zukunft zu opfern; sie beruft sich nicht auf die faßbare Realität des menschlichen Individuums, sondern auf die Forderungen einer großen gesellschaftlichen Gruppe. Die Abstraktheit dieser ethischen Gebote ermöglicht es, alle Verbrechen zu rechtfertigen, erlaubt es, den Archipel Gulag zu tolerieren. Die Anstrengung, den Stalinismus zu überwinden, seine Ursache zu analysieren, war zu bescheiden, um die kommunistische Ethik reinzuwaschen. Die Tatsache, daß Kommunisten andere Kommunisten getötet haben, hat mehr Entsetzen verursacht, als daß Kommunisten überhaupt gemordet haben.

Deshalb hat die Ethik des Neuen Testaments eine so große Anziehungskraft in Polen. Das heißt nicht, daß sich niemand daran erinnert, daß auch die Kirche früher grausam sein konnte und ihre Inquisition hatte. Aber die schweren bitteren historischen Erfahrungen führen zu einer Art Nachsicht gegenüber den traditionellen Strukturen. Es gibt in Europa keine Institution oder Formation, die sich in der Vergangenheit nicht besudelt, die nicht ihre Inquisition gehabt hätte. Eine schonungslose Betrachtung raubt allem, was existiert, Glanz und Wert. Die Bürgerlichen sind langweilig, beschränkt und häßlich, Parlamentarismus ist nicht vollkommen, sichert nicht allen Bürgern die Einflußnahme, die Christen bauen ihre Tugend auf Ressentiments gegen starke Menschen, gegen Kämpfer auf, außerdem haben sie die Inquisition geschaffen, die Richter beugen sich den Forderungen der Reichen, die Literatur lügt, weil sie nur Klasseninteressen beschützt oder im besten Fall das Triebleben gelten läßt. Nichts ist der Liebe wert, man muß die bestehende Welt zerstören, um auf ihren Trümmern eine vollkommenere Gesellschaft zu erbauen. Die Witwe des großen russischen, von Stalin ermordeten Poeten, Nadeschda Mandelstam, schreibt in ihren Memoiren, daß sie in den dreißiger Jahren immer Erzählungen zum Lachen gebracht hätten, die, im 19. Jahrhundert geschrieben, die bürgerliche Heuchelei anprangerten. Denn jetzt, schrieb sie, gibt es nicht einmal mehr Heuchelei.

Die, die in den schwersten, härtesten Jahren des Stalinismus lebten, haben gelernt, diese unvollkommene, verkrüppelte bürgerliche Welt, die Welt, in der die Advokaten bestechlich waren, zu schätzen, da es im stalinistischen Staat keine Advokaten mehr gab. Über die Unwirksamkeit des Parlaments brauchte man sich nicht mehr zu ärgern, weil es kein Parlament mehr gab – nicht einmal ein so unvollkommenes, wie es die russische Duma vor der Oktoberrevolution war. Man konnte auch nicht mehr über die Schwächen und Laster der Priester lachen, weil sich die Geistlichen verschiedenster Konfessionen in Arbeitslagern befanden.

In Polen hat der Terror verhältnismäßig kurz gedauert, von 1948 bis 1954; genügend lange, um das Wesen des Stalinismus kennenzulernen und sich nach der unvollkommenen bürgerlichen Welt zu sehnen.

Um keine Mißverständnisse zu schaffen: Nachsicht gegenüber großen europäischen Formationen oder Institutionen heißt nicht, daß man sie nicht verbessern oder kritisieren sollte. Es geht nur darum zu verstehen, daß eine Reform besser ist als ein Akt der Vernichtung, eine Geste der Verachtung.

Auf diesem Hintergrund ist auch die christliche Religion zu sehen. Die einen brauchen ihren Gott, die anderen ihre Ethik, wieder andere brauchen die Kirche als eine unbeugsame Institution. Für die einen ist die Gestalt der Muttergottes das Wichtigste, die anderen beten zu Christus. Die Kirche in Polen lebt – auch innerhalb der kommunistischen Partei mit ihren Hunderttausenden von Gläubigen und eifrig praktizierenden katholischen Mitgliedern.

4
Der Kommunismus hat die Kategorie des Tragischen zerstört

Die Intellektuellen

Zu Zeiten, als die Bourgeoisie in Frankreich, England oder Deutschland vorherrschte, hatten die osteuropäischen Länder zwar nur eine kleine Bürgerschicht, dafür beherbergten ihre Städte eine andere bedeutsame Gruppe, die Intelligenz. Besonders Rußland und Polen wurden zu Vaterländern großer intellektueller Kreise. In Polen rekrutierte sich die Intelligenz aus dem verarmten Adel, aus den im Bürgertum assimilierten Juden, auch aus gebildeten und dadurch gesellschaftlich aufgestiegenen Bauern. Der polnische Adel, der im 18. Jahrhundert etwa zehn Prozent der gesamten Bevölkerung ausmachte, gehörte zum größten in Europa. Im 19. Jahrhundert unterlag er einem Prozeß des gesellschaftlichen Abstiegs, er flüchtete von den verlorenen Gütern in die Stadt. Dorthin trieben ihn nicht nur der ökonomische Zwang, sondern auch die politisch motivierten Enteignungen. Im russischen Teilungsgebiet wurden nämlich viele Familien des Landadels vom Zaren dafür bestraft, daß sie an den Aufständen der Jahre 1830/31 und 1863 gegen Rußland teilgenommen hatten; man nahm ihnen den Familienbesitz weg.

Das ist bereits uralte Geschichte; trotzdem existiert immer noch eine lebhafte Tradition in der Intelligenz. Die Volksrepublik Polen als ein antikapitalistisch orientierter Staat hat natürlich seine Intelligenz nicht in eine Bourgeoisie verwandelt. Der Intellektuelle arbeitet als Lehrer, Arzt, Jurist oder Wissenschaftler. Er bezieht sein Gehalt von einem Staat, mit dem er sich nicht völlig identifizieren kann. Die Intellektuellen des 19. Jahrhunderts begeisterten sich für Ideen, mit roten Flecken auf den Wangen durchlebten sie die Abenteuer der romantischen, positivistischen oder sozialistischen Gedankenwelt. Ihre Hauptsorge und ihre elementare Hoffnung war damals die Wiedergewinnung der Unabhängigkeit Polens.

Zu einem wirklichen Unglück wurde für die polnische Intelligenz die Zeit der deutschen Besatzung, als sie von den Nazis dezimiert wurde. Für Hitler stellte eben die Intelligenz – neben den Juden – den Hauptfeind in Polen dar, er zerstörte sie rücksichtslos. Unzählige Vertreter dieser Schicht waren in Vernichtungslager deportiert, verhaftet, erschossen ohne Gerichtsverfahren, egal, welche Weltanschauung sie hatten. Die Polen sollten bis hundert rechnen können, alles andere, Bildung und Kunst, war schon überflüssig. Trotzdem wurde damals die Kontinuität des geistigen Lebens nicht gebrochen; in den privaten Wohnungen wurden Konzerte und Vorlesungen abgehalten, die Dichter gaben in den Untergrundverlagen ihre Lyrikbände heraus. Noch drei Jahre nach dem Krieg konnte das kulturelle Publikum damit ernährt werden, was während der Besatzungszeit gedacht, geschrieben oder komponiert wurde.

Die Tatsache, daß der Staat im heutigen Polen als der im Grunde genommen einzige Arbeitgeber der Intelligenz auftritt, blieb nicht ohne Einfluß auf deren Überzeugungen und Haltungen. Ein Beamter kann es sich kaum leisten, eigenständige Aktivitäten zu entwickeln; er ordnet sich mehr oder weniger den Direktiven des Arbeitgebers unter. Nicht nur die Schulen und Universitäten werden vom Staat verwaltet, auch die Verlage und Zeitschriften sind Staatseigentum. Ein Intellektueller zu sein dagegen heißt, nicht auf die Freiheit des Denkens, des Lesens, des Reflektierens, des Hörens und Redens zu verzichten. Ein großer Teil der Intelligenz verharrt also in einem gewissen Dornröschenschlaf, aus dem er allerdings von großen Ereignissen, wie zum Beispiel den aufeinanderfolgenden politischen Tauwettern, immer wieder geweckt wird.

Ein kleinerer Teil der Intelligenz, den die dauernde Ausübung intellektueller Berufe einfach zu ständigem Überlegen zwingt, hat die ganze Zeit über Dienst, als ob er gleichsam im Namen seiner schweigenden Brüder wachte. Dies sind hauptsächlich Wissenschaftler, Literaten und Künstler. Die Angehörigen dieser Berufe sind noch am freiesten, obwohl auch sie letztlich von der Staatskasse abhängen, weil es kaum eine andere gibt. Selbständige Bauern sind nicht so vermögend, um Intellektuelle zu unterhalten! Die Kirche dagegen will entweder aus politischen Rücksichten nicht mit dem staatlichen Kassenverwalter konkurrieren oder kann es auch nicht, obwohl einige katholische Zeitschriften diese Rolle in geringem Maße erfüllen könnten.

Trotzdem sind besonders die Literaten relativ unabhängig von den Launen der Macht. Einige können mit Honoraren für die Übersetzungen ihrer Bücher im Ausland rechnen, andere wieder leben sparsam und schaffen es, jahrelang mit früher verdienten Honoraren auszukommen. Keine geringe Unterstützung ist für die Literaten ihr Berufsverband ZLP (Zwiazek Literatow Polskich), eine verhältnismäßig demokratische Organisation, die es selbst in politisch schwierigen Zeiten wagt, ihren durch die Ungnade der Partei bedrohten Mitgliedern finanzielle und juristische Hilfe zu leisten. Auch diejenigen, deren Bücher im Augenblick nicht herausgegeben werden dürfen, können aus dem ZLP nicht ausgeschlossen werden, da nur die Hauptversammlung mit der Mehrheit der Stimmen und in geheimer Abstimmung die Mitgliedschaft aufkündigen kann, und das ist sehr unwahrscheinlich.

Die Literaten waren in den letzten Jahren sehr aktiv, sie haben an verschiedenen oppositionellen Aktionen teilgenommen, und diejenigen, die sich für keine offene politische Tätigkeit entschieden haben, deckten zumindest ihre Kollegen im Schriftstellerverband. Vor 1956, in der stalinistischen Zeit, haben die Literaten versagt. Eine recht große Gruppe hat sich nicht nur den administrativen Befehlen der Mächtigen unterworfen, sondern auch die ästhetische Doktrin des sozialistischen Realismus übernommen. Sechs oder sieben Jahre lang, zwischen 1949 und 1955, haben eifrige Literaten

Erzählungen über Traktoren und Volksfeinde konstruiert, Gedichte zu Stalins Ehren verfaßt und die bürgerliche Literatur verachtet. Sie verachteten, was ihnen befohlen, und sie liebten, was ihnen empfohlen wurde. Das betraf hauptsächlich die jüngere Generation. Zwanzigjährige wurden mit dem diesem Alter eigenen Rigorismus zu begeisterten Anhängern des neuen Glaubens. Der Krieg und die Okkupation hatte vielen von ihnen eine normale Ausbildung und vernünftige Lehrer gestohlen, sie waren für die Annahme irgendeines Glaubens sehr empfänglich. Der pragmatische und grausame Nihilismus der Nazis, dessen Opfer sie in der Besatzungszeit geworden waren, ließ in ihnen die Sehnsucht nach etwas wachsen, was für immer die Lösung aller Probleme garantieren sollte. Man redete ihnen ein, daß der Faschismus sich aus dem Kapitalismus entwickelt habe, und sie liehen dieser These gern Gehör, um so mehr, als es die kommunistische Sowjetunion war, die Hitler besiegt hat. Die Kommunisten predigten den Frieden, schafften den Analphabetismus und die Arbeitslosigkeit ab und versprachen eine konfliktfreie Zukunft.

Die Rede ist von der Jugend. Was nicht etwa heißt, daß die ältere Generation der Intelligenz in der stalinistischen Zeit die Prüfung bestanden hätte. Nein, ein großer Teil diente zynisch den neuen Herren, nur um die Wohnung, die Privilegien, die Möglichkeit zu behalten, jedes Jahr nach Frankreich zu reisen und nachher auf dem Warschauer Pflaster mit Pariser Schuhen zu klappern.

Es ist nicht leicht, über diese Periode zu schreiben. Es gibt Hunderte von Theorien über die Gründe, weshalb die Schriftsteller so eifrig mitmachten, und keine scheint befriedigend. Jeder Einzelfall ist anders. Einer der damaligen Großen sagte später offen, er habe eine zu große Vorliebe für Käse, um das harte Brot des Widerstandes zu essen. Einige Literaten wiederum hatten die Kriegsjahre in der UdSSR verbracht, den Terror dort erlebt, und nun bestanden sie aus lauter Angst. Sie hofften zwar, daß es in Polen ein wenig anders aussehen würde, unterwarfen sich aber der historischen Notwendigkeit. Vielleicht meinten sie, mit Berufung auf Voltaire und Diderot das finstere Element etwas zivilisieren zu können.

Czeslaw Milosz schrieb im Zusammenhang mit dieser Zeit vom «Hegelschen Biß», der auf dem Glauben an die historische Notwendigkeit beruhen sollte, an den Weltgeist, der im verborgenen wirkt und dem Blick und den Erfahrungen gewöhnlicher ehrlicher Patrioten unzugänglich ist. Mit der Brutalität des neuen Regimes sollte er den aus der islamischen Tradition übernommenen Ketman vereinen, das heißt die Technik, seine wirklichen Überzeugungen, seinen eigentlichen Geschmack und seine tatsächlichen Vorlieben zu verschleiern. In seinen Büchern «Verführtes Denken» und «West- und östliches Gelände» versuchte Milosz, den Widerspruch zwischen dem reichlich primitiven politischen Terror der neuen Macht, der die bisherigen Traditionen und politischen Strömungen beseitigte, und der Lebensart und Bildung einiger ihrer Parteigänger zu erklären.

Milosz hat bis heute Gegner, die seine Theorien nicht akzeptieren und an keinerlei Hegelschen Biß glauben wollen. Sie sehen in der Haltung der damaligen Stalinisten gewöhnlichen Konformismus, der für Geld und das Gefühl von Sicherheit erkauft ist. In den Erklärungen von Milosz sehen diese Autoren den Versuch, jenes Phänomen unnötig hochzustilisieren.

Das sind Meinungsverschiedenheiten unter Historikern, die nicht leicht zu entscheiden sind. Hegel konnte nicht alle beißen, weil dazu eine gewisse geistige Bereitschaft gehört, eine Vorliebe für spekulatives Denken, während sich viele junge Dichter und Schriftsteller mit der Naivität eines Bauernjungen ins volle Leben stürzten. Sie waren gar nicht infiziert von den verräterischen Küssen der toten Philosophen.

Der Stalinismus wurde damals eine Realität, er herrschte in Polen, diktierte Normen und Bräuche. Schließlich wußte 1950 niemand, daß Stalin schon in drei Jahren sterben würde, es schien sogar eher, daß der große Führer unsterblich wäre. Damals begann eine Epoche, und es hätte schon einer prophetischen Gabe bedurft, um vorherzusehen, wie schnell sie enden würde. Wie konnte es dennoch geschehen, daß einige dem stalinistischen Druck nicht unterlagen, während ihm andere nachgaben. Man muß einen sehr starken geistigen Boden unter den Füßen haben, um die Furcht vor der strengen Macht und ihrer Polizei zu überwinden. Diejenigen, die verfolgt wurden – vor allem die früheren Kämpfer der Heimatarmee –, hatten keine Wahl, sie wurden zu Gegnern des herrschenden Systems gemacht.

Wer existieren, publizieren, wer Kontakt mit der Wirklichkeit, mit der Epoche, mit den Veränderungen haben wollte, mußte sich anpassen. Was offiziell Revolution genannt wurde, war in Wirklichkeit ein großes Chaos und eine übereilte Industrialisierung. Im Eiltempo siedelte die junge Generation in die Städte über, im Eiltempo entstand eine neue Intelligenz. Gleichzeitig mußten sich Hunderttausende von Menschen, die von den früheren Ostgebieten, die nun der Sowjetunion gehörten, in die Oder-Neiße-Gebiete umgesiedelt worden waren, an den neuen Aufenthaltsorten einrichten. Dieser riesige Umgestaltungsprozeß hatte viel Verlockendes an sich, er mochte viel wirklicher erscheinen als die moralisch definierten Haltungen derer, die das Schweigen, die innere Emigration wählten.

Die Literatur reicht in keinem Fall aus, um das verlockende Angebot einer neuen Epoche eindeutig abzulehnen. Letztlich beschränkt sich alles immer auf die Menschen, auf ihre persönliche Widerstandskraft und ihren Mut. Es lohnt sich jedoch, über die Tatsache nachzudenken, daß die Literatur des 20. Jahrhunderts auf seltsame Weise die Wirklichkeit verfehlt.

Robert Musil hat einmal bemerkt, daß die geistige Welt der realen Welt um hundert Jahre voraus ist, was die Subtilität und den Grad der Kompliziertheit angeht. Diese Bemerkung darf man nicht wortwörtlich nehmen, weil auch in ihr eine Spur jenes Hegelschen Bisses zu finden ist; Tatsache aber ist, daß die geistige Welt einen eigenen Entwicklungsrhythmus hat und Erfindungen und Beobachtungen sammelt, oft ohne sich um die reale Welt zu kümmern. Literatur ist etwas so Zartes wie Nebel oder ein Seufzer, man kann aus ihr kein stählernes Fundament der Moral oder der Vernunft machen. Schon während der deutschen Besatzungszeit bemerkten die Leute, die ohne Lesen nicht leben können, daß nur wenige Bücher der apokalyptischen Wirklichkeit Konkurrenz machen können. Man las damals Dostojewski, Conrad oder einfach die Bibel. Weniger fundamentale Bücher erschienen unwesentlich und unwichtig. An die Kultur werden in Zeiten historischer Katastrophen außergewöhnliche Anforderungen gestellt.

Das trug in gewisser Weise auch zu dem Triumph des stalinistischen sozialistischen Realismus bei: Das Vertrauen in die Kultur als selbstlose Freude am Denken, als Sammlung von Beobachtungen und Ideen wurde in den Jahren der Okkupation erschüttert. So, als ob der puritanische Geist, der dem Schönen mißtraut, weil es niemandem und keiner Sache dient, die Oberhand gewonnen hätte. Natürlich konnte kein vernünftiger Mensch den sozialistischen Realismus als Fortsetzung von Dostojewskis oder Conrads Werken sehen – besonders Conrad wurde bekämpft, weil er in den Okkupationsjahren der geistige Führer der Heimatarmee-Jugend geworden war –, aber der sozialistische Realismus hat sich seinen Weg leichter in einer Situation gebahnt, in der viele wünschten, die Literatur möge mehr als ein Spiel, ein Traum oder ein Nebelgespinst sein.

Als der Stalinismus aufhörte, eine sichtbare Wirklichkeit zu sein, als tausend Antriebe und Motive verschwanden, die zum Gehorsam ihm gegenüber verführten, verstanden sogar diejenigen sich selber und ihr eigenes Verhalten nicht mehr, die einst selbst die Herolde der sozialistisch-realistischen Literatur gewesen waren. «Ich weiß nicht», «ich verstehe es nicht», antworteten sie meistens, wenn man sie fragte. Der hervorragende Regisseur Kazimierz Dejmek beschreibt die Situation folgendermaßen: «In einem gewissen Alter ist man so dumm wie aggressiv und frech. Man besitzt keine Erfahrung, keine Phantasie, keine Klugheit und andererseits kein Zartgefühl gegenüber der Vergangenheit. Wenn dann eine so ungesunde gesellschaftliche Situation entsteht, daß die Mächtigen die Grünschnäbel zu Hilfe rufen – Leute zumeist aus der Unterschicht, in dieser Hinsicht waren die nicht besonders wählerisch –, mit einem Wort, wenn man diese unbedarften, aggressiven Grünschnäbel-Karrieristen lockte, und man lockte sie damals mit zarten Tönen, weil die Macht sich ihrer noch unsicher war, wenn also der so heimische, so väterliche Ruf ‹putt, putt, Hühnerchen, Futterchen› ertönte ... dann erhebt sich die Frage, warum die einen auf dieses ‹putt, putt› angelaufen kamen, und andere nicht? Warum bin ich hingelaufen, während einige meiner Kollegen das nicht taten? War ich erpichter auf eine Karriere? Oder umgekehrt, bin ich hingelaufen, weil ich in mir mehr ... nun was? mehr Idealismus spürte?»

Dejmeks Aussage aus dem Jahre 1979 weist einerseits auf die Schwierigkeit hin, die tatsächlichen Beweggründe der damals aktiven, zumeist jungen Menschen zu definieren, andererseits zeigt sie, wie aktuell das Thema ist. Dejmek hat seine Beschreibung in einem Interview für eine von der Regierung nicht zugelassene literarische Vierteljahresschrift *Zapis* (Aufnahme) veröffentlicht. *Zapis* wird hauptsächlich von Literaten redigiert, die in den fünfziger Jahren die stalinistische Kulturpolitik aktiv unterstützt haben. Das aufgeweckte, lebendige kulturelle Publikum der siebziger Jahre faszinierte dies Problem ungeheuer: Warum haben sie das getan?

Deshalb kann man die Frage eigentlich nur umkehren und sich überlegen, weshalb der sozialistische Realismus in Polen nur so kurz vorherrschte und weshalb seine Matadore so schnell nach neuen, diesmal nicht scheinbaren Werten suchten. In einem anderen Teil seines Interviews spricht Dejmek von der inneren Aufrichtigkeit seiner damaligen Theaterarbeit, und es gibt keinen Grund, ihm nicht zu glauben. Das nachstalinistische Tauwetter ermöglichte den Künstlern und

Literaten, die sich ins Labyrinth des sozialistischen Realismus verirrt hatten, eine Neuorientierung an der Wirklichkeit. Sie lernten die allgemein herrschende Stimmung von Verbitterung und Unsicherheit kennen. Es gingen ihnen die Augen auf. Vorher waren sie mit der Konstruktion des neuen Menschen und der neuen Gesellschaft beschäftigt. Jetzt konnten sie sich mit eigenen Augen davon überzeugen, daß hauptsächlich die Polizei den neuen Menschen geschaffen hatte und der Denunziant und der Intrigant zur Zukunft der Menschheit geworden waren. Die Enthüllungen des Oktobertauwetters um 1956, das für kurze Zeit fast die gesamte gesellschaftliche Kommunikation umstülpte, zerstörten das kurze Leben des sozialistischen Realismus und beendeten den ebenso kurzen Dienst der Parteiliteraten. 1956 spätestens begann ein völlig neues Kapitel in der Geschichte der Beziehungen zwischen der Staatsmacht und den Intellektuellen. Scheinbare Themen und auferlegte Faszinationen verflogen innerhalb weniger Monate. Der sozialistische Realismus hatte in Polen kaum Verteidiger, er fiel in sich zusammen wie ein Kartenhaus.

Das Tauwetter wurde eine Zeit der großen Diskussionen. Nicht per Zufall gehörten zu seinen repräsentativsten Kultstätten die über das ganze Land verstreuten vielen Diskussionsklubs. Endlich war der Kopf zu etwas nütze, selbständiges Denken gewann an Wert. Es war dies die Zeit des Lernens, man mußte die Versäumnisse aus der stalinistischen Epoche aufholen, die neuen wissenschaftlichen und philosophischen Theorien kennenlernen. Die Übersetzer der Belletristik hatten alle Hände voll zu tun, mit Verspätung wurden Kafka, Camus, Faulkner, Beckett und Sartre herausgegeben. In gewisser Weise hatten die polnischen Intellektuellen Pech, weil gerade damals, als sie am dringendsten eine klare Erkenntnis gebraucht hätten, ganz Europa in das absurde Theater und den existentiellen Irrationalismus verliebt war. Natürlich galten in den stalinistischen Jahren gerade diese Strömungen als verbotene Früchte, und später, in der Tauwetterzeit, sind sie zur begehrtesten Ware geworden.

Das erste Tauwetter machte vielleicht auch das Grunddilemma des nachstalinistischen Denkens in Polen sichtbar. Ich will es am Beispiel des Soziologen Witold Jedlicki darstellen, eines der aktiven Teilnehmer am «Klub des krummen Kreises» in Warschau. Jedlicki bemerkt in seinen Erinnerungen, daß es wenig Diskutanten gab, die während der unzähligen wöchentlichen Sitzungen des Klubs ihre Inspiration aus empirisch orientierten Gedankenströmungen schöpften, dagegen spürte man einen starken Hang zu metaphysischen Systemen, zu Hegel, zu dem romantisch interpretierten Marx oder auch zur christlichen Metaphysik.

Jedlicki liefert aber keine Erklärung für das doch recht rätselhafte Phänomen: weshalb die Intellektuellen eines Landes, das auf Biegen und Brechen Reformen braucht, ihre besten Stunden metaphysischen Systemen widmen, statt sich grundsätzlich Gedanken über Reformen zu machen. Mir scheint, daß der Stalinismus mit seinem Programm, die alte Gesellschaft zu zerschlagen und eine neue, künstliche und gehorsame zu erschaffen, sowohl die Gesellschaft wie das Individuum geschwächt hat. Er beraubte das Individuum der Unterstützung in seinem eigenen Milieu und machte es abhängig von den Launen eines Partei- oder Polizeifunktionärs.

Wenn wir annehmen, daß der Intellektuelle seine Denkweise wählen kann – daß er nicht durch irgendeine geheime Geistesstruktur zu dieser oder jener Philosophie prädestiniert ist –, dann bedeutet der Hang zu metaphysischen Systemen das Bestreben, die eigene Seele zu stärken und zu kräftigen. So vertiefen sich die Intellektuellen in esoterische Werke, um ihr inneres Leben anzureichern. Werke, die empirischer orientiert sind und zur konstruktiven Veränderung der Welt anregen, haben keine sofortige Wirkung. Sie sind eine Medizin, die mit Verspätung wirkt. Wenn die Ideen klarer werden und im Endeffekt zu einer besseren Organisation des gesellschaftlichen Lebens führen, dann bringen sie auch eine Stärkung des Individuums mit sich. Jemand, der eher Heidegger als Popper liest, scheint kaum auf Reformen zu hoffen, die alle beträfen. Jemand, der Metaphysik studiert, scheint sich wie ein ungeduldiger Mensch zu verhalten, der sich sagt: Andere kann ich sowieso nicht ändern, aber ich kann mich wenigstens selber bessern und verfeinern.

Diese Sache ist heikel, weil man natürlich die Lektüre Heideggers mit der Poppers verbinden kann. Außerdem war es immer das nächste, sichtbarste Ziel der Kultur, sich selber zu stärken. Aber wenn man sich einen Morgen auf einem ruhigen Ozean und ein Rettungsboot vorstellt, in dem die Schiffbrüchigen statt eines «Handbuchs für Segler» Hegels «Logik» lesen, wird die Situation dramatischer umrissen.

Dieses Dilemma also, das man auch als die Notwendigkeit der Wahl zwischen Rationalismus und Irrationalismus definieren kann – oder als Widerspruch zwischen einer Kultur, die den Versuch macht, die Welt zu verstehen, und einer introspektiven Reflexion, die sich an das Innere des Menschen wendet –, tauchte gleich nach dem Oktober 1956 auf. Seine Aktualität aber hat es bis auf den heutigen Tag nicht verloren.

Gleich nach dem Oktober fand sich das geistige Leben Polens in einer neuen Situation wieder, die sich eigentlich bis zum jetzigen Tauwetter, das 1980 begann, nicht geändert hat. Der brutale stalinistische Zwang verschwand, an die Universitäten kehrten die alten Professoren zurück, die alle möglichen schmackhaften Theorien in ihren Vorlesungen anboten; der sozialistische Realismus verschwand von der Bildfläche, es verschwand auch der Kultusminister, der den Schriftstellern Richtlinien gab, was und wie sie schreiben sollten. Die Zensur verschwand nicht, es verschwand auch nicht der Zwang, nur daß er von nun an mit dem Samt der Überredung bezogen wurde. Trotzdem wurde 1965 zwei jungen Wissenschaftlern, Jacek Kuron und Karol Modzelewski, der Prozeß gemacht. Der einzige Grund für die Wut der Partei war eine theoretische Abhandlung der beiden Autoren, in der sie die Parteibürokratie von einer konsequent linken Position aus kritisierten.

Nach dem Oktober konnten sich die Sozialwissenschaften, die Philosophie, aber auch die Poesie, die Malerei und der Film freier entwickeln. Eine gewisse Gruppe von Wissenschaftlern, Publizisten und Literaten, die vor dem Oktoberumbruch eng mit der Partei und der stalinistischen Ideologie verbunden waren, setzten weiterhin ihre Hoffnungen auf die Partei, aber diesmal wollten sie sich nicht mehr damit zufriedengeben, die von oben kommenden Instruktionen zu vollstrecken, sondern beabsichtigten im Gegenteil, durch ihre geistige und künstlerische Arbeit auf eine Evolution der Partei in Richtung auf einen humanistischeren Sozialismus hin einzuwirken. Sie waren die sogenannten Revisionisten, und zu ihnen zählten auch so bekannte Wissenschaftler wie Leszek Kolakowski, Bronislaw Baczko, Wlodzimierz Brus. Die Entstehung dieser Gruppe und ihre ungeheure Aktivität gehörte zu den größten Überraschungen des Kulturlebens nach dem Krieg: Noch vor kurzem Sünder, Leute, die sich in den stalinistischen Jahren an den Universitäten und in den Redaktionen breitgemacht und dort kompetente Fachleute verdrängt hatten, wurden sie plötzlich zu unversöhnlichen Feinden des Stalinismus.

Jene «Wütenden», wie man sie in den ersten Jahren nach dem Oktober nannte, hatten keine leichte Aufgabe, da Gomulka sehr schnell erkannte, daß der Partei von dieser Seite her die größte Gefahr drohte, und konsequenterweise die Zeitschriften verbot, die von den Revisionisten beherrscht wurden. Die Revisionisten verkalkulierten sich auch, wenn sie meinten, daß die Ergebnisse ihrer geistigen Arbeit einen bestimmenden und dauerhaften Einfluß auf die Politik und die Persönlichkeit der Partei haben würden. Die Partei unterlag keineswegs intellektuellen Einflüssen und hatte auch nicht die Absicht, sich beeinflussen zu lassen, sie regierte sich nach ihren eigenen Gesetzen. Artikel und Bücher waren für sie nur eines von zahlreichen Gebieten, auf die sich ihre Macht ausdehnte, ein Gegenstand der Kontrolle, etwas, das man untersuchen, eventuell verbieten oder in Stükke schneiden mußte. Aber auf keinen Fall war die Partei bereit, auf die Stimme der Publizisten und Philosophen zu hören.

Nach der ersten, stürmischen Zeit, als die politischen Probleme, vor allem aber das Verständnis des Stalinismus-Phänomens das Hauptthema der revisionistischen Analysen war, wandten sie sich notgedrungen – da ihnen die Tribüne genommen wurde, von der aus sie über diese Dinge reden konnten – mehr historischen oder philosophisch-historischen Themen zu. Schon in den sechziger Jahren entstanden Bücher über Spinoza, Jean-Jacques Rousseau oder über die religiösen Strömungen des 17. Jahrhunderts. In diesen Arbeiten erhielt der Marxismus ein neues Gesicht, er wurde zu einer verstehenden Philosophie, einer milderen, objektiveren, klügeren Lehre als der Marxismus von Bucharin oder Zhdanow.

Dieser Marxismus absorbierte verschiedene Einflüsse, er war nicht mehr hellenisch, sondern hellenistisch, wenn man zwei so unähnliche Dinge in einem Satz vergleichen kann. Die polnischen Philosophen benutzten die gleiche geistige Strategie wie Roger Garaudy, wenn er über den «Realismus ohne Grenzen» schreibt und in den «Realismus» alles eingliedert, was in der Belletristik des 20. Jahrhunderts große Literatur ist.

So haben die polnischen Revisionisten symbolisch das Element des Marxismus gezähmt, der vom Schandmal des stalinistischen Despotismus gekennzeichnet war, und ihn Europa wiedergegeben, woher er ja seinerzeit kam. In den siebziger Jahren schrieb Leszek Kolakowski, schon im Oxforder Exil, sein Buch «Die Hauptströmungen des Marxismus», ein Werk, in dem er die Philosophie des Marxismus ablehnt:

«Der Marxismus, jahrzehntelang als ideologischer Überbau einer totalitären politischen Bewegung tiefgekühlt und erstarrt, hat den Kontakt mit der intellektuellen Entwicklung, die in dieser Zeit stattgefunden hat, wie mit den gesellschaftlichen Realitäten verloren. Die Hoffnung, daß er zum Leben erweckt und wieder fruchtbar würde, erwies sich als flüchtig und eitel. Als System von Erklärungen ist er tot; er enthält auch keinerlei Methode, mit der sich das gegenwärtige Leben, die Zukunftserwartungen oder utopische Projektionen wirksam interpretieren ließen. Die moderne marxistische Literatur, quantitativ überaus ansehnlich, macht einen deprimierenden Eindruck von Sterilität und Kraftlosigkeit, ganz zu schweigen von den historischen Beiträgen.»

In dem kurzen Fragment, das den dritten Band des Buches beendet, findet sich ein Satz, der sich zweifellos gerade auf den Revisionismus bezieht: «Die Hoffnung, daß er zum Leben erweckt ...», ein sehr skeptischer Satz. «Die Hauptströmungen des Marxismus» kann man als einen Epilog auf den Revisionismus in Polen lesen. Endlich wird der Sarg in die Erde gelegt, den ein Grabgeleit fast zwanzig Jahre lang auf den eigenen Schultern trug.

Kolakowskis Skeptizismus scheint jedoch insofern übertrieben, als die Gedanken, die von den Revisionisten geäußert wurden, selbst wenn sie fast immer von Vorbehalten oder taktischen Rücksichten eingeengt waren, eine wichtige Rolle in der Erziehung der jungen Generation, der jungen Elite spielten. Die Schüler der Revisionisten, die 1968 von der Polizei mit Schlagstöcken zusammengeknüppelt wurden, kümmerten sich in den siebziger Jahren weniger um die Erneuerung des Marxismus, mehr dagegen im Vervielfältigungsverfahren um die Herausgabe von Zeitungen, die den Arbeitern erklärten, welche Rechte sie haben und wie sie sich gegen die Willkür der Vorgesetzten verteidigen könnten.

Gomulka liebte die Revisionisten nicht, aber genausowenig wurden sie von denjenigen geliebt, die die Zeit des Stalinismus im Gefängnis oder in Armut verbracht hatten, von den Leuten, die seit dem Bestehen der Volksrepublik unabhängig waren, den Katholiken, den Skeptikern und den ehemaligen Heimatarmee-Kämpfern. Ihrer Meinung nach gehörten die Revisionisten immer noch zum Hof, zwar als verachtete Hofnarren, aber immer noch auf der hochherrschaftlichen Umlaufbahn – so wie immer, so wie sie es gewohnt waren. Wie man sieht, verzeihen Christen nicht leicht ihren Nächsten die Sünden. Das rachsüchtige Denken über die Revisionisten hatte etwas Irrationales, und je länger die Zeit verstrich, um so weniger begreiflich war es. Die Frage: Weshalb haben sie das getan, weshalb waren sie Stalinisten und unterstützten ein unmenschliches System, ist wichtig und interessant, kann jedoch nicht die Fragen ersetzen, die in die Zukunft weisen.

«Der Sozialismus kann, wenn er etwas anderes sein soll als ein totalitäres Supergefängnis, nur ein System der Kompromisse zwischen verschiedenen, sich gegenseitig beschränkenden Werten sein» – schrieb Kolakowski in den «Hauptströmungen des Marxismus», realistisch und ohne Begeisterung.

Die Geschichte des polnischen Revisionismus endet praktisch im März 1968, in Wolken von Tränengas, begleitet von Polizeisirenen. Während der Studentenunruhen jenes Jahres, genauer gesagt während einer mehrere Monate dauernden politischen und journalistischen Kampagne gegen verschiedene mythische umstürzlerische Kräfte, hauptsächlich gegen die sogenannten Zionisten, wurden auch fast alle Revisionisten attackiert und ihrer Lehrstühle enthoben. Einige wanderten in den Westen aus, andere befaßten sich mit «unverdächtigen» wissenschaftlichen Einzeluntersuchungen. Ihre jungen Schüler und Freunde, die Helden und Führer der studentischen Aktionen, wurden auf eine sehr viel empfindlichere Weise zersprengt; fast alle standen vor Gericht und verbrachten einige Monate oder Jahre im Gefängnis. Der Revisionismus hat es nicht geschafft, die Partei zu verändern; die Partei hat sich der Revisionisten zu entledigen gewußt.

Die Niederlage der Revisionisten war schmerzlich, weil ihre Grundvoraussetzung, einen erzieherischen, reinigenden Einfluß auf die Partei auszuüben, ausgelöscht wurde.

Diese Niederlage bewirkte, daß die Intelligenz den Arbeiterunruhen an der Küste im Jahre 1970 passiv zusah. Sie war damals schwach und wehrlos, sowohl ihrer Führer wie ihrer politischen Handlungskonzeption beraubt. Man brauchte erst neue Überlegungen und die gesellschaftlichen Tatsachen der siebziger Jahre, damit der dünne Faden der Entwicklung und der Kontinuität wiederaufgenommen werden konnte.

Die Literaten, die sich im Oktober 1956 mit einem Seufzer der Erleichterung von allen Restbeständen befreiten, die sie etwa von der Theorie und der Praxis des sozialistischen Realismus abhängig gemacht hatten, begannen jetzt nach verschiedenen Wegen zu suchen. Einer von ihnen war die Groteske, die groteske Weltsicht, deren bedeutendster Vertreter Slawomir Mrozek war und ist. Jene Literatur der Groteske, über die der im Lande zwar nicht physisch, aber geistig anwesende Witold Gombrowicz, Schriftsteller und Denker, politischer Emigrant, seine schirmende Hand hielt, entlarvte und decouvrierte.

Diese Literatur belegte die Tendenz eines witzigen Zynismus, der in den traurigen Jahren des Stalinismus das Glaubensbekenntnis all derer war, die weder an den katholischen Gott noch an den kommunistischen Fortschritt glauben konnten. Unter dem Panzer des offiziellen Zwangs blühte im Stalinismus besonders üppig eine spezifische intellektuelle Folklore, ein Galgenhumor, eine Verhöhnung aller aufgeblasenen Größen und falschen Autoritäten. Diese «Folklore» verbreitete sich unter den Intellektuellen, aber nicht nur unter ihnen, denn im Grunde bestand eine tiefe Verwandtschaft mit der Art des Volkes, die höheren Gesellschaftssphären spöttisch zu betrachten. Diese Stimmung oder diese Lebensweise ging mit einiger Verspätung in die Literatur ein, da vorher ein freies, nicht ideologisch untermauertes Lachen streng verboten war. Die Grotesken Mrozeks spielten im übrigen für den Verlauf des Tauwetters eine gewisse Rolle, so wie überhaupt damals die Satire und das politische Kabarett die aktuellste, die kühnste Kunst darstellten. Lachen ist ja das beste Heilmittel gegen die Hierarchie des Kommunismus.

Der Liebling der Literatur in der zweiten Hälfte der fünfziger Jahre war Marek Hlasko, ein elementares realistisches Talent und ein ebenso elementarer Epigone der naturalistischen amerikanischen Prosa. Hlaskos Erzählungen zeichneten deutlich und leidenschaftlich das echte Bild eines Landes, das von den Kommunisten in Besitz genommen war; der bunte Schwarzmarkt, das Elend der über jedes Maß vollgestopften Wohnungen, die primitiven Arbeitsbedingungen, die aggressionsgeladenen Beziehungen zwischen den Menschen, die um ihr Dasein kämpften, eine häßliche, hastige Erotik. Er malte ein kongeniales Portrait der menschlichen Natur, die wild und intensiv unter der Decke der Ideologie wuchs, so wie Gras zwischen den Steinplatten eines Bürgersteigs. Hlasko wurde vor allem von der Jugend geliebt, er wurde zu einer fast mythischen Gestalt, zu einem Idol, einem Vorbild. Seine Erzählungen wurden in viele Sprachen übersetzt. In der Übersetzung enttäuschten sie oft, wirkten etwas sentimental; sie waren unübersetzbar wie Lyrik. Sie waren voller Gefühl, aber dieselben Gefühle beherrschten auch Hlaskos polnische Leser. Später blieb Hlasko infolge tragikomischer Reisepaß-Komplikationen im Westen, seine Bücher wurden in Polen nicht mehr herausgegeben, aber bis heute glauben einige Leute, daß Marek – er starb 1969 in Wiesbaden – eines Tages auf einem Autorentreffen in Warschau erscheint, daß ein Tauwetter ihn aus dem Grab auferstehen läßt.

Sehr stark zeichnete sich in den sechziger Jahren das Bedürfnis nach Individualität in der Literatur ab, was eine leichtverständliche Reaktion auf die Anonymität der Ästhetik des sozialistischen Realismus war. Insbesondere die Dichter, eine große Gruppe sehr begabter Lyriker, brachten das literarische Publikum wieder in Kontakt mit individuell erarbeiteten, einfallsreichen und innerlich freien literarischen Werken. Die Poesie von Zbigniew Herbert, der mit seinem Gedichtband erst nach dem Oktobertauwetter debütieren konnte, bildete den diametralen Gegensatz zu den spöttischen Dramen Mrozeks, obwohl es auch hier nicht an Ironie mangelte. Herbert trat in seinen Versen als ein stoischer Philosoph auf, der in der Zeit nach dem Einfall der Barbaren lebte. Beherrscht, klassisch und selbstironisch, nahm er viele ursprünglich romantische Themen auf. Gerade der Kontrast zwischen der Ironie und dem erstickten Pathos gewann ihm die Anerkennung der Leser.

Tadeusz Różewicz, gleich nach dem Krieg Autor lakonischer, fast nihilistischer Verse – die einzige Art von Versen, die man nach Auschwitz noch schreiben könne, sagte der Autor –, wurde jetzt zum Chronisten der Epoche der «kleinen Stabilisierung» – wie der Titel eines der poetischen Dramen von Różewicz lautet.

Die sogenannte Abrechnungsliteratur – die Literatur, die mit dem Stalinismus abrechnete – war quantitativ nicht besonders imposant. Kazimierz Brandys schrieb «Die Mutter der Könige», eine Erzählung, die die polnische Arbeiterbewegung entmythologisierte. Jerzy Andrzejewski veröffentlichte seine beiden parabolischen Erzählungen «Finsternis bedeckt die Erde» und «An der Pforte des Paradieses», in denen der Stalinismus metaphorisch mit dem fanatischen Katholizismus des Mittelalters, mit dem Katholizismus der Inquisition und dem Kinderkreuzzug verglichen wurde. Viele Literaten, die selbst den Stalinismus in der Kultur aktiv mitgeschaffen hatten, empfanden diese kurze Epoche jetzt als völlig irreal. «Das war wie im Traum oder wie unter einer Narkose», sagten viele und wandten sich neuen Interessen oder neuen Wegen zu. Bis heute spürt man in der polnischen Literatur deutlich, daß eine genaue Analyse des Stalinismus fehlt. Es besteht auch eine Disproportion zwischen dem privaten, gesellig-gesellschaftlichen Interesse an dieser Zeit und ihrer literarischen Erfassung.

Teilweise hat der Film die Literatur ersetzt, besonders Andrzej Wajdas «Asche und Diamant». Wajda stützte sich auf die gleichnamige Erzählung von Andrzejewski, die noch

Ende der vierziger Jahre veröffentlicht worden war. Zwischen der Erzählung und dem Film besteht jedoch ein großer Unterschied: Andrzejewski konstruierte in seinem Buch ein künstliches Gleichgewicht, im Stil der griechischen Tragödie, zwischen einem sehr menschlichen alten Kommunisten und einem zutiefst unglücklichen, sich in der neuen Zeit nicht zurechtfindenden Kämpfer der Heimatarmee, stellte er die moralischen Wahrheiten und Ansprüche auf eine Stufe, was nicht der damaligen Wirklichkeit entsprach. Wajda dagegen betonte in erster Linie die Gestalt des Heimatarmeesoldaten, der die Herzen der Zuschauer eroberte. Diese Rolle spielte ebenfalls ein Idol dieser Generation: Zbigniew Cybulski – der durch den Film zu einem tatsächlichen Helden wurde. Wajdas Interpretation war nicht einfach direkt gegen den Stalinismus gerichtet, aber sie stand der neuesten nationalen Tradition positiv gegenüber.

Eine weitere antistalinistische Front bildete die ästhetische Polemik; Artur Sandauer, ein bekannter Literaturkritiker, attackierte das Werk der Schriftsteller, die sich mit der offiziellen Kulturpolitik der Stalin-Ära liiert hatten – obwohl er das in einem Moment tat, in dem die «zornigen» Anhänger des Tauwetters bereits in Ungnade gefallen waren –, und hielt ihnen die avantgardistische Literatur entgegen, die sich ihrer Kunst bewußt ist. Er berief sich unter anderem auf die Erzählungen von Witold Gombrowicz, dem politischen Emigranten. Sandauers Ansichten wurden von jenen Künstlern geteilt, die sich schon vor dem Krieg für den Avantgardismus ausgesprochen hatten. Für sie war die Gomulka-Herrschaft günstig, da zu seiner Zeit niemand das künstlerische Experiment verbot oder verfolgte.

Allgemein gesehen hat das geistige Leben in einem Land, in dem offen, wie im Stalinismus, oder versteckt, wie nach dem Oktoberumschwung, der politische Zwang existiert, eine besondere Eigenschaft: Es ist von vornherein geordnet, geregelt. In Ländern, die nicht despotisch regiert werden, ist die geistige Realität nicht geordnet, jeder Künstler, jeder

Schriftsteller wählt den Aspekt der Welt, dem er sein Schaffen widmen möchte. Der Druck von seiten der objektiv in der Kultur vorhandenen Stilmittel ist zwar auch sehr stark, und die Parteilichkeit der Künstler, die in großen Gruppen ihre Zeit durchschreiten, erledigt den Rest. Trotzdem bekommen wirklich freie Künstler Herzklopfen beim Anblick der menschlichen Wirklichkeit, die sich aus Tausenden von Fäden, Angelegenheiten, Ausmaßen, Möglichkeiten zusammensetzt. Diese Wirklichkeit ist ein großartiges Chaos, das immer wieder neu von Thomas von Aquin, von Kant, von Freud geordnet und geregelt wird. Ein Künstler, der frei ist, nimmt diese großen Ordnungen nicht an, sondern zeichnet ein eigenes, persönliches Bild.

In einem Land, das von Zwang regiert wird, ist die Situation insofern anders, als – um noch einen Augenblick bei der etwas pedantischen Definition zu bleiben – die menschliche Wirklichkeit übertrieben geordnet und geregelt ist. Die Macht der Regierenden breitet sich auch auf diejenigen Bereiche aus, die woanders nicht von den Behörden verwaltet sind. Im Stalinismus war es bereits ein politisches Verbrechen, farbige Söckchen zu tragen; zu Gomulkas oder später zu Giereks Zeiten befahl die Partei zwar nicht, was die Künstler sagen müssen, gab aber deutlich zu verstehen, was sie nicht sagen durften.

Deshalb gleicht die Situation eines Künstlers, der in einem solchen Land lebt, der Situation einer Familie, in der jemand schwer erkrankt ist. Stellen wir uns vor, daß eines der Familienmitglieder ans Klavier geht und einen fröhlichen Ragtime spielt. Daraufhin kommt der Bruder zu ihm und sagt: Wie kannst du jetzt, wo wir alle ohne Unterlaß an unseren armen Cousin denken, Ragtime spielen? Nebenbei gesagt, habe ich mich selber Mitte der siebziger Jahre wie dieser skrupulöse Bruder benommen, weil ich in einem Pamphlet auf die polnische Gegenwartsliteratur, das ich zusammen mit Julian Kornhauser geschrieben habe, dieser Literatur vorwarf, Ragtime zu spielen statt Lieder zu komponieren, die von der Krankheit des Cousins berichten.

Wenn die politische Realität übertrieben geordnet ist, wird die geistige, kulturelle Wirklichkeit ebenfalls sehr klar und deutlich. Die kulturelle Hauptpflicht ist von oben vorgegeben, der Künstler wird geboren, und seine Aufgabe wartet schon auf ihn. Das Geheimnis des polnischen Geisteslebens ist die Freiheit beziehungsweise der Mangel an Freiheit. Darin sind sich alle oder fast alle einig. Nach dem Erscheinen des erwähnten Pamphlets über die Literatur besuchten mich viele ältere Kollegen, um mit mir zu streiten und ihre eigene Haltung zu verteidigen, aber niemand hat die Hauptthese entkräftet – daß man nicht Ragtime spielen sollte. Die Argumente betrafen die Bedingungen, die Möglichkeiten und die Behinderungen, das heißt die Zensur, die Zensur und noch einmal die Zensur.

Ist es leichter oder schwerer, wenn das geistige Leben so geordnet und geregelt ist? Sowohl als auch. Den mittelmäßigen Künstlern, den mittelmäßigen Literaten erleichtert es zweifellos den Start, befreit sie von Zweifeln und Unruhe. Größere, bedeutendere Talente versetzt es in Unruhe, weil die Möglichkeiten der Wahl in gewissem Maße beschränkt sind. Andererseits macht eben gerade die Beschränkung den Meister aus, und auch in der Bestimmung der geistigen und künstlerischen Wahl verbirgt sich eine große Anzahl von möglichen Kombinationen, Lösungen, Ansatzpunkten. Selbst bei einer oberflächlichen Durchsicht literarischer Standpunkte zeichnen sich bereits mögliche Kombinationen eines geistigen Raums ab, die sehr verschieden sind, obwohl sie alle aus dem gleichen fundamentalen Bedürfnis erwachsen: Mrozeks Groteske, Hlaskos Naturalismus der menschlichen Natur, der ironische Stoizismus Herberts, die Avantgarde der Avantgardisten, die Abrechnung früherer Kommunisten mit dem Stalinismus – das ist das Hauptthema in vielen Varianten.

Die katholischen Schriftsteller und Intellektuellen dagegen betrieben in den sechziger Jahren historische Untersuchungen; in diesem Kreis entstanden historische Erzählungen und Essays, die sich hauptsächlich mit der polnischen Geschichte befaßten, so von Antoni Golubiew, Jerzy Zawieyski, Hanna Malewska und Pawel Jasienica, der in der Krakauer Zeitschrift *Tygodnik Powszechny* schrieb. Das war eine verständliche Reaktion auf den extremen Ahistorismus der stalinistischen Zeit, als dem Denken eine falsche Geschichtsperspektive aufgezwungen wurde, die sich mit dem offiziellen Moskauer Handbuch für Geschichte der KPdSU deckte und eine gesellschaftliche Wirklichkeit zeigte, die der sowjetischen nachgebildet schien. Das Wörtchen «neu» war vor 1956 eine beliebte Beigabe der Parteipropaganda. Der «neue» Mensch, die «neue» Gesellschaft, die «neue» Ökonomie, das waren die Schlagworte des Tages.

Man zerstörte die Reste des «Alten», man brachte das «Neue», man zerschlug die traditionellen gesellschaftlichen Bindungen. Das Symbol des Sozialismus wurde das Industriestädtchen Nowa Huta, das unbedingt «Neue». Die historische Publizistik und Epik waren also eine notwendige Medizin gegen den Mißbrauch des «Neuen». Der «alte» Mensch, die «alte» Gesellschaft, das «frühere» Polen – das war es, was die Schriftsteller der unabhängigen katholischen Kreise eigensinnig interessierte. Über das frühere Polen schrieben sie objektiv, sie idealisierten es nicht, dafür gab es auch keinen Grund. Der Leser begehrte kein chauvinistisches Bild von der Republik im 15. oder 16. Jahrhundert, Chauvinismus und Propaganda hatte er woanders genug. Diese geistige und künstlerische Arbeit, die der Vergangenheit zugewandt war, aber aus den Bedürfnissen und den Begierden der Gegenwart erwuchs, fiel auf fruchtbaren Boden und brachte den Autoren großen Erfolg bei den Lesern. Insbesondere die historischen Essays von Pawel Jasienica wurden zu Bestsellern in Polen. Es sollte sich später, in den siebziger Jahren, herausstellen, daß die Beschäftigung mit der Vergangenheit eine Beschäftigung mit der Zukunft war. Gerade die Leser der siebziger Jahre interessierten sich für die Geschichte, und der Kreis der Autoren, der auf «alte» Themen zurückgriff, vergrößerte sich schnell.

Die polnische Kultur der sechziger Jahre stellte ein in seiner Art einzigartiges Schauspiel dar in einem Land, das von der kommunistischen Partei regiert wird, die schon viele ihrer Prärogativen verloren hatte, aber immer noch die Wirtschaft verwaltet, die legislative und die exekutive Gewalt ausübt, die Propaganda in der Hand hat, aber nicht mehr die Literatur, die Philosophie, die Kunst. Schlimmer noch, sie hatte fast alle Aktiven des Kulturlebens gegen sich. Es war ein leises, unaufhörliches und konsequentes Bohren im kommunistischen Stein. Aus verschiedensten Motiven, von verschiedenen Glaubensrichtungen oder Ideologien her, haben einzelne intellektuelle Gruppierungen der Macht stetigen geistigen Widerstand entgegengesetzt. Sie hatten die Sympathie und die Unterstützung ihrer Leser für sich und gegen sich nur die Zensur. Ehemalige Kommunisten, Revisionisten, arbeiteten mit besonderer Leidenschaft, da sie der Gesellschaft gegenüber ein Schuldgefühl hatten. Die Katholiken arbeiteten langsamer, ruhiger, als entspräche dieser Rhythmus gleichsam dem Wirken der bereits fast zweitausend Jahre alten, allgemeinen Kirche. Die Avantgardisten waren auch nicht müßig. Niemand war müßig.

Boshaftere Parteipublizisten – denn schließlich war die Partei so völlig vereinsamt auch nicht, sie verfügte immer noch über ihre eigenen Journalisten und Literaten, wenn auch in geringerer Zahl – schrieben, daß das «Caféhaus» die kritischen oder unabhängigen Bücher und Theatervorstellungen beklatsche. Das «Caféhaus» sollte – nach Meinung der Parteijournalisten – irgendeine nicht sehr große und degenerierte Pseudo-Elite darstellen, eine Schar von Faulenzern und Snobs, die sich an all dem begeisterten, was den Geschmack einer verbotenen Frucht hatte. In Wirklichkeit unterstützten große Gruppen von gebildeten Polen die unabhängige Kunst, und um die Geschichte der Jagiellonen, von ihren Fehlern und ihren Erfolgen zu lesen, brauchte man noch nicht einmal eine so außergewöhnliche Bildung. Das Publikum «wählte mit den Füßen», wenn es randvoll die Kinos füllte, in denen Wajda-Filme gezeigt wurden.

Woher kam die Toleranz der Partei einer Kultur gegenüber, die sich pluralistisch entwickelte? Gomulka hat anscheinend nicht verstanden, worum es ging. Er mißachtete die Intellektuellen, er schätzte die Bedeutung einer auf Jahre berechneten, ausdauernden intellektuellen Arbeit nicht richtig ein. Er besaß keine Intuition, die ihn die Gewichtigkeit der nur scheinbar unwesentlichen Gefahren, die von seiten der Kultur kamen, hätten spüren lassen. Manche anderen älteren Kommunisten verstanden sich auf diese Dinge ausgezeichnet, sie waren selber Literaten oder gaben sich als solche aus, sie wußten noch, erinnerten sich, daß ihre Bewegung mit Büchern angefangen hatte. Stalin wußte, wen er ermordete, als er die begabtesten Dichter und Prosaschriftsteller wie Mandelstam, Bulgakow oder Babel in den Tod schickte.

Eines war verboten: eine direkte, realistisch geäußerte Kritik an der aktuellen Parteipolitik, an der sichtbaren Realität des Landes. Auf Grund dieses Verbots, das auf eine merkwürdige Weise allgemein geduldet wurde – vielleicht weil so viel mehr erlaubt war als im Stalinismus – und als ein ungeschriebenes Gesetz zwischen der Intelligenz und der Macht galt, litt dieses üppige und interessante, wie hundert Blumen blühende kulturelle Leben an einem wesentlichen Mangel. Um den zu erklären, möchte ich mich der Metapher von der Geschichte und ihrer Hilfswissenschaften bedienen. Bekanntlich wird die Geschichte, diese königliche Wissenschaft, von zahlreichen Hilfswissenschaften begleitet, deren Ergebnisse zwar für sich selber stehen, aber gleichzeitig Vorstufen zu höheren Erkenntnissen sind, nämlich zu Synthesen über eine bestimmte Epoche. Die historische Archäologie, Genealogie, Geographie und andere «Freundinnen» der Geschichte verlören viel an Bedeutung, wenn plötzlich die Wissenschaft-Mutter, die Geschichte, fehlte.

So aber war es in den sechziger Jahren; diese «Hilfswissenschaften» entwickelten sich und schossen ins Kraut, es fehlte jedoch jene Grundwissenschaft, es fehlten Bücher,

Artikel oder Filme, die direkt und zutreffend über die sichtbare oder gedachte Wirklichkeit berichteten. Die Schwelle der Zensur bewirkte gleichzeitig, daß viele Filme oder Bücher zu Sublimierungen, Abstraktionen oder Experimenten gezwungen wurden. Was normalerweise das Ergebnis einer freien Wahl ist, die Suche, das Experiment, wurde hier fast zur Notwendigkeit, fast zum Zwang, beinahe zum Weg des geringsten Widerstandes. Den sozialistischen Realismus, dessen Voraussetzung es war, die Gesellschaft zu zeigen, wie sie sein sollte, und nicht, wie sie ist – gab es bereits nicht mehr. Einen gewöhnlichen Realismus ohne jedes schmükkende Adjektiv vorneweg gab es auch nicht, weil die äußere, amtliche Zensur die Entwicklung eines solchen Realismus verhinderte; dazu kam noch die innere Zensur, die Sicherheit nämlich, daß das sowieso nicht gedruckt wird.

Vielleicht hat dieser Zwang, zu sublimieren und nach raffinierten Ausdrucksmitteln zu suchen, der polnischen Kultur genützt, sie zu verdoppelten Anstrengungen gezwungen und sie interessanter gemacht. Aber diese etwas einseitige Entwicklung brachte unerbittlich den Augenblick näher, in dem der jüngere Bruder mit finsterer Miene zu dem Mann, der auf dem Klavier spielt, gehen muß, um ihm zu sagen, daß er doch wirklich keinen Ragtime spielen dürfe, da der Cousin so schwer krank sei. Im Vergleich mit den sechziger Jahren schienen die siebziger Jahre eben so ein jüngerer Bruder zu sein. Speziell meine Generation hat die ältere Geschwisterschar erbarmungslos attackiert und sich mit diesen Angriffen einen Namen gemacht.

In den sechziger Jahren haben die Literaten nicht nur mit ihren Büchern gewirkt, sie wurden auch zu einer Institution. Das verdankten sie in einem beträchtlichem Maße der Unabhängigkeit des Schriftstellerverbandes. Die Versammlungen und Tagungen dieser Vereinigung wurden seit dem Tauwetter 1956 zu politischen Ereignissen. Die Literaten auf dem Podium unterzogen die aktuellen Tendenzen der Parteipolitik einer herben Kritik, sie wagten es, vorher nicht abgesprochene Reden zu halten. Davon drang wenig an die breitere Öffentlichkeit, weil die Presse die kritischen Äußerungen nicht druckte; aber durch Klatsch und westliche Rundfunkstationen, die in polnischer Sprache etwas von der Atmosphäre dieser Versammlungen übermittelten, sickerte doch einiges durch die Mauern des Verbandsgebäudes. Diese Tagungen und Reden waren keine große Bedrohung für das Monopol der Parteimacht, aber sie bewiesen, daß sich die Schriftsteller nicht mehr fürchteten. Sie zeugten auch von dem Mißerfolg eines Manövers, das die Kommunisten kurz nach ihrer Machtergreifung versucht hatten: Die polnischen Kommunisten akzeptierten lieber aktives Wirken in der Kultursphäre als auf der politischen Ebene, was dazu führte, daß viele potentielle politische Talente zu literarischer oder journalistischer Aktivität verurteilt wurden. Jetzt begann sich in Polen manches zu ändern. Politische Ambitionen – oft verborgen unter dem Schein einer rein moralischen Intention – konnten sich wieder, bescheiden zwar, aber immerhin, in der ihnen eigentlich gemäßen Sphäre entladen.

1964 verbreitete sich im ganzen Land die Nachricht von dem «Brief der 34». Vierunddreißig Intellektuelle hatten gegen die erneute Verschärfung der Zensur protestiert. Gomulka hat das angeblich als eine persönliche Beleidigung angesehen. Der «Brief der 34» initiierte eine neue Form des Gesprächs der Intellektuellen mit der Partei. Das Wort Gespräch ist im übrigen ziemlich inadäquat, da die Partei nicht die Angewohnheit hatte, auf Briefe zu antworten, es sei denn in der Form, daß einige der Unterzeichner solcher Denkschriften ihre Arbeitsplätze verloren oder jahrelang nicht mehr publizieren durften. Die Partei hat sich nie auf eine sachliche Diskussion mit den Thesen der Briefe eingelassen; höchstens beschwerten sich ihre Funktionäre darüber, daß der Inhalt eines Briefs von Radio Free Europe verbreitet wurde. Aber sie haben nie erklärt, weshalb die Tageszeitung *Zycie Warszawy* (Warschauer Leben) so ein Dokument nicht veröffentlichen durfte.

Allgemein genommen herrschte im Lande nach der großen Belebung während des ersten Tauwetters wieder Apathie. Die Handlungs- und Redefreiheit, die sich 1956 für kurze Zeit eröffnet hat, verschwand schnell. Nicht alle schreiben Bücher oder malen Bilder, nicht jedem ist die Möglichkeit der künstlerischen Sublimierung gegeben. Die Literaten, Philosophen und Künstler gehörten zu den Privilegierten, sie konnten ihren Gedanken und Gefühlen freien Lauf lassen. Alle anderen, die nicht zu Hause am eigenen Schreibtisch arbeiteten, sondern in einem staatlichen Betrieb, waren von der notorisch schwachen Produktionsorganisation abhängig, auf apathische Gewerkschaften, auf eine von außen gesteuerte Parteiorganisation angewiesen. Eine Menge praktischer Talente, urwüchsiger Gewerkschaftler oder Politiker ging in dieser Atmosphäre zugrunde. Sehr viele kamen zu der Schlußfolgerung, daß man einen anderen Lebensweg einschlagen, sich einfach einrichten müsse.

«Sich einrichten» – ein sehr charakteristisches Wort – hieß: sich nicht weiter um das Schicksal der anderen zu kümmern, sondern einzig und allein um das eigene Wohl. Ein Mensch, der «sich eingerichtet» hat, verbringt oft seinen Urlaub im Westen, oder zumindest in Bulgarien, er baut sich ein Haus, ist vorsichtig bei seinen Meinungsäußerungen, aber er muß beileibe nicht der Partei beitreten. In einem nicht sehr reichen Land wirkt ein bißchen Wohlstand auf manche Leute wie Opium und wird zum erträumten Ziel an sich. Ähnlich war es schon im Stalinismus, nur daß der erkaufte Wohlstand damals viel bescheidener und sein Preis viel höher war. Verpflichtend war damals die Regel: «Wer nicht für uns ist, ist gegen uns.» Jetzt genügt es, nicht dagegen zu sein, um ruhig und, wenn es einem gelingt, im Wohlstand zu leben.

Das ist kein geringes Problem, wenn man bedenkt, daß sich seit dem Krieg die Zahl der Intellektuellen – formal gesehen: der Menschen mit höherer Ausbildung – vervielfacht hat; neben der sogenannten alten Intelligenz existiert eine viel zahlreichere neue Intelligenz, die zum Teil vom Lande kommt, meist aber aus Arbeiterkreisen stammt. Ob diese neue Intelligenz die Traditionen und Muster der alten, im 19. Jahrhundert gestalteten Gesellschaftsschicht fortführen will, ist die Frage.

Aber die alte Intelligenz war im Besitz von interessanten Ideen und Haltungen, sie war einst das aktive Subjekt des politischen und kulturellen Denkens, sie hatte eine große Anzahl von Politikern und Künstlern hervorgebracht. Woher, wenn nicht aus dieser Tradition, soll ein dreißigjähriger Magister der Ökonomie oder der Soziologie seine Vorbilder nehmen?

Sollte man sich also aktiv für eine Erneuerung des öffentlichen Lebens einsetzen? Dies war eine der wichtigen Fragen, die sich den Intellektuellen stellte. Wird sich ein Absolvent des juristischen Studiums, der Richter werden will, an eine Legalität halten, die sich als gehorsamer Diener der Partei versteht, oder wird er, vielleicht unter dem Einfluß einer seiner Professoren, versuchen, die Unabhängigkeit des Gerichts zu retten? Bei letzterem ginge er von der Überzeugung aus, daß er einer Abstraktion dient, einer platonischen Idee von Gerechtigkeit, etwas Unsichtbarem (was heute manche Studenten in West-Berlin als bourgeoise Hirngespinste ansehen), und nicht der telefonischen Anweisung des Parteikomitees. Wird ein Magister der Ökonomie sorglos Berichte fälschen, wird er sich der allgemeinen Nachlässigkeit anpassen («organisierte Nachlässigkeit» nannte das ein ungarischer Philosoph), oder wird er versuchen, einen sachlichen Maßstab an seine Arbeit zu legen? Wird ein junger Journalist die jeweilige Empfehlung der «Propagandafront» ausführen, oder wird er auch den Launen des Chefredakteurs zum Trotz eine Reportage aus einer Kleinstadt schreiben, einen aufrichtigen, nicht verlogenen Text?

Fast in jeder Institution, in jedem Arbeitsbetrieb, in jeder Universität oder Grundschule zeichnen sich zwei Lager ab. Diejenigen, die aus irgendwelchen Gründen gut arbeiten wollen und an Fachkenntnis, Bildung und objektive Kriterien glauben, und auf der anderen Seite solche, die unter dem Schutz der Phraseologie, der Partei, des dialektischen Materialismus und der absoluten Loyalität gegenüber den Vorgesetzten an eine leichte Karriere glauben. Diese Einteilung ist ziemlich einfach, sogar plump, aber so ist die Wirklichkeit.

Die Einfachheit dieser Einteilung hat etwas Primitives an sich; viele Erzählungen, die diese Einteilung und dieses Phänomen beschreiben wollen, scheitern ästhetisch eben aus diesem Grunde. Der Direktor, der Parteisekretär, der Ingenieur, seine Frau, der junge, ehrliche, sozial engagierte Arbeiter, der von einer Clique besiegt wird – wie langweilig, obwohl die Geschichte nicht verlogen, sondern direkt aus dem Leben entnommen ist! Der Kommunismus hat die Kategorie des Tragischen zerstört. Antigone und Kreon waren ein Paar, das verschiedene Wahrheiten repräsentierte; im kommunistischen Staat geht die tragische Gattung unter, weil Kreon allzuleicht zum Schuft würde, der Triumph von Antigones Tugend allzu offensichtlich wäre. Seitdem sich der Staat das Recht angemaßt hat, über die gesamte Wirklichkeit zu verfügen – und dies stümperhaft –, kann er im Theater nicht mehr als *dramatis persona* auftreten. Antigone hat das Recht auf ihrer Seite, sie schreibt also Verse, schöne, traurig klingende Verse. Die Poesie wird – und das wurde sie in Polen wirklich – die wichtigste literarische Gattung. Vielleicht wäre es in der UdSSR möglich, daß eine Tragödie entstünde, denn der dortige Kreon hat zwar einen wirklich grausamen Staat errichtet, aber er hat ihn wenigstens zu einer Großmacht gemacht, einige Antigones werden infolgedessen Trost finden.

Czeslaw Milosz hat in seiner Rede, die er im Dezember 1980 in Stockholm anläßlich der Nobelpreis-Verleihung hielt, gesagt, daß ein Dichter, der in Osteuropa geboren ist, dauernd wechselhaften schillernden Versuchungen ausgesetzt ist. Dem poetischen Handwerk entsprechend wendet sich sein Blick ursprünglich auf die Welt, auf ein Sein, das nicht von den Händen der Politiker berührt ist, aber die großen Niederlagen, die Kriege und Knechtschaften zwingen ihn dazu, sich mit der historischen und politischen Wirklichkeit abzugeben. Im Resultat wandert die Poesie ständig zwischen diesen beiden Erfahrungspolen hin und her – ähnlich wie in dem bekannten Gedicht von Brecht «An die Nachgeborenen»: «Was sind das für Zeiten, wo / Ein Gespräch über Bäume fast ein Verbrechen ist / Weil es ein Schweigen über so viele Untaten einschließt!»

Ragtime spielen oder die Krankheit des Cousins besingen, es ist immer dasselbe Dilemma, mit dem sich ein Teil der glücklichen intellektuellen Elite herumschlägt. Die meisten Intellektuellen beschäftigen sich mit eher prosaischeren Problemen, und man kann nicht behaupten, daß ihre Sorgen dasselbe Dilemma (Ragtime–Cousin) widerspiegeln, nur auf andere konkrete Dinge übertragen. Aber wenn die Literaten dazu aufrufen, die gesellschaftliche Wirklichkeit zu beobachten – wie das meine Generation und ich selber in der ersten Hälfte der siebziger Jahre getan haben –, besteht immer die Chance, die zahlenmäßig großen intellektuellen Kreise zu interessieren, auch die neue Intelligenz, die noch nach ihrem eigenen Glaubensbekenntnis sucht. So verbinden sich die Wege der kleinen und lautstarken Elite und der großen stummen intelligenten Armee von Ingenieuren, Juristen, Lehrern und Ärzten.

Das Dilemma der reinen oder angewandten gesellschaftlichen Kunst bleibt nur theoretisch ungelöst, weil sich in den geglückten Versen oder Romanen die Elemente des Ragtime und des kranken Cousins so zärtlich miteinander vermischen wie Sauerstoff und Wasserstoff im Quellwasser.

5
«Sie werden bald total verbittert sein, wenn Sie Ihre Haltung nicht ändern!»

Jugend und Erziehung

Der Totalitarismus der kommunistischen Macht in Polen wurde im Oktober 1956 teilweise gebrochen und hat seit dieser Zeit nie wieder das verlorene Terrain zurückerobert; ein ramponierter Totalitarismus gleicht einem Menschen, der sein Gleichgewicht verloren hat und sich nach einem soliden Stützpunkt umsieht. Einer der Unterschiede zwischen «rechtem» und «linkem» Totalitarismus ist das Verhältnis zum Wort, zum programmierenden Wort. Innerhalb des «linken» Totalitarismus wird das Wort als heilige Realität verstanden, und diese ist völlig unabhängig davon, was tatsächlich in der realen Welt vor sich geht. Stalin sagte in den dreißiger Jahren, «das Leben in Rußland ist besser, ist fröhlicher geworden», obwohl es das grausigste Jahrzehnt in der Geschichte des russischen Volkes war, die Zeit des Hungerns, der Verfolgungen, der Prozesse, der Hinrichtungen und allgemeiner Denunziationen.

Wer heute die Wochenschauen ansieht, die in Polen in den frühen fünfziger Jahren, also in der Zeit des Terrors, gedreht worden sind, dem wird die Vielzahl von erhabenen Worten auffallen – ein echtes Wörterbuch des europäischen Humanismus.

Der «rechte» Totalitarismus ist zwar ebenfalls nicht frei von einem gewissen Pathos. Zum Beispiel schrieb Goebbels in sein Tagebuch: «In Wirklichkeit tragen wir die Fackel, die die Menschheit erleuchtet.» Aber grundsätzlich – was ihn nicht etwa anziehender macht – bekennt er offen oder halb offen seine verbrecherischen Ziele. Aufmerksame Leser von «Mein Kampf» konnten aus dem Buch ableiten, was Adolf Hitler in Zukunft zu tun beabsichtigte.

Die junge Generation, die in Polen in den frühen fünfziger Jahren heranwuchs, las begeistert Hunderte von sowjetischen Jugendbüchern, die schnell – und manchmal von guten Übersetzern – ins Polnische übertragen waren. Diese Erzählungen, im allgemeinen in den dreißiger und vierziger Jahren geschrieben, strahlten einen ungewöhnlichen Idealismus aus, obwohl sie mit dem gleichen Nachdruck die Notwendigkeit verkündeten, sich um alte Menschen zu kümmern, wie die moralische Bürgerpflicht, den eigenen Vater bei der politischen Polizei zu denunzieren, wenn er sich zu Hause über die kommunistische Gesellschaftsordnung beklagte.

Die Weltliteratur kennt kein vergleichbares Phänomen einer so grundsätzlichen Verlogenheit, dieser Verbindung von sublimiertem Idealismus und der Glorifizierung einer äußerst brutalen Wirklichkeit.

Nach einem ähnlichen Prinzip wie diese verlogenen Jugenderzählungen funktionierte der sogenannte sozialistische Realismus, die zu jener Zeit herrschende literarische Richtung. Er stellte nicht das dar, was ist, sondern das, was sein sollte. Die Literaten, die Bücher nach den Forderungen und Regeln des sozialistischen Realismus schrieben, erwiesen der Staatsmacht einen großen Dienst, da sie Geschichten konstruierten, in denen sich die Technik der Psychologie mit den aktuellen Thesen der Partei verbündete. So entstanden – wenigstens auf dem Papier – Helden, die bestimmte psychische Eigenschaften besaßen und gleichzeitig den idealen sozialistischen Menschen verkörperten.

Die Trennung von Wort und Realität, die Aufhebung der klassischen Definition von Wahrheit (adaequatio rei et intellectu), bringt offensichtliche Vorteile. Das Wort hört auf, seine Kontrollfunktion auszuüben, Korruption hört auf, Korruption zu sein, Lügen können nicht beim Namen genannt werden, Fehler gelten als Erfolge. Die an der Macht fühlen sich völlig sicher, denn sie beherrschen das Wort. Die Zensur hingegen sorgt dafür, daß sich nur die erlaubten Worte im öffentlichen Gebrauch befinden.

Im allgemeinen ist sich die Bevölkerung dieser Prozedur bewußt, obwohl sie sie nicht akzeptiert. Insbesondere die mittlere und ältere Generation weiß, wie sie sich dem offiziellen Wort gegenüber zu verhalten hat: Sie nimmt es nicht ernst, behandelt es wie einen lästigen, zudringlichen, aber realen Bestandteil des Lebens. Die Schwierigkeit entsteht dann, wenn die junge Generation der Empfänger dieses Wortes ist. Eine junge Generation wird schließlich nicht mit der genetisch programmierten Überzeugung geboren, daß die Worte mit der Realität nichts gemein hätten. Sie ist im Gegenteil geneigt, die Verbindung zwischen Umwelt und Wort mit großem Interesse zu verfolgen.

Die Schulprogramme sind nicht frei von einer humanistischen und demokratischen Phraseologie. Der Marxismus wird als eine aktivistische Philosophie dargestellt, als Philosophie des Menschen, der die Geschichte und das eigene Schicksal gestaltet. Fortschrittliche Bewegungen streben immer Freiheit an, die Befreiung der unterdrückten Klassen. Das erklärt der Lehrer seinen Schülern.

Gleichzeitig widmet man in den Unterrichtsstunden über polnische Literatur – wie in jedem Land – die meiste Zeit der nationalen Klassik, vor allem also den großen Dichtern des 19. Jahrhunderts: Mickiewicz, Slowacki, Krasiński und Norwid. Diese romantischen Dichter, die ihre Werke in der Zeit der Teilungen Polens schrieben, prangerten darin leidenschaftlich den grausamen Unterdrücker, das zaristische Rußland, an. Zwar zeigte sich in den Schulprogrammen der letzten Jahre die Tendenz, den Umfang dieser Literatur etwas einzuschränken (so wurde der Teil III der «Ahnen» von Adam Mickiewicz, eines der schönsten Werke der polnischen Romantik, als «unverbindliche Zusatzlektüre» eingestuft), dennoch sind die romantischen Appelle an die Freiheit immer noch Hauptbestandteil der literarischen Erziehung in den Grund- und Mittelschulen.

Das Erziehungsproblem besteht darin, wie man dem lebendigen, revoltierenden Wort, mit dem die Schulprogramme vollgestopft sind, seinen aktuellen, motivierenden Wert nehmen kann. Was ist zu tun, um der Jugend zu verstehen zu geben, daß sie sich weder allzusehr mit der Literatur noch mit den demokratischen Parolen der Vergangenheit abgeben soll.

Zu diesem Zweck wendet man verschiedene Techniken an, subtile und weniger subtile. Eine raffinierte Methode besteht darin, daß in den gesamten Schulprogrammen – und das betrifft auch die Propaganda – die nie wörtlich ausgesprochene These aufgestellt wird, die Geschichte sei bereits abgeschlossen. Diese These, den Aberrationen der philosophischen Systeme von Hegel und Marx verwandt, nur sehr viel vulgärer gehandhabt, erscheint wie ein Refrain in den verschiedensten Handbüchern und bestimmt das geistige Klima an Schule und Universitäten.

«Die Geschichte ist schon abgeschlossen» – das heißt, daß die Freiheitskämpfe und die großen historischen Konflikte bereits ausgekämpft sind. Sie verschwanden in dem Augenblick, als das fortschrittliche Gesellschaftssystem aufgebaut wurde, in dem zu leben sowohl die Schüler und auch die Lehrer das Glück haben.

So war es zumindest in den sechziger Jahren, als ich Schüler und später Student war. Es kostete mich einige Zeit, mich von der Macht dieser irreführenden Überzeugung zu befreien. Es ging außerdem mehr um die Atmosphäre, um die lähmende Atmosphäre der allgemeinen Erstarrung, als um ein deutlich formuliertes intellektuelles Urteil. Alles, was wichtig, wesentlich, spannend war, sollte sich auf die Vergangenheit beziehen; für uns, die später Geborenen, blieben nur kleine, rein praktische Aufgaben. Man mußte nicht einmal dem Kern des fortschrittlichen Gesellschaftssystems zustimmen, um von diesem muffigen Historismus, der jede Lust zum Leben und zum Denken erstickte, verseucht zu werden.

Die Lehrer, die in Tausenden von Schulen diese Art von Erziehungsprogramm durchführen, sind sehr unterschiedlich. Einige versuchen, die Barriere der These über die bereits abgeschlossene Geschichte zu durchbrechen. Bis vor kurzem allerdings – denn die im Spätsommer 1980 begonnenen Umwandlungen werden sicher auch hier spürbar werden – hatten solche mutigen Lehrer keine große Chance, beruflich Karriere zu machen. Das Prestige des Lehrers in Polen ist sowieso nicht groß, und auch sein Einkommen ist gering, was automatisch zu einer negativen Auswahl der Kandidaten für diesen so wichtigen Beruf führt.

Das geistige Niveau von der Art «die Geschichte ist abgeschlossen» sowie die Schwierigkeiten, die in den Beziehungen zwischen dem toten Wort der Propaganda und dem lebendigen Wort der Literatur auftreten, bewirken, daß sich der Zeitraum des geistigen Reifeprozesses stark verlängert. In Polen wird man langsamer erwachsen als im Westen, die Studenten scheinen kindlicher als ihre Altersgenossen in Frankreich oder England zu sein. Die Unterscheidung zwischen Worten, die rein dekorative Funktionen erfüllen, und inspirierenden Texten, die zu Reflexion und Tat rufen, nimmt viel Zeit in Anspruch. Hinzu kommt eine Zeit des Mißtrauens jedem Wort gegenüber, die man ebenfalls überwinden muß.

Danach jedoch, wenn der Schock der Realität kommt, der Kontakt mit der echten Fabrik, mit dem echten Projektbüro, folgt jener vorzeitige Zusammenbruch, die schnelle Resignation. Deshalb werden viele Kinder fast ohne Übergang zu Greisen in der psychologischen Bedeutung des Wortes. Eine ganze Phase fällt in ihrem Leben aus, die Phase des Reifens, des Übergangs von der ersten frühen Jugend zu der ersten Reife.

Die Zensur versucht, der gegenwärtigen polnischen Literatur eben diesen Stachel der Aktualität zu nehmen. Die sechziger Jahre waren reich an Parabeln und historischen Erzählungen, deren Autoren zwar die Realität meinten, die sie selber erfahren hatten, sich aber trotzdem des Kostüms, der Maske, der Allegorie bedienten. Das Begreifen der Parabeln wird durch die These «die Geschichte ist bereits abgeschlossen» erschwert.

Manchmal wird dieser Kreislauf unterbrochen. So war es

Anfang 1968 mit der Vorstellung der «Ahnen» von Adam Mickiewicz im Nationaltheater in Warschau, als plötzlich, dank der guten Arbeit des Regisseurs und der Schauspieler und dank der Sensibilität des hauptsächlich studentischen Publikums, der Stachel der Aktualität wiedergewonnen wurde. Die stürmische Reaktion des Publikums hatte zur Folge, daß die Vorstellungen auf Anweisung der Parteiführung abgesetzt wurden. Der Marsch der Studenten nach der letzten Vorstellung der «Ahnen» zum Denkmal von Adam Mickiewicz, geleitet von dem künftigen Historiker und Bürgerrechtler Adam Michnik, wurde zum Beginn der einige Wochen dauernden Studentenrevolte.

«Die Ahnen» erzählen unter anderem die Geschichte der Wilnaer Studenten, junger Idealisten, die vor eineinhalb Jahrhunderten von der russischen Regierung ins Gefängnis geworfen und später nach Sibirien deportiert werden. Die Warschauer Studenten, die sich zu derselben Zeit mit der wachsenden Unnachgiebigkeit der Universitätsbehörden herumschlugen, erkannten sich in den Wilnaer Studenten wieder. Der Funke des Verständnisses sprang von der Bühne auf das Publikum über und überschritt das rein ästhetische Begreifen eines dramatischen Werkes.

Die Erziehung als System ist natürlich so gedacht, daß vermieden werden muß, daß solche Funken überspringen können. Gleichzeitig aber liegt dem Staat daran, fleißige Arbeiter und Bauern, gewissenhafte Buchhalter und intelligente Ingenieure heranzubilden. Die Erziehungsaufgabe ist also in sich widersprüchlich – sie kann nicht völlig nihilistisch sein. Indessen ist es nicht ganz einfach, eine Grenze zwischen der nützlichen Dosierung ethischer Tugenden und dem für die Stabilität des Systems gefährlichen Übermaß an Idealen und Interessen zu ziehen.

Eine weitere Methode, das potentielle ethische Übermaß zu zügeln, ist die systematisch programmierte Tätigkeit in Jugendorganisationen. Diese sorgen dafür, daß der spätere erwachsene Bürger mutig wird, aber nicht allzu mutig, weise, aber nicht allzu weise, ehrlich, aber nicht allzu ehrlich.

Die Aufgabe dieser Organisationen ist es, allmählich das jugendliche Feuer, den Eifer, die Neugier, die Lust zu Veränderungen, zur Verbesserung der Welt zu zerstören. Wie erreichen sie dieses Ziel?

Die Jugendorganisationen bedienen sich einer viel revolutionäreren, sehr viel dynamischeren Phraseologie als die Partei. «Es gibt nichts Unmögliches», hört man hier oft, «über alles können wir diskutieren.» «Ihr seid jung, die Welt steht euch offen, in zwanzig Jahren werdet ihr dieses Land regieren, und ihr werdet die Änderungen durchführen, die ihr für notwendig haltet.»

Alle diese Organisationen, von den Pfadfindern, die allerdings von der Tradition der polnischen Pfadfinderbewegung nur noch den Schnitt der Mützen und rein äußere Formen des Pfadfinderrituals beibehalten haben, bis zu den Arbeiterjugend- und Studentenverbänden, bedienen sich jedoch der These «die Geschichte ist bereits abgeschlossen», das heißt, sie relativieren jegliche Freiheitsappelle, nehmen ihnen jeden Sinn, indem sie sie von den konkreten Gegenwartsproblemen abtrennen.

Eine noch größere Bedeutung für die Dämpfung des jugendlichen Temperaments hat die Organisation dieser Jugendverbände. Alle diese Verbände haben nämlich von der Partei den Grundsatz des sogenannten demokratischen Zentralismus übernommen, sie sind also keine selbständigen Körperschaften. Die Kandidaten für leitende Stellen müssen vielmehr von den oberen Organen bestätigt werden. Das führt zu einer allmählichen Eliminierung derjenigen, die selbständig denken, eigene Initiativen entwickeln und das Vertrauen ihrer Anhänger in der Schule oder in der Fabrik haben.

Eine starke Erschütterung ist für die jungen Leute der Übergang von der Schule oder der Universität in die Arbeitswelt. Sämtliche Schulen erzeugen, unabhängig von dem politischen System, eine Spannung im Lehrer-Schüler-Verhältnis, wobei die Schüler im allgemeinen in der besseren Situation sind, weil sie eine Gruppe bilden. Die Schulklassen werden zu Gruppen, die sich ihrer Kraft wohl bewußt sind. Dadurch werden verschiedene reale Bedrohungen und Ängste etwas unwirklicher, sie bleiben in der Schwebe. Die Gemeinschaft der Jugend scheint schwerer zu wiegen als die Absichten der Schule und des Staates.

In der Fabrik oder im Büro endet diese Illusion unwiderruflich, und die erzieherischen Funktionen werden von der gewöhnlichen, langweilenden Realität übernommen. Von diesem Augenblick an beginnt das Leben in Bahnen abzulaufen, die durch das örtliche Kräfteverhältnis bestimmt sind – durch den Konformismus der Fabrikbelegschaft, den Mechanismus der Beförderungen, durch Gehälter, Prämien und Konzessionen.

Das alles unterliegt natürlich gewissen Änderungen, die von der jeweiligen politischen Entwicklungsphase abhängen. Die Jugendorganisationen entwickelten sich beispielsweise zusammen mit der Volksrepublik Polen. Der nach dem Muster des sowjetischen Komsomols gegründete Verband Polnischer Jugend (ZMP) löste sich im Jahre 1956 unter dem Druck der im Oktober revolutionierenden Jugend auf. Damals entstanden spontan Organisationen, die nicht von Parteifunktionären, sondern allein von der Jugend gegründet wurden; Gomulka billigte sie jedoch nicht. Es wurde eine Organisation für die Arbeiterjugend geschaffen, eine andere für die Landjugend und eine weitere für Studenten; auch der Pfadfinderverband wurde reaktiviert.

In dem Maß aber, in dem der vom neuen Parteichef Gomulka regierte Staat zum bewährten Stil der autokratischen Regierungsform zurückkehrte, gingen auch diese Jugendorganisationen allmählich zugrunde. Dem Pfadfindertum wurden ideologische Aufgaben gestellt, der Kompaß als Orientierungsinstrument in der Welt genügte nicht mehr. Verhältnismäßig gut bewährte sich der Studentenverband, wenn auch weniger als politische Organisation, sondern mehr als eine Art kulturelle Körperschaft. Die Studententheater, die Kabaretts, die Klubs und Zeitschriften bewahrten sich noch lange das Feuer der Begeisterung aus dem Jahre 1956. Später dann, nach dem Jahre 1968, blieben sie die einzig vorhandene Tribüne der jungen Generation. Eine kurze Renaissance erlebte der Studentenverband in den Jahren 1971/72, nachdem die kompromittierte Parteiführung Gomulkas ihre Posten der neuen Mannschaft von Edward Gierek abtreten mußte. Aber schon 1974 – was damals ganz richtig als das erste Signal einer verhärteten Politik Giereks verstanden wurde – setzte die Partei den erneuten Zusammenschluß aller Jugendorganisationen durch.

Von Glück können die sprechen, die in der Schule oder an der Universität auf eine außergewöhnliche Persönlichkeit gestoßen sind, auf eine Leitfigur. Die Begegnung mit einer solchen Persönlichkeit, die ebensogut ein Geschichtslehrer auf dem Gymnasium sein kann wie auch ein berühmter Professor einer Universität, bedeutet für den Schüler oder Studenten eine ungeheure Chance. Allein schon die Intensität und die Leidenschaft des Vortrags überzeugt ihn davon, daß die Geschichte noch lange nicht abgeschlossen ist.

Dieser Lehrer lädt seine Schüler oder Studenten oft zu sich nach Hause ein. Er kann bei sich zu Hause mutiger sein als in der Schule, seinen Schülern ein im Ausland herausgegebenes Buch zeigen, dessen Inhalt schildern. Er kann auch von seinen eigenen Erlebnissen und Erfahrungen erzählen, die nicht unbedingt die Thesen des Schulbuchs über die neuesten geschichtlichen Entwicklungen bestätigen müssen. Auf diese Weise begegnet der Sechzehnjährige oder der Zwanzigjährige einer anderen geistigen Wirklichkeit.

Diese Persönlichkeiten schafften es sogar, die schwersten stalinistischen Jahre zu überdauern; damals wurden sie von ihren Schülern auch am meisten gebraucht. Von einem Teil der Studenten terrorisiert, wurden sie für andere zu einer echten Autorität und Orientierungshilfe.

Nicht alle jedoch begegnen solchen Leitfiguren, auch nicht alle brauchen sie. Und das Ergebnis einer Erziehung und Ausbildung, der die Momente einer echten Einweisung fehlten, ist eine zynische Lebenseinstellung – der kleine Nihilismus.

Am Beispiel der Ausbildungsprobleme wird auch die besondere Zweideutigkeit des Begriffs «Sozialismus» sichtbar. Dieser Begriff wird nämlich in zwei verschiedenen Bedeutungen gebraucht, wobei sehr selten klargestellt wird, um welche der Bedeutungen es geht. Es sind dies die fließenden Übergänge zwischen dem «real existierenden Sozialismus» und dem, nennen wir ihn so, «idealen Sozialismus». Die europäische Tradition, also auch die polnische, kennt verschiedene Arten von Sozialismus. In Polen haben Theoretiker wie Boleslaw Limanowski, Edward Abramowski oder Stanislaw Brzozowski, die um die Jahrhundertwende wirkten, an der philosophischen Konzeption eines Sozialismus gearbeitet und von einem ethischen Sozialismus gesprochen. Die Tradition der Polnischen Sozialistischen Partei (PPS) ist auch der Grund dafür, daß sich immer noch das alte Verständnis von Sozialismus hält, in dem sich das Postulat, die «Ausbeutung der Werktätigen» aufzuheben, mit einer unklaren, halbreligiösen Hoffnung auf eine auch in jeder anderen Hinsicht bessere Zukunft vermischt.

In Polen gebraucht man im allgemeinen nicht den Begriff des «real existierenden Sozialismus», und deshalb bedeutet das Wort «Sozialismus», je nachdem, wer und in welchem Kontext er es ausspricht, mal Traum, mal Realität.

Die Erziehung beruft sich im allgemeinen auf den idealen Sozialismus, obwohl man auch hier eine Korrektur anbringen müßte, die sich auf den Unterschied zwischen Erziehung und Ausbildung bezieht. In der Lehre der neuesten Geschichte benachteiligen die Schul- und Universitätsprogramme eindeutig den reformistischen und nach Unabhängigkeit des Staates strebenden Sozialismus zugunsten des bolschewistischen, leninistischen Sozialismus.

Die Unabhängigkeits- und Reformbewegung war in Polen stärker und differenzierter als in anderen Ländern, aus ihr gingen viele originelle Publizisten und Denker hervor.

Der Jugend wird also ein parteiliches, tendenziöses Bild der Vergangenheit gezeichnet, in dem sich die politische Linie, die sich durch den historischen Zufall des Zweiten Weltkriegs als siegreich erwies, viel stärker ausprägt, als es in Wirklichkeit der Fall war. Trotzdem leihen sich die Sieger ein wenig vom ethischen Idealismus der Besiegten, zumindest für den Gebrauch der Schule.

Die Folgen hatte nicht nur die Jugend zu tragen, sie sind zuweilen auch für die Staatsmacht äußerst unangenehm. Die humanistische Phraseologie, mit der die jungen Leute einst gefüttert wurden, bleibt bei der Konfrontation mit der sozialistischen Wirklichkeit nicht immer und nicht gänzlich auf der Strecke. Sie veranlaßt zu moralisch motivierten Fragestellungen und folglich auch zu konkreten Forderungen, die von den Vertretern der Staatsmacht mit Recht als systemfeindlich empfunden, von ihnen als «antisozialistisch» eingestuft werden.

Die Erziehung ist also auf den idealen Sozialismus gerichtet, während auf die Zöglinge ein absolut realer Sozialismus wartet. Wenn alle anderen erwähnten Methoden – die besänftigende Wirkung der These «die Geschichte ist bereits abgeschlossen» und der tonisierende Einfluß der Jugendorganisationen – kein Resultat mehr bringen und die jungen Rebellen nicht dazu bewegen, die Augen vor dem Unterschied zwischen dem idealen und dem realen Sozialismus zu schließen, dann steht dem Staat noch eine andere erzieherische Institution besonderer Art zur Verfügung: der Staatssicherheitsdienst.

«Sie sind 31 Jahre alt, Sie werden bald total verbittert sein, wenn Sie Ihre Haltung nicht ändern», sagte im Jahre 1976 ein Offizier der Geheimpolizei zu mir. Ich versuchte damals verschiedene Leute in Krakau zu überreden, einen Brief an eine Gruppe von Sejm-Abgeordneten zu unterschreiben. Der Brief wandte sich an die Abgeordneten mit der Bitte, sie mögen die Richtigkeit von Vorwürfen gegen die Polizei überprüfen, die damals beschuldigt wurde, Foltermethoden gegenüber den Arbeitern angewendet zu haben, die im Juni und Juli 1976 in Radom und Ursus verhaftet worden waren.

Solche Gespräche werden oft geführt. Ein Leutnant der

Geheimpolizei tritt dann in der Rolle eines Erzieher-Realisten auf. Schon hier, in dem Polizeibüro, verschwindet endgültig das Phantom des idealen Sozialismus, hier herrschen Realismus, Erpressung, harte Worte.

Wer wird zu solch einem Gespräch aufgefordert? Es kann ein junger Arbeiter sein, der seinem Vorgesetzten berufliche Inkompetenz oder Unredlichkeit vorgeworfen hat. Ein Gymnasiast, der, ohne den Schuldirektor um Erlaubnis zu fragen, einen Diskussionszirkel gegründet hat. Ein Student, der seine Ferien im Westen verbracht hat und dem an der Grenze einige von einem Exil-Verlag in Paris herausgegebene Bücher abgenommen worden sind. Ein Schauspieler eines Jugendkabaretts kann es sein, der während der Vorstellung einige nicht zuvor von der Zensur gebilligte politische Witze erzählt hat. Ein Universitätsassistent kann das Opfer sein, der Literaturgeschichte lehrt und die emigrierten polnischen Schriftsteller zitiert.

Für viele wird das Gespräch im Polizeibüro zu einem warnenden Signal, das tatsächlich eine Veränderung ihres Verhaltens nach sich zieht. Wenige ändern ihre Überzeugung, aber auch wenige unterschätzen die Drohung: Du verlierst deine Arbeit, hört der junge Arbeiter, du wirst von der Universität relegiert, erfährt der Student, du bekommst keinen Studienplatz, droht man dem Gymnasiasten, der Vertrag mit der Universität wird nicht verlängert, teilt man dem Assistenten mit, das Kabarett wird aufgelöst, sagt der Leutnant dem Schauspieler.

Wenn die Drohung Erfolg hat und der Delinquent mit gesenktem Haupt nach Hause zurückkehrt und beschließt, von nun an jedes Risiko zu vermeiden, kann man den Erziehungsprozeß für abgeschlossen halten. Der Leutnant des Staatssicherheitsdienstes hat das korrigiert, was Lehrer und Eltern versäumt haben.

Die Erziehung ist also ein Übergang vom idealen Sozialismus zum real existierenden Sozialismus. Sie führt dazu, daß man allmählich den Status quo akzeptiert. Das betrifft auch den Status des Wissens, der Kenntnis des politischen Systems: Der durchschnittliche Abiturient kennt sich nicht gut in der Natur und der Wirkungsweise des realen Sozialismus aus, er erfaßt nicht die gesamte Struktur der Parteimacht, er ist sich weder des Konzentrationsgrades dieser Macht noch der Konsequenz bewußt, mit der ihr Monopol bewacht ist.

Die Älteren wissen das alles sehr wohl, die Jungen sind naiv. Machiavelli riet dem Fürsten, seine Herrschaft mit Grausamkeiten zu beginnen, da er durch ein später sanfteres Regime leicht die Dankbarkeit der Untergebenen gewinnen könne, ohne ihre Ergebenheit zu verlieren. Die Kommunisten haben auf den Florentiner gehört und haben nach der Zeit des Terrors das Herrschaftssystem etwas liberalisiert. Im Grunde aber müßte man gegenüber jeder neuen Generation wieder eine Portion Grausamkeit anwenden, weil junge Arbeiter und Studenten nicht an Terror glauben, den sie nicht selber erlebt haben.

Der real existierende Sozialismus, dem die Heuchelei eigen ist – sie entspringt ja dem Wesen des Systems –, stellt sich selber eine bedrohliche Falle, wenn er aus den von ihm geschaffenen Schulen eine Jugend entläßt, die mit einem Übermaß an Illusionen ausgestattet ist. Der Leutnant der Geheimpolizei kommt mit der Zurechtweisung all dieser jungen Köpfe nicht nach. Diese Köpfe aber geben sich, wenn sie gegen das vorgefundene Unrecht rebellieren, nicht völlig Rechenschaft darüber ab, wen sie herausfordern. Man kann also überspitzt sagen, sie werden von einer gesegneten Unwissenheit inspiriert.

Während einer Begegnung des Parteichefs Stanislaw Kania mit Journalisten im November 1980 sagte einer der Parteiideologen, daß man den Aufruhr der Arbeiter an der Küste dem Einfluß sozialistischer Ideen zuschreiben müsse. In gewissem Sinne hatte er recht, obwohl er, als er diese Behauptung aufstellte, mit der Doppeldeutigkeit des Begriffes «Sozialismus» spielte. Die Arbeiter der Küste, unter denen viele aktive junge Leute in den Zwanzigern waren, riskierten viel, als sie für sich und andere bessere Arbeits- und Lebensbedingungen forderten. Sie sind ein Beispiel für die junge Generation, die nicht gebührend erzogen worden ist. Sie haben rebelliert, bevor der auf lange Jahre gedachte Prozeß ihrer Erziehung durch den realen Sozialismus abgeschlossen war, bevor sie also verstanden, daß es sich nicht lohnt, die Welt zu verbessern.

6

Die orthodoxen Thesen des Marxismus stiften mehr Schaden als Nutzen

Planung und Wirtschaftssysteme

Der Autor dieses Buches will nicht so tun, als sei er ein großer Kenner der ökonomischen Problematik. Er kennt sie eher von der praktischen Seite her, vom Schlangestehen und anderen täglichen Schwierigkeiten, von den Gehältern her, die bis zum Zehnten des Monats reichen, und vom dauernden Warenmangel. Etwas fehlt immer, am häufigsten Toilettenpapier, das sich aus irgendwelchen rätselhaften Gründen seit fünfunddreißig Jahren nicht an die humanistischen Absichten des Sozialismus anpassen kann. Immer auch ist Fleisch Mangelware.

Karl Marx wollte, wie alle wissen, den ökonomischen Gesetzmäßigkeiten den Charakter von quasi Naturerscheinungen nehmen, die wir nicht beeinflussen können. Er wollte, daß der Mensch diese Erscheinungen in den Griff bekommt und sie rational lenkt. So geschah das auch in den kommunistisch regierten Ländern, Menschen nahmen das Steuer der Wirtschaft in die Hand. Es waren allerdings nicht die Hände aller Bürger, sondern die Hände der Parteiapparatschiks und der von ihnen bevorzugten Verwalter. Es wurde beschlossen, vor allem und hauptsächlich die Schwerindustrie aufzubauen.

So war es seinerzeit in der UdSSR und danach auch in den europäischen Ländern, die sich in Stalins Herrschaftsbereich befanden. Zbigniew M. Fallenbuchl, ein polnischer Wirtschaftsexperte, behauptet, daß die russischen Kommunisten, als sie im Eiltempo ihre Schwerindustrie aufbauten, eigentlich die ökonomische Entwicklung der westeuropäischen Länder im 19. Jahrhundert kopierten und die gleiche Industriestruktur schufen, die englische, französische und deutsche Kapitalisten hundert Jahre zuvor geschaffen hatten. In Polen hingegen begann man nach 1945 die Struktur der sowjetischen Wirtschaft zu imitieren.

Viele Industriezweige wurden mit dem Ziel entwickelt, die wirtschaftliche Abhängigkeit Polens von sowjetischen Rohstoffen – wie etwa dem ukrainischen Eisenerz – und damit auch seine politische Abhängigkeit vom mächtigen Nachbarn noch zu vergrößern. Dementsprechend wurden auch die neuerrichteten Werke angesiedelt. Zu ihren Hauptaufgaben gehörte es, ihre Produkte in großem Umfang in die UdSSR zu exportieren.

Was für ein Ausfuhrkonzept stand dahinter? Fallenbuchl demonstriert das am Beispiel von Bananen: «Nehmen wir an», schreibt er, «daß Polen sich entschlösse oder auf die eine oder andere Weise dazu gezwungen wäre, Bananen in großem Maßstab für den Export zu produzieren. Natürlich könnte man auch in Polen Bananen produzieren, aber es müßte dann eine Treibhausproduktion sein. Große Kohlenmengen würden verschlungen, um die Treibhäuser zu heizen, was Kohlenmangel für die Bevölkerung zur Folge hätte und es unmöglich machen würde, andere Industriezweige zu entwickeln. Die Kohleindustrie wiese natürlich eine ungeheure Steigerung in der Beschäftigungs- und Produktionsrate auf. Die Glasindustrie würde sich in großem Maßstab entwickeln und vielleicht auch eine Stahlindustrie für die Produktion von Glaskonstruktionsmaterialien. Die Kosten für die Bananenproduktion wären zwar unter diesen Umständen enorm, sicher hundertmal teurer als in den Ländern mit tropischem Klima. Die Bananen würden aber zum Weltmarktpreis verkauft, der vielleicht nur den Bruchteil eines Prozents der Produktionskosten decken könnte. Der Unterschied zwischen den Kosten und dem Preis kann aus dem Staatsbudget mit Hilfe sogenannter negativer Budgetunterschiede oder anderen Zuwendungen ausgeglichen werden, so wie das jetzt in Polen im Fall vieler Produkte und Industriebetriebe praktiziert wird, deren Produkte bei den geltenden Preisen unrentabel sind. Wenn es aber darauf ankäme zu beweisen, daß sich die Produktion von Bananen lohnt, so wie das bei den Eisenbahnwaggons, Lokomotiven, Schiffen oder anderen schweren Maschinen getan wird, könnte man die Preise für Stahl, Kohle und anderes Material, das für den Bau von Bananentreibhäusern gebraucht wird, auf einem künstlichen, beliebig niedrigen Niveau ansetzen, so daß der internationale Weltmarktpreis die Kosten der in Polen produzierten Bananen übersteigt. Das Defizit würde in der Stahlindustrie, in der Glasindustrie und sonstwo auftauchen, aber die Bananen wären scheinbar rentabel! Natürlich nur im rechnerischen Sinne dieses Industriezweiges, nicht in der Wirtschaft als Gesamtheit. Das Land wiese einen ungeheuren Anstieg der Exportproduktion auf, aber sie wäre mit solchen Kosten verbunden, daß die Bevölkerung in völliger Armut leben müßte, ohne die Möglichkeit zu haben, ihren Lebensstandard zu heben, ganz unabhängig davon, wie stark die Produktion und der Export von Bananen wächst.»

Das Beispiel mit den Bananen, das natürlich fiktiv ist, charakterisiert, wie es mir scheint, sehr zutreffend die unbeschränkten Möglichkeiten der Planung in der sozialistischen Wirtschaft. Der Phantasie der zentralen Planungsbehörde sind keine Grenzen gesetzt. Im allgemeinen sind die Parteioberen, die sich ja von Amts wegen auch in der ökonomischen Problematik auskennen, von all dem fasziniert, was groß und laut ist, etwa von Stahlhütten, von riesigen Fabriken der Metallbranche und überhaupt von der Herstellung von Investitionsgütern und nicht von Konsumartikeln.

Das Beispiel mit den Bananen zeigt auch, wie illusorisch in diesem Wirtschaftssystem die Kalkulation von Produktionskosten und Verkaufspreisen sein muß. Da die Kontrollfunktion des Marktes verschwindet, der mit einer Grausamkeit, die dem Käufer eigen ist, die Preise reguliert – wie ein Wolf, der im Wald schwächere Tiere überfällt –, entscheidet die Planungszentrale darüber, was teurer oder billiger sein soll. Der Preis wird etwas so Abstraktes wie das Geld. Das Experiment mit den Bananen könnte natürlich gelingen, zu Lasten der in Elend und Armut lebenden Menschen – die diese Bananen sicher nie zu Gesicht bekämen, da alle guten Stauden exportiert würden.

So ungefähr verhielt es sich mit dem Sechsjahresplan in Polen von 1950–1955. Dieser Plan sah gewaltige Investitionen vor, einen schnellen Aufbau der Schwerindustrie.

Von den 210 geplanten großen Investitionsprojekten wurden damals 62 Prozent ausgeführt. Das Stahlwerk in Nowa Huta erzeugte 1955 insgesamt 327000 Tonnen Stahl, das heißt 42 Prozent der geplanten Menge. An einzelnen Objekten baute man länger als geplant, und die Leistung der neuerbauten Fabriken erwies sich niedriger als die der schon bestehenden. Am wenigsten gelang dem Sechsjahresplan eine angemessene Steigerung der Reallöhne; zum Posener Arbeiteraufstand 1956 ist es hauptsächlich aus wirtschaftlichen Gründen gekommen.

Das Volk akzeptierte die beschleunigte Industrialisierung, wie es auch ganz allgemein den Wiederaufbau des Landes und der fast gänzlich zerstörten Hauptstadt unterstützte. Zur Zeit des ersten Tauwetters wurde dann die Forderung erhoben und von der Parteiführung anscheinend akzeptiert, ernsthafte ökonomische Reformen durchzuführen, aber vor allem die Methoden der Wirtschaftsverwaltung zu ändern. Man berief eine spezielle Kommission ein, die aus den besten Wirtschaftswissenschaftlern Polens bestand, und diese Kommission erarbeitete ein Reformprojekt, das eine beträchtliche Selbständigkeit der einzelnen Unternehmen und eine Abstimmung zwischen den Verbraucherinteressen und dem Funktionieren der Wirtschaft vorsah. Die Arbeitsergebnisse dieser Kommission waren insofern interessant, als sie auch in anderen osteuropäischen Ländern beachtet und zum Teil angewandt wurden, unter anderem mit bestem Erfolg in Ungarn. In Polen selbst dagegen blieben die Reformen auf dem Papier, weil Parteichef Gomulka sich gegen sie entschied. Die Motive dieser Entscheidung waren zweifellos politischer und nicht wirtschaftlicher Natur, da eine Liberalisierung des wirtschaftlichen Lebens nach dem Oktober 1956 immer auch eine Fortsetzung der Tauwetterpolitik im innenpolitischen Bereich bedeutet hätte.

So änderte sich das allgemeine Funktionsschema der polnischen Wirtschaft seit dem Sechsjahresplan nicht; verschiedene Neuerungen rührten nicht am Fundament der zentralistisch gesteuerten Ökonomie. Die Neuerungen betrafen im allgemeinen die Art des Steuerns: statt deutlicher Befehle und in Verwaltungssprache formulierter Empfehlungen dirigierte die zentrale Planbehörde nun die Wirtschaft mit Hilfe von Parametern und ökonomischen Richtwerten, die von einzelnen Betrieben erreicht und eingehalten werden mußten. Das System dieser Parameter hat das Anwachsen der Wirtschaftsbürokratie gewaltig gesteigert. Man konnte leicht den Eindruck gewinnen, daß die sozialistische Wirtschaft ein Laboratorium ist, in dem zuerst alles natürliche Leben vernichtet und danach mittels Tausender von Experimenten, chemischen Formeln und Rundschreiben versucht wird, das verlorene Terrain wiederzugewinnen. Wie Faust in seiner Studierstube, versuchte das zentrale Planungsamt, Leben in ökonomische Vorschriften und Anordnungen zu hauchen.

Das Wirtschaftswachstum, das durch immer neue Investitionen hauptsächlich in der Schwerindustrie erreicht wurde, bezeichnete man als extensives Wachstum. Es kam dadurch zustande, daß neue Arbeitsplätze geschaffen und Kapitalinvestitionen gemacht werden. In absoluten Zahlen gesehen war das Wachstum groß, nur daß es sich durch eine ungeheuer große Verschwendung auszeichnete. Der Bau eines mittelgroßen Stahlwerks, der in Westeuropa etwa zwei Jahre in Anspruch nimmt, dauerte in der Volksrepublik im Durchschnitt sieben Jahre. Die Leistungsfähigkeit der Arbeiter, die in Massen vom Lande kamen, war nicht sehr groß. Deshalb sprach man in den sechziger Jahren davon, daß man zu einem intensiven Wachstumstyp übergehen, das heißt das Bruttosozialprodukt durch gesteigerte Arbeitsleistung und technischen Fortschritt vergrößern müsse. Die Indikatoren waren nicht gut: Betrug 1955 das Bruttosozialprodukt pro Kopf der Bevölkerung 61 Punkte, so war es bis zum Jahre 1964 kaum um zwei Punkte gewachsen. In der gleichen Zeit sprang es in Bulgarien von 36 auf 59 Punkte, in Rumänien von 35 auf 50, in Ungarn von 60 auf 68.

Als Gomulka Ende 1958/Anfang 1959 die während des ersten Tauwetters entstandenen Arbeiterräte liquidierte, zerstörte er damit die Möglichkeit, den Weg Jugoslawiens zu gehen, wo die Arbeiterselbstverwaltung in den Betrieben eine große Rolle spielt. Aber Gomulka war auch ein größerer Zauderer als der ungarische Parteichef Janos Kadar. Er riskierte nicht einmal eine gemäßigte Reform, wie etwa eine etwas größere Mitentscheidung der Arbeiter in den Betrieben. Während seiner gesamten Regierungszeit wurde von der Notwendigkeit von Reformen geredet, aber wenig getan. Auf dem 5. Parteitag, 1968, wurde ein Reformprojekt vorgeschlagen, das nicht das Wirtschaftssystem sondern die Entwicklungsstrategie betraf.

Man wollte also bessere Ergebnisse durch eine «selektive Entwicklung» erreichen, das heißt nur jene Industriezweige weiterentwickeln, bei denen sich Exportchancen eröffneten. Die Expansion der übrigen Industrie dagegen sollte vernachlässigt werden, weil sie viele importierte Rohstoffe verschlang und hauptsächlich von den zentralen Fonds subventioniert wurde. Diese Reform sollten die Bürger bezahlen, indem sie den Gürtel enger schnallten, denn sie war deutlich konsumfeindlich. Die Selektion, die man durchführte, ging jedoch nicht sehr weit; im Endergebnis erwies sich, daß allzu viele Industriezweige privilegiert waren. Die «selektive Entwicklung» hat ihre Prüfung nicht bestanden. Überschätzt wurde auch die Opferbereitschaft der Bürger. Die Reaktion der Arbeiter an der Küste auf die Preiserhöhung von Lebensmitteln stürzte den König vom Thron. Sein Nachfolger wurde Edward Gierek.

Gomulka hinterließ keinerlei Dollarschulden, er wirtschaftete zwar äußerst schlecht, aber sparsam. Gierek dagegen wandte sofort, als ob er sich von einer primitiven Trotzdialektik leiten ließe, eine völlig entgegengesetzte Strategie an: leihen, leihen, leihen. Die von seinem Vorgänger angeordnete Preiserhöhung für Lebensmittel machte er rückgängig. Er erhöhte die Löhne und die Sozialleistungen, schaffte für die Landwirte die Pflichtabgaben ab und hob die staatlichen Einkaufspreise für Agrarprodukte an. Dieses Vorgehen stärkte rasch das Selbstgefühl großer Bevölkerungsgruppen und trug für eine kurze Zeit zu einer Verbesserung der ökonomischen Situation bei. Die Landwirtschaft reagierte, auch dank der besonders günstigen klimatischen Umstände zu Beginn der siebziger Jahre, positiv auf die Geste des Parteiführers und beantwortete sie mit besseren Ernteergebnissen.

Die großen, im Westen aufgenommenen Anleihen waren keine schlechte Idee. Die neue Parteiführung erhoffte sich, mit Hilfe dieser Kredite sowie der ebenfalls im Westen gekauften Lizenzen, eine weitgehende Modernisierung der Industrie durchführen zu können. Eine Erneuerung des Maschinenparks, neue Produktionsverfahren und die damit verbundene Steigerung der Produktivität sollten im Endeffekt zu einem spürbaren wirtschaftlichen Fortschritt führen. Es wurden jedoch zu viele Fehler gemacht.

Da die neue Wirtschaftspolitik viele Anhänger unter den Partei- und Staatsfunktionären fand, bemühte sich jeder Provinzgouverneur für sein Gebiet und jeder Betriebsdirektor für seinen Betrieb darum, westliche Einrichtungen zu erwerben. Das führte unter anderem dazu, daß mancherorts Fabriken in Gebieten gebaut wurden, die auf solche Investitionen gar nicht vorbereitet waren. Der neue Stil der Wirtschaftslenkung wurde einer unverändert starren Struktur aufgepfropft; man hatte einem schwer arthritiskranken alten Mann Turnschuhe angezogen, doch deshalb konnte er nicht schneller laufen.

Giereks Idee war an die Voraussetzung gebunden, daß man in den modernisierten Betrieben hergestellte Maschinen mit Erfolg und Gewinn in den Westen exportieren könne, um damit die Auslandsschulden zu bezahlen. Dann hätte auch die einheimische Industrie von der Reform profitiert. Eine schlechte Konjunktur im Westen sorgte zwar dafür, daß die notwendigen Kapitalmittel aufgebracht wurden, hemmte aber die Einfuhr polnischer Investitionsgüter, die darüber hinaus nicht immer dem westlichen Standard entsprachen. Das gesamte ökonomische System Polens erwies sich als zuwenig elastisch, zuwenig erfahren im Außenhandel. Die sogenannte Investitionsfront (die Wirtschaftsexperten lieben militärische Ausdrücke) wiederum wurde, ähnlich wie während des Sechsjahresplans und zu Beginn der sechziger Jahre, allzu hastig aufgebaut, die Abgabetermine einzelner Objekte wurden nicht eingehalten. Das in diese Unternehmungen gesteckte Kapital brachte keinerlei Nutzen. Auch die Arbeitsproduktivität wuchs nicht den Erwartungen entsprechend, nicht zuletzt deswegen, weil selbst bescheidene Versprechen, das öffentliche Leben zu demokratisieren, die von Gierek zu Anfang seiner Regierung gegeben worden waren, nicht realisiert wurden. Damit gab es keine Chance, daß sich die gesellschaftliche Atmosphäre verbessern könnte.

Mitte der siebziger Jahre begann die Parteiführung, so, als sei sie von der günstigen Entwicklung der privaten Landwirtschaft peinlich überrascht, wieder von der Notwendigkeit zu reden, sozialistische Veränderungen in der Landwirtschaft durchzuführen. Und nicht nur zu reden: Man begann in großem Maßstab in die landwirtschaftlichen Staatsgüter zu investieren. Gleichzeitig unterließ man es, die privaten Bauernhöfe mit landwirtschaftlichen Maschinen, Baumaterial, Heizkohle und Kunstdünger zu versorgen. Man vernachlässigte auch die Entwicklung der Infrastruktur auf dem Dorf. Zuungunsten der Bauern wurde das Verhältnis zwischen den Abnahmepreisen der Agrarprodukte und den Preisen der Waren geändert, die von den Landwirten gekauft werden mußten. Dazu kamen ungünstige Wetterbedingungen. War zwischen 1971 und 1974 die landwirtschaftliche Produktion um 29,1 Prozent gestiegen, so gingen ab 1975 die Lieferungen von Agrarprodukten deutlich zurück.

Die Landwirte reagieren auf politische Änderungen sehr schnell.

Die Wendung in der Wirtschaftspolitik kann man nur als eine ideologisch motivierte Wendung erklären, die aus der Sorge um das Schicksal des Sozialismus auf dem Lande entstand. Die landwirtschaftlichen Staatsbetriebe und Produktionsgenossenschaften können mit den privaten Bauern nicht Schritt halten, die immer noch über 70 Prozent des Bodens in Polen bewirtschaften. 1976 hatte man beispielsweise in den Staatsbetrieben pro Hektar zwölfmal mehr investiert als ein Privatbauer. Die Staatsgüter sprachen aber bereits von Erfolg, wenn sie nicht mit Defizit arbeiteten. Nach der heftigen Protestwelle der Arbeiter gegen die Preiserhöhung für Lebensmittel im Jahr 1976 verbesserte die Partei zwar ihr Verhältnis zu den Privatbauern, konnte jedoch nicht die Verluste wettmachen, die sich aus den früheren negativen Kursänderungen ergeben hatten.

Bei der Preiserhöhung für Lebensmittel im Juni 1976 ging die Parteiführung außerordentlich ungeschickt vor, obwohl sie eigentlich gewarnt war. Denn sie war ja selbst durch Unruhen nach einer Preiserhöhung für Lebensmittel an die Macht gekommen. Die Vorbereitung zur Preiserhöhung hatte zudem einen eher polizeilich-politischen Charakter: Man organisierte im Lande ein Netz von Militärlagern, in die man eine Woche vor der geplanten Preiserhöhung Reservisten zu Schulungszwecken einberief. Damit sollten die unsicheren Elemente ausgeschaltet werden – die potentiellen Arbeiterführer sowie kritische Intellektuelle. Das war bereits zu einer Zeit, als der Entfremdungsgrad der Parteiführung beträchtlich war; deshalb ging sie das schwierige Manöver einer Preiserhöhung an wie ein Pionier, der sich einer Zehntonnenbombe nähert.

Die Preiserhöhung wurde nach den Unruhen in Radom und Ursus 1976 wieder zurückgenommen. Die Pleite der Gierekschen neuen Landwirtschaftsstrategie wurde sehr bald sichtbar. Die Verschuldung im Westen wuchs, die Leistungsfähigkeit der neugebauten oder modernisierten Industriebetriebe ließ weiterhin viel zu wünschen übrig. Deshalb beschloß die Parteiführung Mitte 1977, ein sogenanntes «Wirtschaftsmanöver» (schon wieder ein militärischer Ausdruck!) durchzuführen. Es ging darum, einige begonnene Investitionsprojekte einzufrieren und sich auf die Produktion von Konsumgütern für den Binnenmarkt und auf die Produktion von Exportartikeln zu konzentrieren.

Hier jedoch tauchte eine gewisse Eigenschaft der sozialistischen Wirtschaft auf, eine Eigenschaft, die in anderen ökonomischen Systemen nicht bekannt ist. Im Sozialismus sollen verschiedene – wie Marx sie nannte – Widersprüche des Produktionsprozesses ausgeschaltet werden, so etwa der Widerspruch zwischen «gesellschaftlicher Produktionsweise» und dem «Privateigentum an den Produktionsmitteln». Es schwindet zwar der Widerspruch, aber damit auch dic Rückkoppelung zwischen dem Markt und dem Kapital.

Der Markt wird im kommunistischen Wirtschaftssystem zu einem Markt der Verkäufer und nicht der Käufer, da der Verkäufer, der Staat, über das Marktangebot bestimmt. Es entstehen sofort neue, nicht leicht zu überwindende Widersprüche oder Konflikte, vor allem aber ein Konflikt zwischen der zentralen Planung, die bestrebt ist, aus den einzelnen Unternehmen die größtmögliche Produktion herauszuholen, und eben diesen Unternehmen, die sich darum bemühen, den Plan mit geringsten Eigenkosten zu erfüllen. Denn davon hängen die Prämien der Direktoren und der Belegschaften ab.

An Stelle des kapitalistischen Egoismus tritt der regionale Partikularismus der Bonzen sowie der wirtschaftliche Egoismus der sozialistischen Unternehmen. Der Kapitalist träumt von einem größtmöglichen Gewinn, seinen Träumen wird durch die Konkurrenz oder auch durch die Forderungen der Gewerkschaften eine Grenze gesetzt. Ein sozialistisches Unternehmen bewegt sich im Käfig der Indikatoren und Direktiven, die ihm von der Zentrale diktiert sind. Es benimmt sich wie ein Schlauberger, der sein Geld, das heißt in diesem Fall die Prämie, mit minimaler Anstrengung bekommen will, ohne aber die Vorschriften, formal gesehen, zu überschreiten und das damit verbundene persönliche Risiko einzugehen.

Als man begann, das «Wirtschaftsmanöver» durchzuführen und von den Fabrikdirektoren forderte, die Produkte direkt auf den Markt zu werfen oder zu exportieren, haben auch manche Zulieferbetriebe ihre Erzeugnisse direkt auf den Markt gebracht. Dafür wurden sie mit Prämien bedacht, da sie formal gesehen das Postulat des «Wirtschaftsmanövers» erfüllt hatten; sie versorgten den Markt direkt, aber im Grunde desorganisierten sie nur die Wirtschaft, weil sie die Fertigstellung der zumeist für den Export vorgesehenen Endprodukte verhinderten. Hinzu kamen Schwierigkeiten altbekannter Art. So gab es bald kaum noch Brotbackformen, weil man sie nicht zu den Waren gerechnet hatte, die direkt auf den Markt gebracht werden sollten.

Das Manöver hatte keinen Erfolg. Ein Jahr später, 1978, verschärften die Wirtschaftsbehörden ihre Kontrollen und erhöhten die Anzahl der Indikatoren und Normen; das Chaos verminderte sich nicht.

Es lohnt sich – wie es der verstorbene Wirtschaftswissenschaftler Janusz G. Zielinski getan hat –, den Egoismus eines sozialistischen Unternehmens einmal näher zu betrachten. Erkennbar wird er bereits bei der Vorbereitung zum Zentralplan. Die Unternehmen sind in diesem Stadium daran interessiert, die eigenen Produktionsmöglichkeiten vor der zentralen Planungskommission zu verbergen. Sie setzen absichtlich die Produktionskapazität herunter und verbergen ihre Reserven. Sie führen die Behörden bewußt irre, die wiederum nicht imstande sind, den Wahrheitsgehalt der erhaltenen Informationen zu kontrollieren.

Später, schon während der Realisierung des Plans, spielt das Unternehmen das Spiel weiter und versucht, ein Minimum von Anstrengung und Risiko mit einem Maximum an Prämien zu verbinden. Das Unternehmen teilt also seine Produktion zeitlich so ein, daß ihm im nächsten Jahr kein höheres Plansoll zugeteilt wird und daß es seine Prämien nicht verliert. Zweitens verzichtet es darauf, ein Sortiment von Waren herzustellen, die wenig rentabel, dafür aber arbeitsintensiv sind, es konzentriert sich also auf weniger arbeitsintensive Waren. Gern willigt die Betriebsleitung in eine völlig unbegründete Erhöhung der Produktionskosten ein, wenn zum Beispiel Ersatzteile oder Rohstoffe aus entfernten Gegenden des Landes herangeholt werden müssen. Denn erhöhte Transportkosten erhöhen auch den nachweisbaren «Umsatz» und damit den «Wert» der produzierten Waren.

Die Unternehmen gehen mit der größten Unlust irgendein Risiko ein und lehnen deshalb technische Neuerungen in der Produktion zunächst ab. Die Einführung neuer Technologien ist kostenintensiv und kann erst in der Zukunft zu einer Senkung der Produktionskosten führen, sie bringt also nur Schwierigkeiten mit sich. Aus Bequemlichkeit und Routine schickt der Direktor eines Unternehmens die Erfinder lieber nach Hause.

Es herrscht also ein Dauerkrieg zwischen der zentralen Planung und dem Unternehmen. Die Behörde in Warschau will das Unternehmen zu einer größeren Produktion zwingen und tut das durch Tausende von Anordnungen und Direktiven, die das Unternehmen wiederum auf meisterliche Weise zu umgehen versteht. Damit ist eine gigantische Verschwendung in das ökonomische System eingebaut: Als Erfolgskriterien, ob das Unternehmen produktiv ist, gelten nicht die Käufer, sondern die ministerialen Direktiven. Viel menschliche Energie und Erfindungsgeist werden dazu mißbraucht, um die zentrale Planungsbehörde irrezuführen.

Zur schwierigen Situation der Industrie kamen in den siebziger Jahren noch geradezu strafwürdige Fehler bei der Energieplanung. In der ersten Hälfte des Jahrzehnts, als Reserven in der Produktion von elektrischem Strom auftauchten, verzichtete man leichtsinnig auf den bereits angefangenen Bau großer Elektrizitätswerke. Ab 1977 zeigte sich ein großes Defizit in der Stromversorgung, ein Defizit, das man bis heute nicht beseitigen konnte und das bewirkt, daß eine große Anzahl von Industriebetrieben durch zeitweilige Stromsperren beträchtlich unter ihren Möglichkeiten produziert. Ähnliche Fehler werden bei der Planung der Aufgaben und der Auslastung der Transportmittel gemacht. So verkümmerte der Kraftverkehr und der Eisenbahntransport zum schwächsten Wirtschaftszweig des Landes.

Die lawinenartige, unkontrollierte, vor der Bevölkerung geheimgehaltene Inflation hat der polnischen Währung, dem Zloty, jede Bedeutung genommen. Zur zweiten Währung wurde der fast offiziell zugelassene US-Dollar. Es kommt jetzt in Polen oft vor, daß ein Arzt oder auch ein begehrter Handwerker seine Dienste nur gegen Bezahlung in Dollars anbietet.

Als Gierek an die Macht kam, wurde viel über die Notwendigkeit geredet, die Methoden der Wirtschaftsplanung zu rationalisieren, unter anderem dadurch, daß man bei den wichtigsten ökonomischen Problemen Wissenschaftler und Experten mit hoher Qualifikation mitentscheiden ließe. Jetzt, während des dritten aktuellen Tauwetters, teilen die Experten, die bislang als Giereks Berater auftraten, den Zeitungslesern mit, wie es dazu kam, daß ihre Ratschläge und ihre Beurteilungen nicht beachtet wurden. Die Expertenkommission hatte, wenn man diesen Erzählungen glauben darf, keinerlei Einfluß auf den Verlauf der Dinge, die ökonomischen Entscheidungen wurden im geschlossenen Kreis der Parteiführung gefällt.

Aber von 1976 an wuchs die Kritik an der Praxis, oft auch an der Theorie dieser Wirtschaftspolitik. In den nichtoffiziellen Umlauf kamen immer mehr unheilverkündende Beurteilungen der wirtschaftlichen Situation des Landes. Vielleicht am ungewöhnlichsten und verzweifeltsten war der Vortrag des hervorragenden Ökonomen Stefan Kurowski im Mai 1979 auf der Konferenz der Polnischen Soziologischen Gesellschaft:

«Der Marxismus, wenn hier über ihn gesprochen wird – großspurig in seiner Form und usurpatorisch in seinem totalitären Anspruch, alle Probleme des Menschen und der Menschheit zu lösen – ist in seinem ökonomischen Teil der Hauptgrund für die permanente Krise unserer Wirtschaft. Man kann nicht diese Krise sachlich untersuchen und nach ihren Wurzeln nur in den Fehlern der Praxis suchen, in der ungünstigen Konjunktur, in der Unfähigkeit der Planenden und der Regierenden. Man muß die Doktrin untersuchen, da sie in letzter Instanz für all das verantwortlich ist», sagte Kurowski vor dem Publikum, das sich im Warschauer Staszic-Palast, dem Sitz zahlreicher wissenschaftlicher Gesellschaften, versammelt hatte.

Kurowski attackierte den Primat der Politik über die Ökonomie und die Marxsche Mehrwerttheorie, die nur der menschlichen Arbeit die Funktion zuschreibt, Werte zu schaffen, während der Markt, der definiert, ob das gegebene Produkt gebraucht wird oder nicht, darin keine Rolle spielen soll. Kurowskis Schlußfolgerungen waren pessimistisch; das in Polen angewendete ökonomische System sei nach seiner Meinung nicht zu korrigieren, da die Doktrin des Marxismus fehlerhaft sei.

Manche andere Wirtschaftswissenschaftler gingen allerdings nicht so weit, sie sahen eine Hoffnung in gemäßigten Reformen, unter anderem in einer Dezentralisierung der Wirtschaftsverwaltung, die den einzelnen Unternehmen eine größere Bewegungsfreiheit gewährt und sie gleichzeitig abhängiger vom Markt macht.

Es herrscht in Polen die allgemeine Überzeugung, daß die orthodoxen ökonomischen Thesen des Marxismus mehr Schaden als Nutzen bringen. Aber die Abnehmer, die Käufer – denen man während feierlicher Veranstaltungen erklärt, sie seien die Eigentümer von Fabriken und Maschinen – haben sehr viele Sorgen absolut nicht theoretischer Natur.

Die Industrialisierung in der stalinistischen Zeit fand auf Kosten des Wohlstands der Bevölkerung statt, die Löhne und Gehälter waren unverhältnismäßig niedrig, und man wundert sich heute, wie die einzelnen Familien über die

Runden gekommen sind. Fast stimmt für diese Zeit, was der Sozialist und Wirtschaftswissenschaftler Ludwik Landau in seiner Chronik der deutschen Okkupation schrieb: «Die Mehrheit der Einkünfte stammt nicht von dem normalen Gehalt – das bei den augenblicklichen Preisen einen fast bedeutungslosen Posten im Budget einnimmt –, sondern aus diesem oder jenem Mißbrauch: Die Kontrolleure des Elektrizitätswerks kommen ins Haus zur Überprüfung des Zählers, um den Wohnungsinhaber, gegen eine bescheidene Belohnung, zu beraten, wie er am besten Strom stehlen kann; die Fernamt-Techniker machen die Telefonapparate kaputt, um die Reparatur gegen entsprechende Belohnung durchzuführen; die Eisenbahnschaffner geben kein Kleingeld zurück; die Straßenbahnschaffner nehmen von den Fahrgästen die gebrauchten Fahrkarten zurück, um sie wieder zu verkaufen; die Finanzbeamten teilen sich mit den Steuerzahlern die Gelder, die dank Steuerhinterziehung übrigbleiben.»

Die ökonomische Partisanenpsychologie überdauerte in vielen Fällen die Jahre der deutschen Besatzung; am Leben erhalten durch die Unbeliebtheit der kommunistischen Staatsmacht und deren Antikonsumstrategie. Über ein unwirtschaftliches Vorgehen entscheidet oft die Summe zweier verschiedener Faktoren: die systemimmanente Verschwendung öffentlicher Mittel und die vom Mißtrauen zum Staat geprägte gesellschaftliche Psychologie. Im Zusammenhang damit attackieren die Publizisten, die den Parteistandpunkt vertreten, oft die Arbeitsmoral der Polen, in der sie den Grund für die wirtschaftlichen Mißerfolge des Landes sehen. Andere wiederum, die unabhängigen Journalisten, beschäftigen sich hauptsächlich mit dem Funktionieren des von den Kommunisten eingeführten Systems und weisen auf dessen kolossale Fehler hin.

In der Wirklichkeit kommen beide Faktoren zusammen, denn die Unbeholfenheit des ökonomischen Systems kann vor der Gesellschaft nicht geheimgehalten werden, besonders nicht vor den Ingenieuren, Arbeitern und Betriebswirten, die in den Fabriken oder Projektbüros tätig sind. Es ist kein Geheimnis, wie viele Dinge nicht für den Markt, sondern ausschließlich für die Rechenschaftsberichte hergestellt werden; es ist auch kein Geheimnis, daß wegen dieser Rechenschaftsberichte die Unternehmen teurer produzieren, als wenn sie es in eigener Verantwortung tun würden. Das führt zu einer besonderen Variante der Entfremdung von der Arbeit, einer Variante, die Karl Marx nicht vorausgesehen hat. Es entsteht eine Entfremdung, weil man sich der Absurdität der Produktion, der Verschwendung von Rohstoffen und Energie bewußt wird und weiß, daß man sinnlose, unnötige Dinge produziert. Selbst die Manager der sozialistischen Wirtschaft, die auf der Unternehmensebene damit befaßt sind, die obersten Planbehörden zu betrügen, haben ein schlechtes Gewissen. Alle oder fast alle diejenigen, die mit dem staatlichen Sektor der Wirtschaft zu tun haben, sind sich der schweren Krankheit dieser Wirtschaft, der Bananenkrankheit, bewußt.

Die Wirklichkeit überflügelt jede Theorie, sie transzendiert jedes Gedankensystem. Auch die ökonomischen Ideen von Marx umfassen nur einen Teil der Erscheinungen, im Leben dagegen machen sie all ihre Mängel offenbar. Ein ökonomisches System, das in einer Anwandlung von Rebellion gegen ein anderes Wirtschaftssystem entstanden ist, führt im Endergebnis zu größeren Verlusten und bringt irrationalere Phänomene hervor als sein Vorgänger.

In Polen wird die Unvollkommenheit der sozialistischen Wirtschaft noch durch die Einseitigkeit der ökonomischen Strategie jeder neuen Mannschaft, die an der Macht ist, vertieft. Die Experten, die eine Wirtschaftsreform vorbereiten, stehen vor einer ungewöhnlich schweren Aufgabe. Es müssen in Polen mehr Kinderschuhe und weniger Bananen produziert werden. Aber wie?

7

Im Osten hat die Macht noch etwas Shakespearehaftes an sich

Die Partei

Seit vielen Jahren lebt Polen mit einem sehr eigenartigen, man könnte fast sagen krankhaften Kompromiß, der zwischen der kommunistischen Partei und der Bevölkerung vereinbart worden ist. Nach diesem ungeschriebenen Vertrag erklärt sich die Bevölkerung damit einverstanden, die harte historische Notwendigkeit anzuerkennen, im sowjetisch beherrschten Teil Europas zu verbleiben. Die Partei hingegen verspricht, dieses Schicksal durch eine Politik zu mildern, die so sanft und friedfertig wie möglich ist.

Die Schwäche dieses Kompromisses ist, daß er in Tauwetterzeiten geschlossen, am Ende des jeweiligen Tauwetters aber gebrochen wird. Die Partei, nachgiebig in der Stunde der Bedrohung, kehrt nach dem Tauwetter zu dem früheren Zustand zurück, so wie sich die Zweige des Tannenbaums wieder aufrichten, wenn man den Weihnachtsschmuck abnimmt. Die Reaktion der Bevölkerung auf diesen Vertragsbruch besteht dann in verschiedenen Formen eines passiven Widerstandes, einer psychologischen Sabotage, einer höchst reservierten Haltung.

Ein Vorteil für die Bevölkerung ist, daß jene Maßnahmen der Partei, die darauf abzielen, an der Weichsel eine getreue Kopie des sowjetischen Modells aufzubauen, keine Chancen haben, verwirklicht zu werden. Das geht so weit, daß man manchmal den Eindruck haben muß, selbst im staatlichen Parteiapparat breite sich ein Chaos aus, das die Pläne der Zentrale zunichte macht. Dabei gehen natürlich auch manche vernünftige Absichten der Partei, etwa auf dem Gebiet der Wirtschaft, verloren. Im Endergebnis behält die Gesellschaft so zwar ihre Identität, muß sich aber dafür jeden Tag mit Schwierigkeiten herumschlagen, die die nervliche Widerstandskraft vieler Polen schwächen.

Die polnische Gesellschaft muß für die Wahrung der inneren Freiheit, für die Treue zur eigenen Tradition einen hohen Preis zahlen; sie muß in einem gewissen Schwebezustand leben, sie darf die Gesetze des Alltags nicht allzu ernst nehmen. Geschützt vor dem Schlimmsten, vor dem Verlust des eigenen Charakters, verliert sie immer mehr die Gewalt über die reale Welt. Geschützt vor dem Schlimmsten, kann sie sicher sein, nicht das Bestmögliche zu erreichen. Sie kann nicht normal prosperieren, nicht das schaffen, was sie schaffen könnte, und nicht das sagen, was sie denkt.

Seit Jahren hat sich bei den Polen das Gefühl einer gewissen Unnormalität verbreitet, einer sich unnormal lange haltenden Unnormalität. Als Beispiel dafür, wozu das ständige Tauziehen zwischen der Partei und der Bevölkerung führt, kann die private Landwirtschaft dienen. Zwar hat sie sich in Polen – im Unterschied zu den anderen Ostblockländern – nach dem Krieg im großen und ganzen bewährt. Trotzdem bleibt die private Landwirtschaft aber ein ungeliebtes Kind der Partei, die sich nicht damit abfinden kann, daß es im Lande eine Insel nichtsozialistischer Produktionsverhältnisse gibt. Zwar schafft die Partei die private Landwirtschaft nicht ab, aber sie versagt ihr die notwendige staatliche Unterstützung, wie etwa ausreichende Einkaufsmöglichkeiten von Produktionsmitteln. Nicht von ungefähr sind dann die Bauern dem Staat gegenüber mißtrauisch eingestellt und produzieren nicht so viel Lebensmittel, wie sie könnten. Die Folge ist, daß sich die Fleischgeschäfte in den Städten in leere Räume verwandeln, in denen man höchstens die Schönheit von Jugendstilkacheln – und selbst die nicht überall – bewundern kann, und daß Gemüsegeschäfte an Herbarien erinnern, weil sie nur über einzelne und nicht mehr frische Pflanzenmuster verfügen. Zwar scheint das Abkommen von Rzeszow, das im Februar 1981 zwischen der Bauernvertretung und der Regierung geschlossen wurde, eine Verbesserung der Lage der privaten Bauern zu versprechen, jedoch ist es im Augenblick bloß eine Zusage, und zwar durchaus nicht die erste in der Geschichte der Beziehungen zwischen Staat und Bauern.

Es stellt sich die Frage: Was ist das für eine Partei, die so viel Eigensinn im Ringen mit der Bevölkerung zeigt, der sie sich in zahlreichen Programmen verpflichtet hat, treu zu dienen?

Es ist eine Partei, die zunächst nach dem leninistischen Muster organisiert war, nach dem Muster einer elastischen, leistungsstarken Kaderpartei, die – in der Interpretation des italienischen KP-Mitgründers und Parteiideologen Antonio Gramsci – ein «moderner Fürst» sein sollte. Dann wurde sie jedoch nach stalinistischen Prinzipien umgestaltet, noch mehr formalisiert, bürokratisiert und mit einer Nomenklatur versehen, nach der ein kleiner, geschlossener Kreis über die Besetzung der leitenden Stellen entscheidet.

Schon vor dem Zweiten Weltkrieg war die Kommunistische Partei Polens (KPP) in ihrem Programm ein Spiegelbild der Thesen und der Politik der sowjetischen KP, obschon ein Flügel der Parteiführung selbständiger zu bleiben versuchte. Die KKP wirkte im Untergrund, sie war in Vorkriegspolen verboten. 1938 befahl Stalin, die KKP aufzulösen. Sie sei, so wurde ihr von der Komintern vorgeworfen, zu einer Agentur fremder Spionagedienste geworden, von Provokateuren unterwandert und vom Trotzkismus infiziert. Die meisten ihrer Führer sind vom sowjetischen Geheimdienst erschossen oder in den zahlreichen Lagern des Archipel Gulag umgebracht worden. Vier Jahre lang gab es praktisch keine polnische KP mehr. Diejenigen polnischen Kommunisten, die die Liquidierung ihrer Partei überlebt hatten, mußten sich dann noch mit einer moralischen Niederlage auseinandersetzen – dem 1939 abgeschlossenen Ribbentrop-Molotow-Pakt.

In den ersten Jahren nach der Besetzung Polens durch deutsche Truppen gründeten die Kommunisten erste Untergrund-Zellen und träumten von einer echten Partei. Die entstand am 5. Januar 1942, gegründet von einigen kommunistischen Kämpfern, die aus der Sowjetunion eingeflogen wurden. Die neue KP erhielt den Namen «Polnische Arbeiterpartei» (PPR). Der Name war von Moskau diktiert worden und durfte nicht geändert werden, obwohl vielen polnischen Genossen das Wort «Kommunistisch» fehlte.

Von Anfang an zeichneten sich im Führungskreis der PPR zwei Lager ab: Die Gruppe um Wladyslaw Gomulka und die um Boleslaw Bierut. Beide Führer waren Kommunisten, beide konnten sich den Kommunismus nur nach sowjetischem Modell vorstellen. Aber Gomulka war vor dem Krieg Parteifunktionär auf einer unteren Stufe und blieb, obwohl er in Moskau geschult worden war, immer empfänglich für die spezifisch polnischen Probleme. Bierut war dagegen seit vielen Jahren aktiver Agent der Komintern, die ihn mit verschiedenen Aufgaben in mehrere Länder Europas geschickt hatte. Bierut hatte besseren Kontakt zu der Moskauer Zentrale und genoß das Vertrauen des Kreml.

Schon während der deutschen Okkupation kam es zu Konflikten zwischen den beiden Kontrahenten. Gomulka wurde, nachdem der erste Parteiführer Nowotko von einem anderen Kommunisten erschossen und dessen Nachfolger Pawel Finder von den Nazis ermordet worden war, zum Generalsekretär der PPR gewählt. Diese Funktion verlor er im September 1948 an Bierut. Einer der Gründe mag gewesen sein, daß Gomulka in seiner Rede vor dem ZK-Plenum den jugoslawischen Marschall Tito zu einer Zeit verteidigte, als der schon von Moskau verstoßen worden war. Ein anderer Grund war, daß Gomulka sich hartnäckig einer Kollektivierung der polnischen Landwirtschaft widersetzte und sich bereit erklärte, die historischen Eigenarten der polnischen Gesellschaft zu berücksichtigen.

Währenddessen verschärfte sich das Klima im kommunistischen Block immer mehr. Stalin brauchte «Volksfeinde», auch in anderen Staaten seines Machtbereichs. In allen Ländern Osteuropas kam es damals zu politischen Prozessen nach dem Muster der Moskauer Prozesse der dreißiger Jahre. In Ungarn wurde die Gruppe um Laszlo Rajk verurteilt und hingerichtet, in Bulgarien die Gruppe um Kostow, in der Tschechoslowakei – 1952 – die Gruppe um Slansky. Im November 1949 wurden Wladyslaw Gomulka und einige seiner Parteifreunde aus dem Zentralkomitee der inzwischen in «Polnische Vereinigte Arbeiterpartei» (PZPR) umgetauften Partei ausgeschlossen. Sie wurden einer – wie es in der damaligen Sprache hieß – «rechts-nationalistischen Abweichung» beschuldigt.

Im Sommer 1951 wurde Gomulka, der zu jener Zeit schon keine politische Funktion mehr ausübte, verhaftet und bis Ende 1954 in einer Villa in der Nähe Warschaus unter Hausarrest gestellt. Es kam jedoch zu keinem Prozeß, und die Tatsache, daß man ihn und seine engsten Mitarbeiter am Leben ließ, sollte sich bald für die Partei als sehr günstig erweisen. Nach Stalins Tod kam es nämlich in der PZPR zu einer tiefen Spaltung. Es standen sich zwei einander hart bekämpfende Fraktionen gegenüber; die eine Gruppe nannte man «Natolin», nach einer Ortschaft bei Warschau, in der der damalige Verteidigungsminister Polens, der sowjetische Marschall Konstantin Rokossowski, seinen Sitz hatte. Die andere Gruppe wurde als die «Pulawy»-Gruppe bezeichnet, nach der Pulawskastraße, in der die meisten ihrer Mitglieder wohnten.

Zur Natolin-Gruppe gehörten Parteifunktionäre, die der sowjetischen Botschaft nahestanden, mit Rokossowski eng verbunden waren und zu despotischen Herrschaftsmethoden neigten, gleichzeitig aber die Verbrechen des Geheimdienstes, die in der stalinistischen Zeit begangen worden waren, ans Licht bringen wollten. Die meisten Mitglieder der Natolin-Gruppe waren Vorkriegskommunisten, die sich eine Zeitlang Chruschtschows Unterstützung erfreuten und nun an die Macht strebten. Der bekannteste von ihnen war Zenon Nowak.

Die Pulawy-Gruppe setzte sich aus Funktionären zusammen, die in der Stalin-Ära eng mit Bierut zusammengearbeitet hatten und für die Politik jener Zeit mitverantwortlich waren. An ihrer Spitze stand Roman Zambrowski. Die Pulawer waren an der Macht und gedachten, sie zu verteidigen. Mit dem Versprechen einer Liberalisierung suchten sie die Unterstützung der Parteimassen und selbst der öffentlichen Meinung.

Die Polemik zwischen den beiden Gruppen zeichnete sich nicht gerade durch die Qualität der Argumente aus: Natolin beschuldigte die Pulawer, in ihren Reihen viele Juden zu haben, die Pulawer warfen Naolin Reformfeindlichkeit und Antisemitismus vor. So begannen die führenden Parteikreise mit der gefährlichen Waffe des Antisemitismus zu spielen, und das auf dem größten jüdischen Friedhof der Welt. Die Ironie der Geschichte führte dazu, daß tatsächlich in den stalinistischen Leitungskadern Polens, wie auch im Geheimdienst, verhältnismäßig viele Juden waren – im allgemeinen waren es Mitglieder der Vorkriegs-KP, denen es gelungen war, in der Sowjetunion zu überleben. Die Situation war im höchsten Maße paradox; die früheren Befehlsvollstrecker Stalins verkündeten einen Liberalismus, während ihre Gegner nach der von Stalin gegen seine Regierung verwendeten Waffe des Antisemitismus griffen.

Einer der Historiker dieser Zeit, Witold Jedlicki, Autor des Buches über den berühmten Diskussionsklub, den «Krummen Kreis», hat sich in der Analyse dieses Streits sogar zu der Behauptung verstiegen, daß das Tauwetter 1956 ein Nebenprodukt des Machtkampfes dieser beiden Gruppen war. Die Pulawy-Gruppe, schreibt Jedlicki, hatte große Anstrengungen unternommen, sich an der Macht zu halten. Um die eigene Schuld an den Exzessen des Stalinismus zu vertuschen, waren ihre Vertreter als Fürsprecher weitreichender Reformen aufgetreten. Unter dem Druck der Bevölkerung opferten sie einige ihrer Leute – darunter Jakub Berman, der zu Zeiten Bieruts als graue Eminenz in der Parteiführung galt – und schoben ihnen die Verantwortung für den Stalinismus zu. Damit hofften sie, sich als Gruppe nicht zur Schuld bekennen zu müssen. Da die Gruppe verschiedene Institutionen beherrschte, unter anderem auch die Presse, förderte sie Tauwettertendenzen in der Publizistik und in der Literatur; aber all das war nur ein Mittel, sich an der Macht zu halten. Nachdem die Gruppe diese Macht auf dem 8. Plenum des Zentralkomitees im Oktober 1956 gefestigt hatte – mit der Konzession, Gomulka das oberste Parteiamt zu überlassen –, bremste sie zynisch den Fortgang des Tauwetters.

Jedlicki vereinfacht die Wirklichkeit zu sehr. Zwar bestand 1956 die Wahl nur zwischen den beiden Gruppen und Gomulka mit seinen treuesten Bundesgenossen. Aber das ergab sich aus der Natur des kommunistischen Systems. Obwohl in Polen die Anhänger einer Demokratisierung eindeutig in der Mehrzahl waren, mußte die Macht in den Händen des Parteiapparats bleiben.

Jedlicki hat aber insofern recht, als der gesamte Verlauf jenes ersten Tauwetters in größerem Maße von der Partei gebilligt wurde, als es die Bevölkerung oder die westliche öffentliche Meinung vermutete. Deshalb war auch – anders als in Ungarn – die Gefahr einer sowjetischen Intervention nicht sehr groß. Besonders nach dem Gespräch Gomulkas mit dem sowjetischen Parteichef Chruschtschow am 20. Oktober 1956 konnten die Russen sicher sein, daß die Parteispitze nicht aus gefährlichen Revisionisten, sondern zuverlässigen Kommunisten bestand – sozialistisch im Inhalt, national in der Form, geschult in den dreißiger Jahren. Auch verbürgte sich die Parteispitze dafür, keinerlei neue Ideen aufkommen zu lassen.

Jede der beiden Gruppen, die Natoliner wie die Pulawer, wollte das Verdienst erwerben, den damals sehr populären – auf Stalins Befehl verfolgten – Gomulka zum Parteichef zu erheben. Gomulka entschied sich für die Pulawer Gruppe und entfernte – kommunistischer Machtlogik getreu – im Laufe der nächsten Jahre alle Pulawer aus dem Politbüro oder sogar dem Zentralkomitee. Gomulka war nämlich «liberal» nur im Vergleich zu Bierut. Im Vergleich zu den Absichten der Pulawer Gruppe zeigte er sich als Dogmatiker. Alles weist darauf hin, daß Gomulka selbst, und nicht die machtgesättigten Pulawer, die weitere Entwicklung des politischen Tauwetters hemmte. Mit den Vertretern der Natoliner war Gomulka sehr nachsichtig, obwohl es so schien, als müßten ihn deren vertrauliche Kontakte zu der sowjetischen Botschaft und deren Sehnsucht nach einem harten Regierungsstil abstoßen.

Es ist offensichtlich, daß Tausende und Abertausende von Polen, die die Tauwettertendenzen unterstützten, keine Agenten der Pulawer Gruppe waren. Journalisten, Literaten, streikende Arbeiter, die Bauern, die massenweise aus den Produktionsgemeinschaften austraten, Studenten, die sich an der plötzlichen Freiheit berauschten, sie alle waren aus aufrichtiger Sympathie für das Tauwetter aktiv. Selbst wenn sie genau wußten, was sich an der Parteispitze tat, standen sie auf der Seite der Pulawer Gruppe, weil die, obwohl mit dem Stalinismus belastet, jetzt positive Änderungen anstrebte.

Interessant ist – und das wirft auch ein Licht auf die späteren Ereignisse –, daß die antisemitische Kampagne des Natolin, die die Pulawer Gruppe diskreditieren sollte, kein Echo in breiten Kreisen der Bevölkerung fand. Einer sehr breiten gesellschaftlichen Unterstützung erfreuten sich eher die Pulawer mit ihrem Reformprogramm, am meisten natürlich Gomulka, von dem noch niemand wußte, daß er gar nicht die Absicht hatte, die so verlockend klingenden Versprechungen zu realisieren.

Eines der Verdienste Gomulkas 1956 war, daß er die sowjetischen «Berater» aus Polen entfernte – sowjetische Militär- und Geheimdienstoffiziere, die bis dahin die Tätigkeit dieser Institution kontrolliert hatten. Unter ihnen befand sich auch Marschall Rokossowski. Die polnischen Kommunisten gewannen damit eine größere Unabhängigkeit von der Führung im Kreml.

Gomulka wurde im Oktober 1956 zum Ersten ZK-Sekretär der Partei gewählt, im Januar 1957 fanden die Wahlen zum Sejm statt, und gleich nach den Wahlen begann Gomulka, dem Tauwetterprozeß ein Ende zu bereiten. Die Vertreter eines reformfreudigeren Kurses wurden entweder aus dem Politbüro entfernt oder baten selber um ihre Entlassung – wie zum Beispiel einer der Parteigründer, Wladyslaw Bienkowski, der nach dem Oktober 1956 Bildungsminister war und in den siebziger Jahren zu einem aktiven Vertreter der außerparteilichen Opposition wurde. Gomulka befreite sich systematisch von den Politikern, die ihm geholfen hatten, die Macht zu erlangen. Dieses Phänomen ist schwer zu verstehen, weil er kurz darauf nur noch den Anhängern eines Polizeikurses gegenüberstand, die gegen ihn intrigierten. Gomulka betrieb eine selbstmörderische Politik. Er hatte die Pulawer Gruppe liquidiert, und auch die Natoliner Gruppe hörte auf, als Parteifraktion zu existieren.

Die Taktik des neuen Parteichefs, der in der Folgezeit auf ökonomische oder politische Reformen verzichtete, führte dazu, daß sich in kürzester Zeit eine neue Parteifraktion bildete. An ihrer Spitze stand General Nieczyslaw Moczar – ein Politiker, der eine Zeitlang als Gomulkas Mann gegolten hatte, bald aber gegen seinen Gönner auftreten und zu dessen Hauptgegner werden sollte. Aus dem Gedankengut der Natoliner übernahm er den Antisemitismus sowie die Neigung zu einem harten innenpolitischen Kurs, bemühte sich aber zugleich, die polnische Bevölkerung mit – natürlich sehr vorsichtig formulierten – antisowjetischen Äußerungen für sich zu gewinnen.

Moczar und seine Gruppe traten viel geschickter auf als die Natoliner; sie versuchten vorsichtig, an die Heimatarmee-Legende anzuknüpfen und zu suggerieren, daß ein National-Kommunismus, polizeilich in seiner Form und antisemitisch im Inhalt, die Grundlage für eine allgemeine gesellschaftliche Integration in Polen werden könnte. Erfolge konnten Moczar und seine Getreuen erst später aufweisen – durch eine mehrere Jahre andauernde antisemitische Kampagne, die der General nach dem Nahostkrieg von 1967 entfesselt hatte.

Moczars Gruppe, die in Polen die «Partisanengruppe» genannt wird – nach Anhängern, die während der deutschen Besetzung in der sehr schwachen kommunistischen Widerstandsbewegung kämpften –, arbeitete in den sechziger Jahren mit viel Geduld und Schläue an der Erreichung ihrer Ziele. Sie besetzte sämtliche Stellen im Innenministerium, beherrschte also die ordentliche und die geheime Polizei sowie den mächtigen Kombattantenverband, indem sie versuchte, die Sympathie der früheren Heimatarmee-Kämpfer zu erobern. Sie gewann die Gruppe der weniger begabten – und interessanterweise nicht selten vom Alkohol bedrohten – Künstler für sich. Der Antisemitismus der «Partisanen» entstand aus dem Antisemitismus der Natolin-Gruppe, er war also von der Partei erzeugt, appellierte jedoch auch an einen Antisemitismus älteren Datums, der noch vor dem Krieg allgemein von den Anhängern der Nationaldemokraten geschürt wurde.

Es ist schwierig abzuschätzen, in welchem Maße es den «Partisanen» gelungen war, die antisemitischen Emotionen im nationaldemokratischen Stil wiederzubeleben. Denn alle von moczartreuen Publizisten veröffentlichten Publikationen waren niemals offen antisemitisch, aber so aggressiv «antizionistisch», daß kein Zweifel an der Absicht der Autoren bestand. Mir und meinen Freunden ist es manchmal passiert, daß wir im Zug ältere Herren trafen, die zutiefst von der gerechten Sache des Antisemitismus überzeugt waren. Das war jedoch selten. In der jüngeren Generation beschränkte sich der Antisemitismus auf Moczars Anhänger, die innerhalb des Partei- oder Staatsapparats Karriere machen wollten. Die authentische Volksbewegung des August 1980 hatte keinerlei antisemitische Züge.

Nach dem israelisch-ägyptischen Sechstagekrieg im Juni 1967 drang die – zuvor eher als Flüsterpropaganda geführte – «antizionistische Kampagne» in den Bereich des öffentlichen Lebens. Selbst Gomulka attackierte, um den «Partisanen» zuvorzukommen, die polnischen Juden, die angeblich dem Sieger im Sechstagekrieg, Mosche Dajan, zujubelten.

1968 fand die Moczar-Gruppe dann einen ausgezeichneten Vorwand zur Offensive: die Vorstellung der «Ahnen» (Dziady) von Adam Mickiewicz im Warschauer Nationaltheater, unter der Regie von Kazimierz Dejmek.

Die politische Situation war gespannt, der Applaus nach antirussischen oder eher antizaristischen Sätzen lauter als gewöhnlich. Von der obersten Parteispitze kam die Anweisung, die Vorstellung abzusetzen. Studenten demonstrierten gegen die Entscheidung der Partei, einige wurden von der Universität relegiert. Die Folge waren noch größere Demonstrationen, die von der Polizei brutal erstickt wurden. Darauf protestierten die Literaten auf einer Versammlung ihres Warschauer Berufsverbandes. Das gesellschaftliche Klima, argumentierten sie, sei unerträglich geworden, und die Partei herrsche wieder despotisch.

Zwar werden die Partei- und Polizeiakten über jene Ereignisse immer noch als strenges Geheimnis gehütet, doch scheint alles dafür zu sprechen, daß der folgenschwere Befehl, die Vorstellungen des antizaristischen Theaterstücks abzusetzen, von General Moczar kam. Die danach folgenden Unruhen waren leicht vorauszusehen. Der machtgierige General wollte ein Chaos im Lande entfesseln, um danach seine eigene Ordnung einführen zu können und als zuverlässiger Garant der Ordnung den schwachen Parteichef Gomulka zu ersetzen. Er hätte es beinahe auch geschafft, obwohl Gomulka einen Teil des Programms der «Partisanen»-Fraktion übernahm und genauso heftig wie sein Herausforderer die «Kosmopoliten», «Zionisten» und «Revisionisten» attackierte.

Aber die Kreml-Herren hatten nicht vergessen, daß der ehrgeizige General seinerzeit versucht hatte, sich mit Hilfe antisowjetischer Äußerungen bei seinen Landsleuten Liebkind zu machen. Der sowjetische Parteichef Breschnew kam persönlich nach Warschau, und Gomulka durfte bis Dezember 1970 an der Macht bleiben, bis er von den aufständischen Küstenarbeitern gestürzt wurde.

Dennoch vermochte Moczar seine taktischen Ziele zum

großen Teil zu verwirklichen. Die Partei, die Armee und der Staatsapparat wurden von «Revisionisten», «Kosmopoliten», «Zionisten», aber auch von kritisch denkenden Nicht-Juden gründlich gesäubert. Etwa 15000 bis 20000 Bürger jüdischer Abstammung – 1967 lebten in Polen etwa 25000 Juden – sahen sich zur Auswanderung gezwungen. Die polnische Kultur und die Wissenschaft des Landes sowie Polens Ruf in der Welt erlitten einen schweren Schaden. Die Atmosphäre war für Jahre vergiftet, und sei es nur dadurch, daß der scheußliche Virus des Antisemitismus in die Publizistik eingedrungen war. Einige Monate lang hatte man den Eindruck, daß die Polizei das Land regiert und daß Polizisten die Artikel in der *Trybuna Ludu* und in *Zycie Warszawy* schrieben.

Die Führer der Studentendemonstrationen vom Frühjahr 1968 – Schüler der Revisionisten, unter ihnen auch Adam Michnik, Jan Lityński, Seweryn Blumsztajn – wanderten ins Gefängnis. Diejenigen Professoren, die die Studenten unterstützt hatten, wurden der Universität verwiesen, einige schob man in die Polnische Akademie der Wissenschaften ab, andere – wie Kolakowski, Baczko, Brus – in den Westen.

«Ganz Polen wartet, wann sein Dubček startet», schrieben Studenten auf Transparente, die sie bei Manifestationen in den ersten Märzwochen mit sich trugen. Der Prager Frühling war ihnen wohlbekannt. Die Studenten, und nicht nur sie, hätten Dubček dem General Moczar oder dem Parteichef Gomulka vorgezogen.

Daß Moczar das Zepter nicht bekam, lag unter anderem auch an Edward Gierek. Auf einer Kundgebung in Kattowitz, die während der März-Ereignisse 1968 stattfand, hatte er mit seiner Baritonstimme ausgerufen: «Wir werden den Feinden des Sozialismus die Knochen zerschmettern.» Kenner der Parteigeheimnisse behaupteten, er habe so reden müssen, um sich nicht von den «Partisanen» überbieten zu lassen. (Als er später selbst an die Regierung kam, revidierte er die damalige Parteipolitik keineswegs.)

Im Dezember 1970 rebellierten die Arbeiter der Küste gegen die Wirtschaftspolitik Gomulkas. Es kam zu Straßenschlachten, und der Parteichef gab Schießbefehl. Das Militär unter der Führung des Verteidigungsministers General Jaruzelski hielt sich jedoch zurück. Damals soll sich Gomulka mit der Bitte an Leonid Breschnew gewendet haben, sowjetische Truppen zur Niederschlagung der Werftarbeiterrevolte einsetzen zu dürfen. Der sowjetische Parteichef soll jedoch abgelehnt und seinem bisherigen Schützling empfohlen haben, den Konflikt mit «politischen Methoden» zu lösen.

Noch während der Krise beriet sich Gierek mit Mitgliedern des Politbüros in einer Villa vor Warschau. Gomulka stürzte, das offizielle Kommuniqué sprach von einer Augenkrankheit. Unrühmlich, sehr unrühmlich verließ Gomulka, der einstige Liebling der Warschauer Menge, die politische Bühne.

Gierek übernahm die höchste Position in der Partei. Er hatte den Ruf, ein gemäßigter Politiker und ein guter Wirtschafter zu sein. Jahrelang war er Parteisekretär in Kattowitz gewesen und hatte dazu beigetragen, daß Oberschlesien im Vergleich zum übrigen Land in der wirtschaftlichen Entwicklung gut abschnitt. Die Schlesier beurteilten Giereks Tätigkeit allerdings negativer.

Moczars Gruppe verlor unter Gierek an Bedeutung. Seine Leute, die in den sechziger Jahren wichtige Positionen im Partei- und Polizeiapparat wie auch in den Redaktionen des Rundfunks, des Fernsehens und der Zeitungen sowie an den Hochschulen und in den Verlagen bekommen hatten, blieben allerdings auf ihren Plätzen. Sie waren angewiesen worden, sich künftig zurückzuhalten. Moczar selber wurde vom Zentrum der Macht entfernt und mußte sich mit dem Vorsitz in der Obersten Staatskontrollkammer begnügen. Gierek dagegen hatte seine vertrauten Mitarbeiter aus Schlesien nach Warschau gezogen; wer wie Gierek in Sosnowiec geboren war, konnte Karriere machen.

Wieder bildeten sich Cliquen und Grüppchen in der Parteileitung, wenngleich weniger sichtbar als zu Zeiten des großen Spiels Moczar gegen Gomulka. Zu den ehrgeizigsten Kandidaten für Giereks Nachfolge gehörte Stefan Olszowski, ein Anhänger gemäßigter ökonomischer Reformen und gleichzeitig Gegner einer ernstgemeinten innenpolitischen Liberalisierung. Im Politbüro befand sich zu Zeiten Giereks auch der heutige Parteichef Stanislaw Kania, in dessen Kontrollbereich sich die Armee, die Polizei und der Staatssicherheitsapparat befanden. Besonders in den intellektuellen Kreisen verhaßt war Politbüro-Mitglied Jerzy Lukaszewicz, der die Aufsicht über den Kulturbetrieb hatte, sowie der stellvertretende Kultusminister Janusz Wilhelmi, der Lukaszewicz' Anweisungen ausführte. Diese bestanden vor allem darin, alle Selbständigkeiten im Kulturbereich zu unterbinden, dagegen triviale Unterhaltungskunst wie auch den Propagandakitsch zu fördern. Als Wilhelmi bei einer Flugzeugkatastrophe in Bulgarien umkam, wurde sein Tod im Warschauer Künstlerklub eine ganze Nacht lang begossen.

Als sich im Spätsommer 1976, nach den Arbeiteraufständen in Radom und Ursus, eine immer stärkere politische Opposition zu organisieren begann, reagierte die Parteiführung mit gewohnten Repressalien, die sich mal verschärften, dann wieder abschwächten, ohne je den Charakter des offenen Terrors anzunehmen. Diese gesegnete Inkonsequenz erleichterte es der Opposition, ihre Tätigkeit fortzusetzen und auszubauen.

Es unterlag keinem Zweifel, daß diese Inkonsequenz ein Zeichen für Meinungsunterschiede innerhalb der Partei war, daß es zwei Konzeptionen, eine gemäßigte und eine brutal-polizeiliche, zur Unterdrückung der Opposition gab. Gierek stand auf seiten der gemäßigten Gruppe und lehnte einen brutaleren Kurs ab, weil damit die radikale Gruppe gestärkt und seine eigene Position geschwächt worden wäre. Vielleicht hatte Gierek aus Gomulkas Niederlage gelernt und verstanden, daß die Unterstützung der Polizeifraktion sich letztlich gegen den Parteichef richten kann.

Auch die Rücksicht auf die westliche Öffentlichkeit – da

die Wirtschaftspolitik der Partei vom Westen immer abhängiger wurde – hat die Bräuche des Politbüros etwas gemildert. Ansonsten war der polnischen KP eine gewisse Unentschiedenheit seit langem eigen. Schließlich hat der Terror in Polen auch in der Stalin-Ära niemals das Ausmaß gehabt wie in anderen Ostblockländern.

Der Pluralismus, der dem politischen Geschäft eigen ist, nimmt innerhalb einer Partei, die alle anderen Parteien liquidiert hat, die Gestalt unaufhörlicher Streitigkeiten und Konflikte zwischen Fraktionen und Interessengruppen an. Den Fraktionen geht es um die Macht, aber gleichzeitig verkündigen sie auch bestimmte Ansichten; immer gibt es «Falken» und «Tauben», manchmal «Technokraten» oder «Partisanen». Meinungen und Ideologien sind keine Konstante. Sie werden nicht vor den Augen der Öffentlichkeit in Wahlduellen ausgetragen wie in den westlichen Demokratien, sondern gehören zur taktischen Ausstattung. Wenn es erforderlich ist, lassen sich die Differenzen in nichts auflösen.

Die Annahme, eine starke Macht ermögliche dem kommunistischen System, schnelle politische oder wirtschaftliche Entscheidungen zu fällen, ist in gewissem Maße eine Täuschung. Selbst verhältnismäßig unwichtige Entscheidungen können erst nach Lösung der Gruppenkonflikte gefällt werden. In dem Bericht der gemäßigt oppositionellen Gruppe «Erfahrung und Zukunft» – die, wie auch andere oppositionelle Bewegungen, in der zweiten Hälfte der siebziger Jahre entstanden ist – wird zutreffend vom «negativen Kompromiß» gesprochen. Eine vom Politbüro gefällte Entscheidung muß von verschiedenen Fraktionen gebilligt werden. Jede Fraktion verkündet ihre Verbesserungsvorschläge zu einem Projekt, sei es aus Prestigegründen oder um sich später eine Legitimation zu verschaffen.

Die kommunistische Macht in Polen schwächt sich selber mit diesem «sekundären Pluralismus». Nach außen tritt sie zwar gern als eine einheitliche Institution auf, aber ihre Spaltungen sind in aller Munde. Der Pluralismus, der sich aus den verschiedenen Ambitionen, aber auch aus den verschiedenen Beurteilungen der Wirklichkeit ergibt, läßt sich nicht aus dem politischen Leben eines kommunistischen Landes ausschalten; er führt dazu, daß der politische Entscheidungsprozeß völlig desorganisiert wird. Manchmal, wie im Fall der Machtkämpfe unter Gierek, geschieht das zum Nutzen der Opposition, oft jedoch erschwert der Pluralismus das Zustandekommen eines Beschlusses, der für die Gesellschaft vorteilhaft wäre.

Die Ereignisse an der Parteispitze werden sodann auf die staatlich-juristische Ebene getragen. Die Gruppe der «Partisanen» hatte 1968 beispielsweise ihren Kampf auf allerhöchster Ebene verloren, auf der mittleren Ebene aber gewonnen, indem sie ihre Leute in den Apparat schleusen konnte. Das spiegelte sich dann beispielsweise in neuen Gesetzen über die Hochschulen und den Obersten Gerichtshof wider. Das Gesetz über die Universitäten, das ein liberales Dekret aus der Tauwetterperiode 1956 ersetzte, sah eine völlige Abhängigkeit der einzelnen Hochschulen von der Zentralmacht vor, die selbst den vorher vom Senat gewählten Rektor ernennt. Das Gesetz über den Obersten Gerichtshof sah die Möglichkeit vor, die Richter dieser Gerichtsinstanz abzuberufen, womit sie von den Launen des Politbüros abhängig wurden. In seiner Regierungsdekade korrigierte Gierek diese Gesetze keineswegs.

Es wird manchmal behauptet, daß es in der kommunistischen Partei Polens im Grunde genommen keine Kommunisten mehr gibt, sondern nur noch zynische Karrieristen oder indifferente Opportunisten. Es kommt darauf an, wie man einen Kommunisten definiert. Es gibt vielleicht nicht viele Parteimitglieder, die kommunistisch denken, aber alle Spitzenfunktionäre verhalten sich so, als seien sie Kommunisten. Für einen Behavioristen wären sie also Kommunisten. Tatsache ist, daß es kaum Intellektuelle mit Rang und Namen gibt, die kommunistische oder marxistische Ansichten vertreten. An den verschiedenen Parteischulen und Institutionen sind naturgemäß Dozenten und Professoren, sozusagen Berufskommunisten, angestellt. Die sind der Allgemeinheit aber völlig unbekannt. Im kulturellen und wissenschaftlichen Leben geben eher die Vertreter des «Zentrums» den Ton an. Die aber sind weder Oppositionelle noch Berufskommunisten, sondern Anhänger des gesunden Menschenverstandes. Es sind Fachleute und Gebildete ohne Parteizugehörigkeit. Als die Partei – zu Zeiten Gomulkas – die Revisionisten zurückstieß, hat sie sich praktisch ihrer besten Gehirne beraubt, hat sie sich zum Anti-, in jedem Fall aber auch zum A-Intellektualismus verurteilt. Seit dieser Zeit gehören ihr eher verdächtige Gestalten an: Vielschreiber, Graphomanen, Karrieristen, Halbintelligenzler.

Wie aber kommt es, daß die Partei – trotzdem! – so viele ehrgeizige Leute anzieht? Worin besteht jene Macht, nach der die verschiedenen Fraktionen trachten? Es genügt, in die Chronik der Shakespeareschen Königsdramen zu schauen, um sich daran zu erinnern, was für einen Einfluß die Macht auf die Menschen hat. In jeder Gesellschaft kreuzen sich die verschiedensten Hierarchien – Geld, Prestige, Schönheit, künstlerisches Talent, Witz, sexuelle oder wirtschaftliche Erfolge, Besitz von Villen, von Rassehunden, Jugend, Sport. Jeder von uns vermerkt auf irgendeiner Stufe der Hierarchie seine Erfolge und Niederlagen. Doch über alles herrscht die Hierarchie Nummer eins, die Hierarchie der Macht. Nur sie hat die geheimnisvolle Eigenschaft, alle anderen hierarchischen Leitern zu generaliesieren und sich unterzuordnen. Künstler haben die schöne Utopie der Unsterblichkeit geschaffen, um sich an der Tyrannei zu rächen, aber die Gegenwart gehört den Königen und Parteisekretären.

Irgendein Lukaszewicz, irgendein Wilhelmi, der Unlust und Furcht bei den Untergebenen erweckt, schöpft genau daraus seine Befriedigung. In einen Saal zu kommen, in dem Leute versammelt sind, und zu sehen, wie die Gespräche verstummen, im Augenwinkel zu bemerken, wie das Lächeln von den Gesichtern verschwindet und ein Ausdruck gespannter Erwartung erscheint – ich glaube, dies ist ein himmlischer Spaß für die unansehnlichen Funktionäre, die an der Spitze der Hierarchie stehen. Es lohnt sich, für einen solchen Augenblick viel zu opfern, lange Jahre einer mühsamen Wanderschaft, Hunderte von Erniedrigungen auf den unteren Stufen der Karriereleiter.

In westlichen Demokratien ist die Macht durch das Parlament, durch die Gerichte, die Parteien, durch eine starke öffentliche Meinung beschränkt, im Osten dagegen hat sie immer noch etwas Shakespearehaftes an sich. Im Politbüro zu sein ist ein bißchen wie König zu sein – obwohl man in Polen, im Schatten des Kreml, eher nur ein Vizekönig sein kann. Ein König auf Raten, denn die Macht verteilt sich auf mehrere Personen und Fraktionen, aber trotzdem ein König; man erlebt jene angsterfüllten Blicke der Untertanen, die Panik, wenn man unangemeldet auf irgendeiner Versammlung erscheint. Das alles sind süße Belohnungen für die siegreichen Konkurrenten im Kampf um die Position des Königs auf Raten.

Ich habe den Eindruck, daß heute im Westen kaum einer noch den Wert der Macht begreift, am wenigsten die gutgläubigen Linken, die in den Kategorien des Mehrwerts und der Entfremdung der Arbeit denken. Dagegen spielt sich im Osten, im politischen Osten, unter dem Deckmantel von marxistischen Begriffen ein Spiel ab, das so alt ist wie die Menschheit – das Spiel um die Macht. Äußere Faktoren können diese Macht nicht kontrollieren, aber die Macht gibt Arbeit oder nimmt sie, erlaubt Meinungsäußerungen oder verbietet sie, spricht Recht oder Unrecht.

Die Doktrin und die Praxis des demokratischen Zentralismus rechtfertigen eine ruhige Vollstreckung der Macht innerhalb der Partei. Der demokratische Zentralismus setzt voraus, daß die Parteileitung das Recht hat, ihre Entscheidungen – wie die Besetzung von Stellen – den niedrigeren Parteiinstanzen zu diktieren. In der Praxis heißt das, daß die unteren Parteigremien, selbst wenn sie mit der Parteiführung nicht mehr einverstanden sind, trotzdem keine Möglichkeit haben, sich mit ihren Ansichten durchzusetzen. Die Parteiführung hat den Apparat und die Basis unter absoluter Kontrolle, sie kann nur durch eine Kombination von Arbeiterunruhen und innerparteilichen Fraktionsspielen gestürzt werden, nur dann also, wenn irgendeine andere mächtige Gruppe an der Spitze die Unruhen zum Anlaß nimmt, Personalveränderungen im Politbüro durchzusetzen.

Im August 1980 stellte sich heraus, daß eine starke Unzufriedenheit in Parteikreisen herrschte. Viele Genossen fingen plötzlich an, sich in regionalen und überregionalen Zeitungen über den Mangel an Demokratie innerhalb der Partei zu beklagen. Nur durch die Streiks an der Küste fanden diese Parteimitglieder eine Möglichkeit, ihre Unzufriedenheit zu äußern. Normalerweise verbietet die Parteidisziplin, die sich auf die Grundsätze des demokratischen Zentralismus beruft, die tatsächlichen Stimmungen wiederzugeben. Im August 1980 streikten viele Parteimitglieder, einige saßen sogar in den Streikomitees und gehörten zu den aktiven Organisationen der Gewerkschaft «Solidarität».

So ist die Partei also nicht nur an der Spitze gespalten, sondern auch an der Basis. Jede politische Partei hat eine ähnliche Struktur, jede hat ihre Basis und ihre Bürokratie. Aber die an der Macht stehende kommunistische Partei vergrößert die Distanz zwischen dem «Oben» und dem «Unten», weil sie mit dem Staatsapparat verfilzt ist. Die Partei ist eine Massenorganisation – in Polen zählt sie etwa drei Millionen Mitglieder – nur daß diese Millionen von Mitgliedern kaum einen Einfluß auf die Politik der Parteiführung haben. Die Parteimassen leben politisch nur zu Tauwetterzeiten auf, wenn sich eine frisch an die Macht gekommene Gruppe von unten noch etwas sagen läßt – besonders oder gerade weil sich die Kritik gegen den besiegten Gegner richtet. Wenn nach einiger Zeit die Kritik nicht mehr als Kritik an den Fehlern der vorherigen Leitung verstanden werden kann, sondern als Kritik an der neuen Leitung, dann fordert die Spitze Disziplin und verbietet im Namen der «Einheit» der Partei jedes weitere «Ränkespiel».

Die Tatsache, daß die Partei eine Massenpartei ist, erschwert eine Gegenüberstellung von Partei und Gesellschaft. Die Partei ist in die Gesellschaft, die Gesellschaft ist in die Partei eingedrungen. Aber der Kern der Partei ist der Parteiapparat, der seine eigenen Interessen verfolgt. Vor allem will er weiterhin existieren, die eigene Existenz reproduzieren, wie ein marxistischer Ökonom sagen würde. Es liegt also im Interesse des Parteiapparats, den gegenwärtigen Status quo aufrechtzuerhalten. Der Parteiapparat ist konservativ, obwohl diese Art von Konservatismus nichts mit dem zu tun hat, was im Westen darunter verstanden wird. Der Parteiapparat will nicht das konservieren, was in einer Gesellschaft «natürlich», was «organisch» gewachsen ist, was aus einer jahrhundertelangen Entwicklung und alten Bräuchen stammt, sondern das, was «unnatürlich», was nach 1945 ins Land gebracht worden ist. Alle Veränderungen, die auf eine Dezentralisierung des ökonomischen oder politischen Lebens hinzielen, bedrohen diesen Apparat, sie drohen, seine zahlenmäßige Stärke zu reduzieren und aufzudecken, wie parasitär und überflüssig seine Funktion ist. Die Vertreter dieses Apparates kämpfen nicht um die Macht – diese Art von Ehrgeiz hat nur die Partei-Elite –, sondern um das Überleben, um die Festigung der bestehenden Ordnung und damit auch der eigenen Positionen und Privilegien.

Es gibt zu denken, daß trotz aller Vorbehalte die polnische KP in der Nachkriegsgeschichte schon dreimal vor der Stimme der Realität kapituliert, dreimal Selbstkritik geübt hat. Selbst wenn ein beträchtlicher Teil dieser positiven Prozesse auf das Konto der miteinander rivalisierenden Gruppierungen in der Parteileitung geht, so zeichnet doch diese Tatsache die polnische Partei vor den anderen kommunistischen Parteien Osteuropas aus. Von der Doktrin her ist die polnische KP eine schwache Partei. Der moderne polnische Fürst ist kränklich. Das Volk, das er regiert, weist jedoch einige Vitalität auf und macht dem Fürsten ein über das andere Mal Kummer.

Doch der kränkliche Fürst muß regieren, er ist durch die gegenwärtigen politischen Machtverhältnisse in Europa, durch den Willen Moskaus, zur Regierung verurteilt. Der kränkliche Fürst darf nicht zurücktreten, er ist auch nicht imstande, sich wesentlich zu ändern, so wie die Partei bis jetzt nicht fähig war, Veränderungen einzuleiten und einen wirklichen Kompromiß mit der Gesellschaft zu schließen. Bislang hat die Partei Reformen stets auf später verschoben und sich, sobald das jeweilige Tauwetter zu Ende ging, mit der Konsolidierung der eigenen Macht beschäftigt, mit der Reparatur der Schäden, die das Tauwetter verursacht hatte. Die Entstehung der unabhängigen Gewerkschaften stellt diese gewöhnlich nur routinemäßig handelnde Institution vor die größte Herausforderung, die sie bis jetzt erfahren hat.

8
Der Geist der Freiheit geht um in Polen

Die siebziger Jahre

Den siebziger Jahren ging in Polen ein zweijähriger Prolog voraus, eine Zeit der Friedhofsstille nach der Unterdrükkung der Studentenproteste im Frühjahr 1968. Diese Stille schien sehr lange zu dauern. Die selbständig denkenden Kreise junger Intelligenz waren zerschlagen, versprengt, teilweise zur Auswanderung gezwungen. Die Arbeiter schwiegen im Frühjahr 1968, in den Fabriken fanden von der Partei organisierte Kundgebungen statt, auf denen Berufsredner angebliche zionistische Verschwörungen aufdeckten. Die Studenten, die diese Stunden des Hasses auf dem Fernsehschirm ansahen, waren davon überzeugt, daß sich die Arbeiter völlig gleichgültig verhielten, daß sie an bürgerlichen Freiheiten nicht interessiert seien, daß es ihnen nur um die «Wurst» ginge.

Obendrein nahm die polnische Armee im August 1968 an der Intervention des Warschauer Paktes in der Tschechoslowakei teil. Es war auch bekannt, daß Gomulka zu den leidenschaftlichen Anhängern dieser Intervention gehörte. Die Propaganda tobte ununterbrochen, bislang völlig unbekannte Publizisten erhoben laut ihre Stimme voller Haß gegenüber allem, was intelligent und unabhängig war. In den Artikeln dieser Publizisten konnte man die These über eine «zionistische Verschwörung» lesen, sie beriefen sich mit Vorliebe auf den Begriff des «polnischen Volkes», sie erinnerten unermüdlich daran, daß sich das Volk für immer und ewig mit der Sowjetunion und dem ganzen Lager der kommunistischen Länder verbündet hatte. Das war ein neues ideologisches Stoppschild: Antisemitismus plus vorsichtiger Nationalismus plus Kommunismus (lies: Stalinismus).

Jener Teil der Intelligenz, der bestimmte Hoffnungen auf

den Revisionismus, einen «Sozialismus mit menschlichem Antlitz» gesetzt hatte, mußte nach neuen Wegen und neuen Ideen suchen. Denn der Revisionismus, die Hoffnung auf eine Demokratisierung des öffentlichen Lebens im Rahmen der bestehenden, verkrusteten Strukturen, hatte eine Niederlage erlitten und war am Ende. Auch die katholische Intelligenz fühlte sich in dieser Zeit nicht sicher, obwohl sich die hitzigen Angriffe der von oben gesteuerten Propaganda diesmal gar nicht gegen sie richteten. Zwei Jahre zuvor war die Kirche das Opfer einer ähnlichen Kampagne gewesen – nach dem Memorandum an die deutschen Bischöfe; so war auch die katholische Intelligenz angeschlagen. Schriftsteller, die auf der Versammlung ihres Warschauer Berufsverbandes ZLP im Februar 1968 die neostalinistische und rassistische Politik der Partei angeprangert hatten, durften keine Bücher mehr publizieren. Parteichef Gomulka überschüttete sie in seinen Reden mit Beschimpfungen und Drohungen, einige von ihnen wurden von «unbekannten Tätern» zusammengeschlagen.

Es war dies also eine Traumzeit für Pessimisten, Schwarzseher, die den allmählichen Verfall der Gesellschaft voraussahen, die einen neuen Stalinismus heraufkommen sahen, der sich diesmal nationalistischer Phrasen bediente.

Das alles änderte sich im Dezember 1970, als Gomulka, am Tag nach der Unterzeichnung des Vertrages mit der Bundesrepublik, die Preise für Grundnahrungsmittel erhöhte, weltfremd und weit davon entfernt, sich der tatsächlichen Stimmung im Volk bewußt zu sein. Es sollte ein Schritt im Rahmen der spartanischen Antikonsumstrategie sein.

Indessen stieß die Preiserhöhung auf den erbitterten Widerstand der Arbeiter, vor allem in den Küstenstädten. In der Danziger Werft war schon früher, Mitte 1970, die Arbeitsnorm erhöht und ein neues Prämiensystem eingeführt worden, was praktisch zur Senkung der Löhne geführt hatte. Deshalb fühlten sich auch die Werftarbeiter, die schon damals zu der am besten verdienenden Gruppe der Arbeiterschaft gehörten, in ihren Rechten und in ihrer materiellen Situation bedroht.

Alles begann am Montag, dem 14. Dezember 1970, mit einer Kundgebung vor dem Direktionsgebäude der «Lenin-Werft», dort , wo zehn Jahre später, im August 1980, der große, historische Streik ausbrechen sollte. Nach der Kundgebung zogen die Werftarbeiter durch die Straßen der Stadt, bewahrten aber Disziplin und demonstrierten friedlich. Die Menge begab sich zum Gebäude des Parteikomitees und forderte Gespräche mit den Parteifunktionären. Zu den Arbeitern sprach einer der Sekretäre des Komitees in reichlich autoritärem Ton. Eine Delegation der Werftarbeiter wurde zu Verhandlungen entsandt und blieb irgendwo in den Komiteeräumen stecken. All das trug zur Verschärfung der Atmosphäre bei.

Danach gingen die Demonstranten zum Danziger Politechnikum, wo sie sich mit einem Appell an die Studenten wandten, sich ihrem Protest anzuschließen. Diese Szene ist auch symbolisch zu verstehen: Im März 1968 hatten die Studenten die Arbeiter vergeblich zur Solidarität aufgerufen. Diesmal blieb der Aufruf der Arbeiter ohne Antwort, die Studenten schlossen sich der Demonstration nicht an. Zum Teil entschied darüber ein Zufall – denn alles geschah ohne jede Vorwarnung –, weil die Studenten in den Vorlesungen waren. In einem günstigeren Moment wäre womöglich der Appell der Arbeiter nicht ohne Wirkung geblieben. Dennoch war die Absage der Studenten bezeichnend für die damalige Lage: Zwischen der Intelligenz und den Arbeitern bestand kein geistiger Austausch, es mangelte an gegenseitigem Verständnis, die Stimmungen und die Phasen der Rebellion liefen quasi aneinander vorbei.

Währenddessen kam es in der Innenstadt Danzigs zu Zusammenstößen mit der Polizei, man hörte Ausrufe wie: «Wir wollen Brot!» und «Die Presse lügt!» Die zweite gehörte zu den beliebtesten Parolen während der Studentendemonstrationen im März 1968, jetzt war sie auf den Lippen der Arbeiter.

Am nächsten Tag bildeten die Arbeiter ein Streikkomitee, das versuchte, die Lage in den Griff zu bekommen und die Arbeiter auf dem Werftgelände zu halten. Das gelang nicht, der Konflikt weitete sich aus, das Gebäude des Bezirksparteikomitees wurde angezündet, auf den Straßen zeigten sich Polizei- und Militäreinheiten, man hörte Schüsse, und es gab die ersten Opfer. Nach Danzig kam der engste Mitarbeiter Gomulkas, Politbüromitglied Kliszko, und erklärte, in der Stadt sei eine Konterrevolution ausgebrochen, man müsse Gewalt anwenden, um sie niederzuschlagen. Am nächsten Tag, am 16. Dezember, eröffnete die Polizei, zum Teil in Militäruniformen verkleidet, das Feuer auf die Arbeiter, die gerade das besetzte Werftgelände friedlich verlassen wollten. Am Nachmittag dieses Tages kreuzten sich zwei widersprechende Instruktionen: Die staatliche Reederei ließ die Arbeit im Hafen und in der Werft vorübergehend einstellen, das Politbüromitglied Kociolek dagegen rief im Fernsehen zur Fortsetzung der Arbeit auf. Am Donnerstag, dem 17. Dezember, kam es zu einem blutigen Massaker unter den Arbeitern in Gdynia (Gdingen). Auch in Szczecin (Stettin) kam es zu Auseinandersetzungen mit der Polizei. Nach den ersten Vorkommnissen übernahm dort das geschickt vorgehende Streikkomitee die Kontrolle in der Stadt.

Die Unruhen drohten sich auf das ganze Land auszuweiten, die Gefahr eines Bürgerkriegs schien immer akuter zu werden. Gomulkas Appell an den Kreml, sowjetische Panzer zu Hilfe zu schicken, blieb ohne Echo. Unter dem Druck der Arbeiterschaft wurden Gomulka samt seiner Führungsmannschaft sowie die Regierung zum Rücktritt gezwungen. Zum neuen Parteichef wurde Edward Gierek ernannt, die Lage im Lande begann sich allmählich zu beruhigen.

In Danzig und Gdingen herrschte Trauer um die Ermordeten. In Stettin begann das Streikkomitee, das sich aus Vertretern verschiedenster Betriebe, nicht nur der Werften, zusammensetzte, mit der Regierung zu verhandeln. Im Januar 1971 kam es zu einem neuen Streik in Stettin, der die

Unzufriedenheit der Arbeiter signalisierte, weil die Regierung das erste Abkommen nicht eingehalten hatte. Am 24. Januar fuhr Gierek selber zu Gesprächen in die Stettiner Werft, neun Stunden lang antwortete er auf die Fragen und die Vorwürfe der Arbeiter. Danach fuhr er nach Danzig, wo er ebenfalls sieben Stunden lang einen ähnlichen Dialog mit den dortigen Arbeitern führte.

Während der Ereignisse im Dezember 1970 und im Januar 1971 wurden viele Forderungen gestellt, die dann, im August 1980, wiederkehren sollten. Die Arbeiterproteste 1970 lagen gleichsam in der Mitte zwischen denen des spontanen Posener Aufstands vom Juni 1956 und des regelrechten Streiks im Sommer 1980. Es wurden zwar überbetriebliche Streikkomitees gegründet, man redete über die Notwendigkeit, die bestehenden, von der Partei verwalteten Gewerkschaften zu reformieren, es entstand eine Arbeitermiliz, die über die Streikdisziplin wachen sollte, aber immer wieder schien das Chaos zu überwiegen. Die Arbeiter waren sich zwar der eigenen Kraft bewußt geworden, aber es fehlten ihnen immer noch Mittel und Methoden, um diese Kraft maximal zu nutzen. Ihre Hauptforderungen hatten einen eher wirtschaftlichen als politischen Charakter. Und der neue Parteichef Gierek geizte nicht mit Versprechungen und nahm damit vielen Arbeitern den Wind aus den Segeln.

Offizielle Angaben über die Opfer der Dezemberereignisse 1970 sprachen von 48 Toten und 1165 Verwundeten. Das an der Küste vergossene Blut zwang die Partei zu gewissen Zugeständnissen. Die meisten der zugesagten Reformen wurde jedoch verhältnismäßig schnell über Bord geworfen, die wieder einkehrende Routine verdrängte rasch alle Innovationen.

Bis Mitte der siebziger Jahre fiel es schwer, irgendwelche deutliche Reaktionen der Bevölkerung zu bemerken. An der Oberfläche herrschte Ruhe. Das – ohnehin kurze und nur sehr relative – Tauwetter war zu Ende gegangen. Aber es bestand immer noch die Hoffnung auf eine Verbesserung der wirtschaftlichen Situation. Die Fachleute wußten bereits, daß das nicht glücken würde. Aber vorerst wurden keine Proteste oder Warnungen laut, und wenn, dann nur in privatem Kreis. Eine kleine Gruppe von Schriftstellern setzte sich mit Erfolg für die Brüder Kowalczyk ein, die zum Tode verurteilt worden waren, weil sie die Absicht hatten, den Saal in die Luft zu sprengen, in dem eine feierliche Veranstaltung der Polizei und des Staatssicherheitsdienstes stattfinden sollte. Eine andere kleine Gruppe von Intellektuellen verfaßte ein Memorandum, in dem an die Bedingungen erinnert wurde, unter denen die polnische Minderheit in der Sowjetunion vegetierte.

Der Umschwung trat Ende 1975 ein. Hervorgerufen wurde er durch die Ungeschicklichkeit der Partei, die vor ihrem VIII. Parteitag eine Änderung der polnischen Verfassung verkündete. Ein neuer Artikel sollte die vorherrschende Rolle der Partei in der Staatsstruktur der Volksrepublik betonen, in einem anderen Artikel sollte das unlösbare Bündnis der Volksrepublik mit der Sowjetunion verankert werden. Und schließlich sollte ein Artikel hinzugefügt werden, der auf die gegenseitige Abhängigkeit von bürgerlichen Rechten und bürgerlichen Pflichten dem Staat gegenüber hinwies.

Die Partei übte schon seit langem, unabhängig von der Verfassung, eine ungeteilte Macht im Lande aus. Das Bündnis mit der UdSSR war ebenfalls eine historische Tatsache, eine Klausel in der Verfassung hätte daran grundsätzlich gar nichts geändert. Obendrein gab es in Polen kein Tribunal, das berechtigt gewesen wäre zu untersuchen, ob die Staatshandlungen mit den Prämissen des Grundgesetzes in Einklang ständen. Es schien also gar keinen Grund zur Unruhe zu geben. Aber gerade diese rein abstrakte Stärkung der Parteimacht stieß in der Bevölkerung auf einen relativ großen Widerstand. Denn die angekündigten Verfassungsänderungen wurden zu einem günstigen Anlaß, um die Nichteinhaltung der im Tauwetter gegebenen Versprechen zu brandmarken. Teilweise ging es aber auch darum zu zeigen, daß man selbst die Requisiten der sozialistischen Demokratie – wie eben die Verfassung – ernst nehmen muß. Das begann mit einem Brief, der von 59 Personen unterzeichnet war und der viel Echo fand. Insgesamt betrug die Zahl der Unterschriften unter offenen Briefen und Denkschriften etwa 40000.

Die Proteste führten immerhin zu einem Teilerfolg: Die von der Parteiführung geplante «Korrektur» wurde zum Schluß in einer nur sehr allgemeinen Form in die Verfassung genommen. Jene 40000 Unterzeichner sahen dies als ihren Sieg an. Es entstand schnell das Gefühl einer neuen Gemeinschaft: Man war nicht mehr allein, es gab viele, die genauso den Repressalien der Staatsmacht ausgesetzt waren. Denn die Mächtigen rächten sich an den Unterzeichnern; sie entließen einige von ihnen aus ihrer Arbeitsstelle und verboten, daß ihre Namen in der Presse genannt wurden. Das war zwar kein Terror, aber immerhin doch eine Erschwerung des Lebens.

Nach einem halben Jahrzehnt folgte der zweite Teil des Dramas. Eine drastische Erhöhung der Preise für Grundnahrungsmittel, die am 24. Juni 1976 verkündet wurde, rief wiederum eine zornige Reaktion der Arbeiter hervor, diesmal in Radom, einer Stadt von mittlerer Größe, 100 km von der Hauptstadt entfernt, sowie in Ursus bei Warschau. Auch diesmal kam es zu heftigen Zusammenstößen mit der Polizei, auch diesmal wurde – in Radom – das Gebäude des Parteikomitees in Brand gesteckt. Es gab keine Opfer, die Polizei machte keinen Gebrauch von Schußwaffen, dennoch zeigte sie eine außergewöhnliche Brutalität. Hunderte von Leuten wurden verhaftet, es gab Hunderte von Entlassungen, 78 Personen wurden – «wegen Rowdytums» – zu Gefängnisstrafen bis zu zehn Jahren verurteilt.

Die Preiserhöhungen wurden zurückgezogen, aber die Staatsmacht rächte sich an den Demonstrationsteilnehmern monatelang. Viele der inhaftierten Arbeiter wurden gefoltert; damals entstand die Bezeichnung «Gesundheitspfad» – ein Polizeispalier, in dem die Gefangenen mit Gummiknüppeln oft bis zur Bewußtlosigkeit geschlagen wurden.

Schon im Sommer 1976, also gleich nach den Vorfällen in Radom und Ursus, die von Proteststreiks in vielen anderen Städten begleitet waren, begannen Warschauer Intellektuelle, eine Hilfsaktion für die Familien der verhafteten und aus den Betrieben entlassenen Arbeiter zu organisieren. Es handelte sich hauptsächlich um ärztliche, juristische und finanzielle Hilfe.

Am 23. September 1976 wurde in Warschau das Komitee zur Verteidigung der Arbeiter (KOR) gegründet. Viele meinten damals, daß die Gründung des KOR eine Wahnsinnstat sei, daß die Polizei dieses Gebilde innerhalb von wenigen Wochen von der Erdoberfläche verschwinden lassen würde. KOR jedoch konnte sich trotz der unterschiedlichsten Repressalien halten. Es existiert heute noch und bildet eine starke moralisch-politische Macht in der polnischen Gesellschaft.

Zu Beginn bestand das KOR aus vierzehn Personen, dann wuchs die Zahl. Im Jahre 1980 zählte KOR – inzwischen zum «Komitee für gesellschaftliche Selbstverteidigung» umbenannt – schon über 30 Mitglieder. Der älteste war und ist Professor Lipiński, ein Wirtschaftsexperte, der seit Anfang des Jahrhunderts mit der polnischen sozialistischen Bewegung verbunden war. Ähnlich wie er stammten aus den Reihen der Polnischen Sozialistischen Partei (PPS) auch Waclaw Zawadzki und Adam Szczypiorski (beide sind nicht mehr am Leben), Ludwik Cohn, Antoni Pajdak und die Rechtsanwältin Aniela Steinsbergowa. Der greise Priester Jan Zieja, berühmt wegen seiner Predigten, repräsentiert die katholische Kirche. Der Literaturkritiker Jan Józef Lipski, ehemaliger Vorsitzender des «Klubs des krummen Kreises» in Warschau, ist, ähnlich wie der Pädagoge Józef Rybicki, ehemaliger Kämpfer der Heimatarmee (AK). Stefan Kaczorowski war aktiv in der polnischen christdemokratischen Partei. Halina Mikolajska ist eine berühmte Schauspielerin, Jacek Kuroń, eines der energischsten Mitglieder dieser Gruppe, machte zu Beginn der sechziger Jahre als Parteikritiker von einer linksrevolutionären Position aus von sich reden, dann änderte er seine Anschauung und wurde zum Anhänger einer pluralistischen Gesellschaft. Adam Michnik, Jahrgang 1946, ist Historiker, talentierter Publizist und Politiker, ein Anhänger des demokratischen Sozialismus. Sein Altersgenosse Stanislaw Barańczak ist Dichter und Literaturkritiker. Jerzy Andrzejewski, Jahrgang 1909, ist ein Romancier, der auch außerhalb Polens bekannt ist. Hinzu kommt noch eine Gruppe von jungen Leuten, die aus den nichtkommunistischen Pfadfinderkreisen stammen: Miroslaw Chojecki, Antoni Macierewicz, Piotr Naimski, Wojciech Onyszkiewicz. Bogdan Borusewicz gehört zu denjenigen KOR-Leuten, die während des Danziger Streiks 1980 von Anfang an dabei waren.

Wenn man sich an Czeslaw Milosz halten will, der einmal sagte, daß es um die Wende des 19. zum 20. Jahrhundert zwei Polen gab: das sozialistische und das katholische, dann würde im KOR das sozialistische das Übergewicht haben, obzwar auch das katholische seine Repräsentanten hätte.

Die Gründung und vor allem die Tätigkeit des KOR war jedoch eher ein Beweis für die These, daß sich diese Einteilung verwischte und an Bedeutung verlor. Derartige Einteilungen sind anachronistisch geworden: Antoni Pajdak verbrachte die Jahre von 1945 bis 1956 in sowjetischen Gefängnissen – er war in dem Prozeß der 16 Führer des polnischen Untergrunds verurteilt worden –, während sich Jerzy Andrzejewski in seinen ersten Nachkriegsromanen keineswegs von dem Kommunismus distanzierte. In den siebziger Jahren saßen beide an einem Tisch. Dabei ging es nicht um irgendein außergewöhnliches Bündnis, sondern eher um das Verständnis der Tatsache, daß angesichts einer Macht mit totalitären Ansprüchen die alten Streitigkeiten und Unterteilungen nur noch antiquarischen Wert hätten.

Um das KOR-Komitee bildete sich ein immer größerer Kreis von Mitarbeitern und Sympathisanten – hauptsächlich Studenten, die mit Begeisterung verschiedene Funktionen übernahmen. Hunderte von jungen KOR-Abgesandten reisten nach Radom und Ursus, brachten den Familien der Inhaftierten Geldspenden. Die Juristen gaben Ratschläge, verteidigten die Arbeiter vor Gericht. Automatisch knüpften sich zwischen Arbeitern und Intellektuellen, besonders den jungen, engere Kontakte. Die Gespräche und Begegnungen mit den Gesandten des KOR waren etwas Neues und Attraktives.

Mit dieser Unterstützung forderte KOR offen die Macht heraus – ein Politikum ersten Ranges. KOR unterstützte die Verdammten, KOR war das Rote Kreuz für die Parias, die Unberührbaren. Auch die Kirche nahm die Arbeiter von Radom und Ursus in Schutz, aber KOR tat mehr, KOR rettete sie vor der Verzweiflung, schickte zu ihnen seine intelligenten, erfinderischen jungen Leute. Die Partei benahm sich damals wie eine hysterische Tante, sie ergoß ihren durch die erzwungene Rücknahme der Preiserhöhungen hervorgerufenen Zorn auf die wehrlosen Arbeiter. KOR durchkreuzte ihre Absichten.

Natürlich wußten und wissen die KOR-Mitglieder und Mitarbeiter, in welchem Teil der Welt sie leben; sie waren sich also der durch die geopolitische Lage Polens gesteckten Grenzen ihrer politischen Möglichkeiten von Anfang an bewußt. Ihr Hauptziel war der Widerstand gegen solche Situationen, wie sie im Juni 1976 entstanden waren, als die Aggression des großen Staatsapparats sich gegen die wehrlosen Arbeiter entlud. Sie wollten also die Gesellschaft bewaffnen, aber nicht mit Karabinern und Bomben, sondern mit dem Bewußtsein der notwendigen Selbstorganisation und Selbstverwaltung, der gesellschaftlichen und politischen Selbstverteidigung. «Steckt keine Parteikomitees in Brand», schrieb Jacek Kuroń an die Arbeiter, «sondern gründet eigene!»

Im Mai 1977 wurde ein Teil der KOR-Mitglieder verhaftet, in der Presse begann eine heftige Haßkampagne gegen die Bürgerrechtler.

Es mochte damals so scheinen, als ob KOR eine Niederlage erlitten hätte: Seine aktivsten Mitglieder waren in Untersuchungshaft, ein Prozeß gegen sie wurde vorbereitet. Statt dessen wurde jedoch unmittelbar vor dem Nationalfeiertag am 22. Juli überraschend eine Amnestie erlassen, nach der alle zu hohen Gefängnisstrafen verurteilten Arbeiter aus Radom und Ursus sowie alle Mitglieder und Mitarbeiter des KOR aus dem Gefängnis entlassen wurden. Dies war ein unglaublicher Erfolg, ein Ergebnis, mit dem kaum jemand gerechnet hatte. Nun mußten auch die Pessimisten einsehen, daß es hier nicht um Märtyrertum, sondern um wirksames gesellschaftliches Handeln ging.

Wie es hinter den Kulissen zu der Amnestie kam, ist nicht bekannt. Wahrscheinlich gab es wieder Meinungsunterschiede innerhalb der Parteispitze: Die Gruppe, die in Polizeikategorien dachte, mußte wohl der Fraktion weichen, die eher nach politischen Lösungen suchte. Man muß aber mal daran denken, wie viele Jahre die Teilnehmer der Protestdemonstrationen vom Juni 1976 vielleicht noch im Gefängnis verbracht hätten, wenn KOR nicht entstanden wäre und nicht so energisch gewirkt hätte.

Das KOR-Komitee handelte keineswegs leichtsinnig oder romantisch, es bemühte sich im Gegenteil, die Unterstützung verschiedener gesellschaftlicher Gruppen oder einflußreicher Persönlichkeiten aus der Welt der Kultur und der Wissenschaft zu gewinnen. Briefe zur Verteidigung der inhaftierten und gefolterten Arbeiter unterschrieben unter anderem Leute von nationalem und internationalem Rang, Künstler, Professoren, Mitglieder der Polnischen Akademie der Wissenschaften. Auf diese Weise spannte KOR einen Sicherheitsschirm über sich auf und gewann Verbündete für den Fall, daß sich die Repressalien der Staatsorgane verschärfen sollten.

Gleichzeitig informierte KOR systematisch die internationale Presse über die Ereignisse im Lande, was angesichts der immer größeren wirtschaftlichen Abhängigkeit Polens vom Westen ebenfalls nicht ohne Bedeutung war. KOR verteidigte die Arbeiter, und zugleich gab es eine ganze Anzahl von Leuten, die bereit waren, falls nötig, die Mitglieder und

Sympathisanten des KOR zu verteidigen. Denn es handelte sich hier nicht um eine isolierte Gruppe, die irgendwo im Untergrund wirkte; sämtliche – und es waren viele Hunderte – Erklärungen, offenen Briefe und Bulletins des Komitees waren namentlich, samt Privatadresse und Telefonnummer, unterschrieben. Es existierten enge Verbindungen, gesellschaftliche oder ideelle Bündnisse mit weiten Kreisen der Bevölkerung.

Ich widme der Gründung von KOR so viel Aufmerksamkeit, weil diese Gründung in der Geschichte der siebziger Jahre eine sehr große Bedeutung hat und auch in einem direkten Zusammenhang damit steht, daß sich vier Jahre später eine unabhängige, selbstverwaltende Gewerkschaft in Polen formieren konnte.

Dieser Zusammenhang ist aber nicht rein kausal, keine Kette von Ursache und Folge. Eher erklärt eine Metapher aus der Chemie die Natur dieses Phänomens: Wenn sich in einer gesättigten Lösung nur ein einziges Kristall findet, führt dies zu einem schnellen Kristallisationsprozeß. KOR war eben so ein einzelnes Kristall, das in die polnische Gesellschaft geworfen worden war. Die Gesellschaft dagegen war gesättigt mit Zorn, Enttäuschung, Kritik, dem Wunsch nach Reformen. Sie wußte nur nicht, auf welche Weise man diese Wünsche realisieren konnte. KOR wirkte hauptsächlich durch eigenes Beispiel: Da entstand eine kleine, aber leistungsstarke Institution, die es innerhalb eines Jahres dazu brachte, daß alle in Radom und Ursus verhafteten Arbeiter freigelassen wurden.

Für Leute, die seit Jahren oppositionelle Gedanken mit sich herumtrugen, war die Gründung von KOR sowohl ein Ansporn wie eine Herausforderung. Deshalb entstand auch wenige Monate nach der KOR-Gründung eine konkurrierende oppositionelle Gruppierung, die allerdings nie so viel Bedeutung errang wie KOR – die Bewegung für Menschen- und Bürgerrechtsverteidigung (ROPCIO), die sich direkt auf die polnischen politischen Traditionen aus der Vorkriegszeit und auf das patriotische Vokabular berief (während der Patriotismus von KOR einen viel weniger verbalen Charakter hatte).

Eine weitere Gruppe, die Polnische Verständigung für Unabhängigkeit (PPN), befaßte sich mit der Ausarbeitung sachlicher, überaus niveauvoller Analysen ökonomischer und politischer Themen. PPN erarbeitete unter anderem eine Analyse der polnisch-deutschen Beziehungen in dem Sinne, daß man nach neuen Impulsen für eine Zusammenarbeit zwischen den beiden Völkern suchen sollte, wobei die Autoren von einer künftigen Wiedervereinigung Deutschlands im Rahmen eines geeinten Europas ausgingen.

1977 entstand die Gesellschaft für Wissenschaftliche Kurse (TKN), die allerdings anders, poetischer genannt wurde: die Fliegende Universität. Beide Namen entstammen der Tradition, so nannten sich nämlich die Bildungsinstitute im russischen Teilgebiet vor der Wiedervereinigung Polens 1918. Die heutige Fliegende Universität organisiert in den größeren Städten Vorlesungen, die in Privatwohnungen – oft von prominenten Gelehrten – abgehalten werden. Das Thema ist vor allem die jüngste Geschichte Polens seit 1933 sowie wirtschaftliche, soziologische und literarische Fragen.

Die Kristallisierung der gesellschaftlichen Probleme führte auch zur Entwicklung einer sehr umfassenden und ernstzunehmenden Verlagstätigkeit, die völlig unabhängig von den Launen der Zensur sein sollte. In kurzer Zeit entstanden Zeitschriften, die hektographiert wurden. Man druckte auch Bücher, mit Auflagen bis zu 4000 Exemplaren. All das wurde in Privatwohnungen und Kellern gedruckt. Die Polizei verfolgte die illegalen Druckereien, allerdings halbherzig. 1978 fragte auf einer Versammlung einer der zur Partei gehörenden Literaten den anwesenden Obersten des Staatssicherheitsdienstes, warum die Polizei die oppositionellen Verlage nicht aushebe? «Weil die da oben», so die Antwort des Obersten, «das nicht erlauben. Wir kennen alle Adressen», klagte der Oberst, «wir könnten im Verlauf einer Nacht alles zerstören, aber die oben geben keine Erlaubnis.» Die komplizierten Personalverhältnisse in der Parteiführung schützten überraschend das oppositionelle Verlagswesen vor einer Vernichtung.

Die Bücher und Zeitschriften wurden von Hand zu Hand gereicht, jedes Exemplar fand viele Leser. Auf diese Weise wuchs ein Publikum heran, das sich genauso für die neuen Romane wie für die politischen Analysen interessierte. Besonders die Studenten und die Arbeiterjugend begeisterten sich an den neuen Grundeigenschaften der Opposition.

Diese Jugend, in den fünfziger oder Anfang der sechziger Jahre geboren, war frei von Komplexen und Ängsten, die bei der älteren Generation von der deutschen Okkupation und vom Stalinismus geblieben waren. «Uns gebührt –» sagten diese ganz jungen Leute – «ein normales Leben.» Die Zensur, die politische Polizei – was waren das für merkwürdige Monster! Fünfunddreißig Jahre Volksrepublik Polen reichten nicht aus, um die Überzeugung zu vermitteln, daß das, was existierte, vernünftig ist.

Die Jugend kennt auch jene Spaltungen nicht, die vorher die Gesellschaft in mehrere Lager trennten. Die Probleme des Widerstands gegen die Nazi-Besatzung und den Stalinismus gehörten für sie zu einer weit entfernten Vergangenheit. Auf jeden Fall vermochten sie die beiden nicht mehr zu trennen. Mehr sogar, der spezifische Druck, der von diesen auf die Geschichte seines Landes neugierigen jungen Menschen ausging, blieb nicht ohne Einfluß auf den Prozeß, alte Wunden in der alten Generation zu heilen. Die Opposition war zwar nicht einheitlich, und die Funktionäre der Bewegung für Verteidigung der Menschen- und Bürgerrechte pflegten beispielsweise mit Schadenfreude zu betonen, daß KOR ehemalige Stalinisten um sich gruppiere. Aber trotzdem zeichnete sich eine praktische Verständigung zwischen den ehemaligen Kämpfern der Heimatarmee und den ehemaligen Kommunisten ab, genauso wie zwischen Katholiken und Atheisten.

Die linke Intelligenz (in Polen gibt es seit langem keine

politische Linke – genausowenig wie eine Rechte, da beide von den Kommunisten liquidiert wurden –, aber es existiert weiter eine linke Intelligenz. Denkweisen leben länger als Interessen) entdeckte in den siebziger Jahren die Bedeutung der katholischen Kirche. Solange der Revisionismus noch irgendeine Chance zu haben schien, hatte die linke Intelligenz die Tätigkeit der Kirche geringgeschätzt und den Atheismus verkündet. 1976 erschien das Buch von Adam Michnik «Die Kirche, die Linke, ein Dialog», das – von der Position eines linken Intellektuellen aus geschrieben – den Wert des Glaubens und den antitotalitären Sinn des Kampfes um das Existenzrecht der Kirche in einem kommunistischen Staat begründete. Seit dieser Zeit entwickelte sich eine Zusammenarbeit zwischen katholischen Kreisen und den Erben der linken Tradition.

Das Bündnis war um so umfangreicher, als es auch die Vertreter jener politischen Linken umfaßte, die der Stalinismus erbarmungslos vernichtet hatte – so etwa die ehemaligen Politiker der Polnischen Sozialistischen Partei. Erst in der zweiten Hälfte der siebziger Jahre begannen sich früher gebildete politische Unterteilungen und Ressentiments zu verwischen. Der Anteil der jungen Generation an dieser späten Synthese bestand darin, neuen Schwung in die Diskussionen zu bringen. Die Anwesenheit der Jugend mußte auch den älteren Politikern und Literaten den anachronistischen Charakter ihrer Streitigkeiten und Mißverständnisse klarmachen; plötzlich standen sie vor jungen Gesichtern, vor Jungen und Mädchen, die sich genauso leidenschaftlich für die Zukunft wie für die Vergangenheit interessierten.

Es gab also keinen Revisionismus mehr, der in den sechziger Jahren die Hoffnung verkündete, die kommunistische Partei könne reformiert werden, und es sei die Aufgabe des Intellektuellen, die Partei zu dieser Reform zu bringen. Was trat an die Stelle des Revisionismus? Das Bewußtsein, daß es notwendig sei, gesellschaftliche, selbstverwaltete Körperschaften aufzubauen. Nun sollte sich also nicht mehr die Partei verändern, sondern die Gesellschaft. Die sollte danach streben, eigene Institutionen, eigene, wenn auch noch so bescheidene Vertretungen und Selbstverwaltungen zu gründen. In dem 1976 veröffentlichten Artikel «Neuer Evolutionismus» schrieb Adam Michnik:

«Der Tag, an dem eine erste, von den offiziellen Organisationen unabhängige Selbstverwaltungsorganisation der Arbeiter geschaffen wurde, der Tag, an dem Streikkomitees in den Werften von Danzig und Stettin entstanden, eröffnete eine neue Etappe im Bewußtsein der Arbeiter. Es ist schwer vorauszusehen, wann und unter welchen Umständen andere dauerhaftere Institutionen entstehen werden, die die Arbeiterinteressen vertreten, und welche Gestalt sie haben werden: Arbeiterkommissionen nach dem spanischen Muster oder unabhängige Gewerkschaften oder auch eine Art von Widerstandsfront.»

Der neue Evolutionismus setzte also eine kreisförmige politische Strategie voraus, da er davon ausging, daß Veränderungen in der Parteipolitik nur durch eine mit eigenen Institutionen bewaffneten Gesellschaft erzwungen werden könnten. Michnik legte in seinem Artikel dar, daß sich nicht nur der Revisionismus überlebte, sondern daß auch das politische Denken jener katholischen Kreise, die sich um die «Znak»-Gruppe konzentrierten, seinen Sinn verloren hatte. Die Abgeordneten des «Znak» hörten nämlich auf, eine unabhängige Rolle im Sejm auszuüben, weil die Partei die personelle Zusammenstellung dieser Gruppe auf geschickte Art und Weise änderte und Leute mit eigenständigen Ansichten durch ergebene Politiker ersetzte; im Februar 1976 enthielt sich Stanislaw Stomma, der letzte «echte» Abgeordnete des «Znak», während der Abstimmung über Verfassungsänderungen der Stimme.

Ähnlich klangen die Äußerungen von Kolakowski, Kuroń und anderen. Dieser Orientierungswechsel hatte eine große Bedeutung. Vor allem war der Revisionismus keine Ideologie für alle. Er taugte nur für die Revisionisten. Er interessierte katholisch denkende Leute überhaupt nicht, und deshalb trennte er eher, als daß er verband. Die neue

Orientierung, die darauf aus war, die Eigenkräfte der Gesellschaft zu stärken, hatte den Vorteil, daß sie an verschiedene Kreise appellierte. Ihr Hauptadressat waren zu Beginn die Arbeiter, die schon einige Male Beweise ihrer Eigenständigkeit gegeben hatten, auch wenn die in zornigen Gesten zerrannen. Die neue Orientierung vermochte alle anzusprechen: die Intellektuellen, die Bauern, die Katholiken, die Protestanten. Ihr lag jetzt kein ideologischer Gedanke zugrunde, weil ihre Fürsprecher nicht im Namen des Sozialismus sprachen, den sie verbessern wollten, sondern im Namen der Bevölkerung.

Der Sozialismus wurde in der neuen Perspektive kein erträumter Endpunkt, sondern etwas real Existierendes, etwas, das man verändern muß, nicht im Namen der «reinen, nicht entstellten Lehre», sondern im Namen solcher Bedürfnisse und Werte wie nationale Unabhängigkeit, Menschen- und Bürgerrechte, Demokratie, Rationalität, ökonomische Kapazität.

Ja, schienen die Vertreter der neuen Orientierung zu sagen, das ist Sozialismus, warum nicht, der Staatssicherheitsdienst, das Herrschaftsmonopol von dreißig Leuten, die Zensur, die langweiligen, von der Partei redigierten Zeitungen, eine Defizitwirtschaft, das ist eben Sozialismus. Aber unter der Tünche des Sozialismus leben Millionen von Menschen; wenn diese Millionen sich organisieren, dann können sie in Verhandlungen mit den Repräsentanten dieses realen Sozialismus bessere Lebensbedingungen für sich aushandeln. Die Arbeiter zwangen einst den Kapitalismus zu sehr großen Zugeständnissen, vielleicht schaffen sie das auch beim Sozialismus.

Die neue Denkweise enthielt keinerlei Utopie, sie stellte nur eine sachliche empirische Einstellung dar, sie verkündete Vernunft sowie die Hoffnung auf eine Kompromißlösung – die Hoffnung, daß die polnische Partei, die schon mehrmals bei Arbeitererhebungen die Bereitschaft zu Zugeständnissen gezeigt hatte, gezwungen würde, einen dauerhafteren Vergleich einzugehen. Die neue Denkweise setzte auch voraus, daß das Funktionieren eines Staates etwas unerhört Kompliziertes und der Staat selber ein Aggregat, ein Kompromiß der verschiedensten Prinzipien, gesellschaftlichen Gruppen und Interessen sei. Selbst das kommunistische Polen ist so ein Aggregat, weil es – wenn auch wenig harmonisch – so verschiedene Existenzen wie die der Partei, der Kirche, der privaten Bauernhöfe und der Intelligenz zusammenhält. Dieses Aggregat müsse man noch viel komplizierter und das Prinzip der Koexistenz solch heterogener Bestandteile dann zu einer Regel des öffentlichen Lebens machen.

Dabei zeigte sich gleich ein Problem, diesmal von der Seite der Mechanik her: Wie stark darf die Pression sein, damit sie nicht eine sowjetische Intervention provoziert? Dieses Problem wurde in den nicht offiziell herausgegebenen Zeitschriften und Büchern diskutiert. Die Diskussion führte zu dem Ergebnis, daß erst ein Zerfall der kommunistischen Partei oder Polens Austritt aus dem Warschauer Pakt eine Intervention hervorrufen könne.

Inzwischen kristallisierte sich die gesättigte gesellschaftliche Lösung immer mehr. Es tauchte eine neue oppositionelle Gruppe auf, der Klub «Erfahrung und Zukunft». Er war der gemäßigtste aller Klubs und bestand zumeist aus parteigebundenen und parteilosen Wissenschaftlern und Journalisten. Dieser Klub erarbeitete 1979 einen «Bericht über den Zustand der Republik und über die Möglichkeiten einer Verbesserung». Er forderte die Einschränkung der Parteimacht, mehr Achtung vor dem geltenden Recht, mehr Macht für das Parlament sowie wirtschaftliche Reformen. Die Seele dieses Klubs war Stefan Bratkowski, der nach dem Auguststreik 1980 zum Vorsitzenden des Verbandes Polnischer Journalisten gewählt wurde.

Es aktivierten sich auch wissenschaftliche Gesellschaften, insbesondere ökonomische und soziologische. Eine immer größere Anzahl von Wissenschaftlern hielt es für ihre Pflicht, mit kritischen Ansichten öffentlich hervorzutreten.

Es gab ja viel zu kritisieren, da sich die wirtschaftliche Situation des Landes immer dramatischer verschlechterte.

So wurde es gleichzeitig immer besser und immer schlechter in Polen. Der Partei fiel es immer schwerer, die Lage im Lande zu beherrschen, während die Gesellschaft, zum großen Teil jedenfalls, eine deutliche Renaissance erlebte. Es war etwas Faszinierendes in der Atmosphäre dieser Jahre. Die Entdeckung der Gründer des KOR, daß man trotz allem etwas tun, auf eigene Faust handeln kann, elektrisierte die verschiedensten Kreise. Für viele Leute war die Möglichkeit, unabhängig handeln zu dürfen, etwas ganz Wesentliches, etwas, was ihrem Leben wieder einen Sinn gab. Die inoffiziell erscheinenden Zeitungen und Bücher zirkulierten. In den Stadtwohnungen versammelten sich verschiedene Selbststudiengruppen. Die Fliegende Universität wirkte durch ihr Beispiel und ermunterte zum Studium auf eigene Faust.

Der Geist der Freiheit ging in Polen um. Auch die manchmal harten Repressalien konnten diese Bewegung nicht aufhalten. Einzelne Leute, von der Polizei erschreckt, zogen sich von der oppositionellen Tätigkeit zurück, andere aber nahmen ihre Stelle ein. Die Polizei hielt die arretierten Oppositionellen selten länger als 48 Stunden fest, sie requirierte die gefundenen Druckmaschinen und die bereits gedruckten Buch- oder Zeitungsauflagen.

Es kam sogar eine Art freiheitlicher Konformismus auf, weil es in den großen Städten wie Warschau, Krakau, Danzig, Posen fast zum guten Ton gehörte, an oppositionellen Aktivitäten teilzunehmen. Natürlich wurden nicht alle von den neuen Verhaltensmustern und den neuen Möglichkeiten angezogen, immer noch hatte der Konformismus der Unfreiheit mehr Anhänger. In intellektuellen Kreisen hörte man manchmal den Vorwurf, es gehe hier schließlich um Politik, und Politik sei eine schmutzige und unangenehme Sache.

Die Sublimierung von Politik in Kultur war also erkennbar, manchmal kam auch die normale Angst vor Repressalien dazu. Denn man riskierte viel, den Verlust des Arbeitsplatzes, eine in weite Ferne entrückte Beförderung. Die Tätigkeit in der Opposition war vielschichtig, es gab die Helfer des KOR, die Helfer dieser Helfer und so weiter. Die einen handelten «konspirativ», die anderen aber – bei KOR galt das als Grundsatz – völlig offen.

Wirklich Neues gab es allerdings wenig. Die Russen kennen schließlich seit langem ihren Samisdat, in der UdSSR existieren ebenfalls mikroskopisch kleine Initiativgruppen von freien Gewerkschaften. In Polen jedoch nahmen diese Einrichtungen innerhalb kurzer Zeit fast Massenausmaße an. Das Wort «Samisdat» genügte nicht mehr zur Definition der imposanten Verlagsproduktion des von Miroslaw Chojecki geleiteten freiheitlichen Verlags «Nowa», der zuletzt sogar mit einem eigenen Stand auf der Warschauer Buchmesse auftrat.

Neu war in der polnischen Oppositionsbewegung die Zusammenarbeit zwischen den Intellektuellen und den Arbeitern. Die in den ersten Jahren der KOR-Existenz angeknüpften Kontakte brachen auch später, nach der Amnestie im Juli 1977, nicht ab. Die von KOR-Mitarbeitern herausgegebene Zeitschrift *Robotnik* (Der Arbeiter) – der Titel geht im übrigen auf die Vorkriegszeitung der Polnischen Sozialistischen Partei zurück, deren Redakteur einige Zeit lang Józef Pilsudski war – zirkulierte unter den Belegschaften großer Industriebetriebe. *Robotnik* schrieb über konkrete Dinge, über Fälle, wo die Rechte einzelner Arbeiter von der Betriebsdirektion verletzt wurden, erzählte von den in verschiedenen Teilen des Landes entstehenden Gründungskomitees freier Gewerkschaften.

Der Ton der Artikel und die behandelten Themen, beispielsweise der Arbeitswelt, so wie sie sich in der oppositionellen Presse darstellten, hatten etwas vom 19. Jahrhundert an sich; es ging ja um die erneute Erkämpfung so elementarer Arbeiterrechte wie des Rechts auf Streik und auf Vereinigung in unabhängigen Gewerkschaften. Das mußte einfach Berührungspunkte mit der Tradition der Polnischen Sozialistischen Partei schaffen.

Das Interesse an der Geschichte wurde in den siebziger Jahren überhaupt größer, und das nicht nur in den oppositionellen Kreisen. In den sechziger Jahren hatten besonders die katholischen Intellektuellen der Geschichte viel Aufmerksamkeit gewidmet, jetzt wurde dies jedoch ein allgemeines Phänomen. Zwei Phasen der polnischen Geschichte traten in den Vordergrund: einmal war es die Zeit der Unabhängigkeitskämpfe im 19. Jahrhundert, besonders der Novemberaufstand 1830, über den viele Bücher und Theaterstücke geschrieben worden sind, zweitens die Blütezeit der polnischen Adelsrepublik. Der Novemberaufstand wurde als ein Beispiel des erfolglosen Kampfes analysiert, da die politische Reife der Aufständischen mit ihrer soldatischen Tapferkeit nicht Schritt hielt. Bücher über das Polen des 16. Jahrhunderts erinnerten hingegen an die Besonderheit der Adelsdemokratie, auch an die Achtung des Rechts und an die traditionelle Liebe zur Freiheit.

Die Geschichte tauchte im Bewußtsein der Bürger der Volksrepublik Polen in Gestalt einer sachlichen Analyse und zugleich in Gestalt eines Mythos auf. Man kann nicht bei der wissenschaftlichen Analyse stehenbleiben, wenn in den meisten Büchern über das frühere Polen begeistert geschrieben wird. Deshalb funktionierte auch der Mythos eines demokratischen Polens. Dieser Mythos widersprach nicht der historischen Wahrheit, aber er war sozusagen eine Vereinfachung, da die polnische adlige Demokratie bei all ihren Tugenden viel Standesegoismus in sich barg: so wandte sie sich gegen das Bürgertum und verursachte dadurch eine einseitige Entwicklung der Gesellschaft.

Die Auseinandersetzungen der Fachleute, der Historiker, waren das eine, was anderes dagegen war die Brauchbarkeit dieses Mythos, der die realen und modernen demokratischen Wünsche nährte. Die Autoren solcher historischen Bücher waren meist Vertreter der älteren Generation, die Leser meist die der jungen Generation. Aber auch die jungen Dramatiker schrieben Stücke über das Polen des 19. Jahrhunderts, über den Kampf mit dem russischen Unterdrücker.

Ein anderer Beitrag der Intellektuellen zu der aktuellen Diskussion war der Kampf um das realistische und gleichzeitig ethische Verständnis von Kultur. Meine Generation, unzutreffenderweise als «Neue Welle» definiert, brachte die Sehnsucht nach solchen Werten wie Wahrheit oder Freiheit in die Literatur; die Verse meiner Freunde wandten sich gegen den Despotismus großer und kleiner Führer, sie redeten in der Alltagssprache von Dingen, die jedem Leser aus seiner alltäglichen Erfahrung bekannt waren.

Das ethische Grundelement spielte überhaupt eine große Rolle im Denken und Handeln, obwohl sich die oppositionellen Publizisten mehr für die politische Theorie und Praxis interessierten als für das Gewissen des Individuums, diese moralische Manie verspotteten und ihr die politische Vernunft entgegenhielten – so der Kreis der Autoren, die sich um die oppositionelle Zeitschrift *Res publica* zusammengefunden hatten.

Im Grunde aber unterstützten sich die Moral und der politische Gedanke gegenseitig und schlossen einander nicht aus. Der ethische Impuls war notwendig, um überhaupt das Risiko des selbständigen Handelns einzugehen, dann aber wurde die nüchterne Erkenntnis der politischen Situation unabdingbar, da Moralismus allein als Gegengewicht zu einer starken, allzu starken Macht nicht viel erreichen kann.

Große Bedeutung erhielt für die Leser in Polen in den siebziger Jahren das Schaffen der im Exil lebenden Schriftsteller, besonders die Werke von Witold Gombrowicz und Czeslaw Milosz. Die junge Generation erkannte in diesen Büchern – die im Lande schwer erhältlich waren, aber von den oppositionellen Verlagen nachgedruckt wurden – Werke, die zu keinerlei politischem Kompromiß gezwungen und deshalb von einer ungewöhnlichen geistigen Attraktivität und Souveränität waren.

Ich erwähne immer die junge Generation, denn sie war

tatsächlich der Motor der Veränderungen, der Entwicklung und der Suche; sie zwang die Vertreter der älteren Generation sozusagen direkt zur geistigen und politischen Aktivität. Die Autorenabende bedeutender und unabhängig denkender Schriftsteller der älteren Generation, die in Privatwohnungen oder auch in kirchlichen Räumen stattfanden, zogen Tausende von jungen Hörern an, die auf diese Weise gleichzeitig an einem Geschichts- und Literaturunterricht teilnahmen. Der bekannte Schriftsteller Igor Newerly schrieb einst ein Buch mit dem Titel: «Lebendige Bindung», in dem er die Tradition des polnischen Sozialismus, aber auch die Art der Traditionsübermittlung an sich schilderte. Die siebziger Jahre waren in Polen eben die Zeit, in der sich Wunden und historische Lücken schlossen; man hatte den Eindruck, daß in beschleunigtem Tempo die Rückstände einiger Jahrzehnte aufgearbeitet wurden. Die «lebendige Bindung» wurde zur Tatsache.

Die Altpolitiker, die die von den Kommunisten zerschlagenen Parteien und gesellschaftlichen Bewegungen repräsentierten, trafen sich in größerem oder kleinerem Kreis mit den Zwanzigjährigen und erzählten ihnen von den eigenen Erfahrungen. Da stellte sich heraus, daß der Kommunismus – jedenfalls in Polen – wie ein Eisschrank funktioniert: Er tötet die politischen Strömungen nicht völlig, sondern friert sie nur ein, aber in günstigen Momenten kehren sie zum Leben zurück, und sei es auch nur in Form von Erinnerungen, die die Jugend inspirieren.

Die geistige und politische Belebung der zweiten Hälfte der siebziger Jahre war das Verdienst verschiedener Gruppen und verschiedener Traditionen, niemand kann sich ein Recht auf Ausschließlichkeit anmaßen. Einen Anteil daran hatten die Revisionisten, die Exkommunisten, die seit dem Oktober 1956 angefangen hatten, nach neuen Wegen zu suchen und mit dem Eifer der bekehrten Sünder für das Wohl der Gesellschaft zu arbeiten. Ferner hatten ihren Anteil die Katholiken, sowohl die Kirche als Institution als auch die katholischen Intellektuellen, die sich mit wichtigen kulturellen Arbeiten beschäftigten. Auch ehemalige PPS-Mitglieder und ehemalige Politiker der Bauernpartei trugen zu der Renaissance in diesen Jahren bei.

Die Opposition war mit all ihren Anhängern zahlenmäßig keine große Gruppe; einige schätzten die Zahl der Aktiven auf zehn- bis zwanzigtausend, dazu kann man noch einige Zehntausende von Helfershelfern zählen. Im Vergleich zu der heute zehn Millionen Mitglieder zählenden Gewerkschaft «Solidarität» erscheint die Opposition winzig klein, aber ihre Rolle bei der Kristallisierung der gesättigten Lösung war riesengroß.

Ihr Schwungrad war in diesen Jahren die Jugend. Man könnte sogar mit einer gewissen Übertreibung sagen, daß in der Opposition die mittlere Generation fehlte. Dafür arbeiteten die Zwanzigjährigen mit den Sechzig- und Siebzigjährigen zusammen.

Das stimmt zwar nicht ganz, aber im allgemeinen entsprach es der Wirklichkeit und beantwortet auch teilweise die Frage, was die Leute dazu bewogen hat, das Risiko einer oppositionellen Aktivität auf sich zu nehmen. Von seiten der Jugend war es einfach ein selbstloses Geschenk. Die Jugend verfügt über große Reserven an Selbstlosigkeit und Energie. Manchmal nützen das die Tyrannen aus und schikken junge Leute in blutige Kriege, manchmal aber können dieselben Reserven auch für bessere Zwecke genutzt werden.

In der Aktivität der Jugend war bisweilen das Wirken des polnischen Mythos spürbar, eine nicht allzu bewußte Hinwendung zu historischen Mustern. Darin lag viel Idealismus, wie er für das 19. Jahrhundert typisch ist. Es gab Szenen, die sozusagen lebendig der Vergangenheit entnommen waren. Mir ist ein Vortrag im Gedächtnis haftengeblieben, der im Rahmen der Fliegenden Universität im Frühling 1978 in Krakau von Tomasz Burek, einem hervorragenden Literaturkritiker, gehalten wurde. Burek redete von der allerneuesten polnischen Literatur, der Vortrag fand in einer der alten Krakauer Wohnungen statt, im Salon, dessen Wände mit alten Familienportraits behangen waren und der eine historische Atmosphäre schlechthin ausstrahlte. Der Vortragende stand am Klavier, eine Hand auf dem schwarzen Deckel des Instrumentes, zu seinen Füßen auf dem Parkett saßen etwa achtzig Studenten, die den Worten des Kritikers zuhörten. Die vergoldeten Bilderrahmen, der schwarze Flügel, auf dem Fußboden die Zuhörer. All das war äußerlich, eher eine historische Szenerie als die Situation an sich, aber trotzdem enthielt er gleichsam die Pose zu einem alten Bild, eine Bereitschaft, sich mit dem Mythos zu identifizieren.

In diesen Jahren bestand eine betächtliche Distanz zwischen der großen Mehrheit der Gesellschaft und den Oppositionellen. Es war weniger eine Distanz politischer oder geistiger Natur, sondern eher eine rein psychologischer Art. Die meisten versuchten sich an die Bedingungen des herrschenden Systems anzupassen, sie versteckten sich im Privaten, im Familienleben. Das ist überhaupt eine ständige und eine sogar etwas komische Dissonanz in den osteuropäischen Ländern: Ihre Regierungen und ihre Politbüros betreiben eine pathetische Politik im Dienste eines eigenartig verstandenen Sozialismus, die Bevölkerung dagegen versucht, entgegen dem Dogmatismus ihrer Herrscher normal zu leben, Kinder zu erziehen, sich einzurichten, die Wohnung zu möblieren, ein Auto oder einen goldenen Ring zu kaufen, Gänse zu züchten. Aus dieser das Leben liebenden Gemeinschaft sind die Oppositionellen ausgebrochen, sie dachten weniger an die Anpassung und Sicherheit, mehr an die Notwendigkeit, politisch unabhängige Handlungsweisen einzuführen.

Die Oppositionsbewegung hat auch für sich selber eine höhere Temperatur geschaffen, hier lebte man fieberhaft. Außerdem hatte sie eigene Ambitionen, eine eigene Hierarchie, sie wurde zu einer außerordentlichen Prestigequelle. Die Mutigen belohnte sie mit Bewunderung, die Feigen strafte sie mit Verachtung. Und eben diese höhere emotionelle Temperatur trennte die Oppositionellen von den übrigen Bürgern Polens. Es gab dagegen niemals eine reale Gefahr, daß die politische oder intellektuelle Bindung zu der schweigenden Mehrheit der Bevölkerung verlorengehen würde. Die Opposition drückte in deutlicher Form die Anschauungen aus, die von großen Kreisen mitgetragen wurden. Sie hatte allerdings keine Chance, sich in eine Massenbewegung umzuwandeln, da man dazu entweder ein todesmutiger Desperado sein oder eine starke Position in der Welt der Kunst oder der Wissenschaft haben mußte, um einen klaren und offenen Widerstand gegen die Staatsmacht zu riskieren. Trotzdem ist der Terminus «Dissident» in Polen eher in Anführungszeichen zu gebrauchen, denn die Oppositionellen hatten nicht das Gefühl, im Verhältnis zu der Gesellschaft isoliert zu sein.

Viele Fachleute, Wissenschaftler der Ökonomie, der Soziologie oder der Pädagogik, arbeiteten mit den oppositionellen Gruppen zusammen aus einem ähnlichen Antrieb heraus wie jenem, der uns einem betrunkenen Fahrer das Steuer aus der Hand reißen läßt. In der zweiten Hälfte der siebziger Jahre beging Giereks Mannschaft große Fehler auf allen Gebieten des gesellschaftlichen Lebens, sie plante irreale und schädliche Bildungsreformen, sie beschränkte die Aktivitäten der Jugendorganisationen, sie ruinierte die Wirtschaft. Weil jedoch seit dem Oktober 1956 hie und dort die Versuchung stärker geworden war, eine «société civile» ohne Rücksicht auf die von der Macht geäußerten Forderungen zu schaffen, verführte die Hilflosigkeit und die Schädlichkeit der Regierungsaktivitäten direkt dazu, die Sache in die eigene Hand zu nehmen.

Am 16. Oktober 1978 wurde Kardinal Karol Wojtyla, Erzbischof von Krakau, zum Papst gewählt. Im Juni 1979 besuchte der Papst Polen. Die westlichen Zeitungen schrieben von dem «nationalen Stolz» der Polen, das war auch nicht falsch, man mußte diesen Stolz nur genauer differenzieren. Es war ein anderes Gefühl als die Befriedigung, die sich in irgendeinem Volk erhebt, wenn seine Fußballmannschaft die Weltmeisterschaft gewinnt. Die Völker Osteuropas sind nicht sehr glücklich darüber, daß der Eiserne Vorhang sie von den westlichen Ländern trennt. Für die Polen bedeutete also die Tatsache, daß der bei Krakau geborene Priester Papst wurde, einen psychologischen Durchbruch der Barriere, die sie von der übrigen Welt trennte, und zwar einen nicht nur einseitigen Durchbruch. Da sollte jetzt einer, der polnisch dachte, eine Autorität für die Katholiken und die auf der ganzen Welt verstreuten Christen werden!

Dagegen war der Papstbesuch im Juni 1979 ein starker Antrieb im Kristallisierungsprozeß dieser gesättigten Lösung, weil die großen Massen, die Johannes Paul II. begrüßten, für einige Stunden gleichsam zu unabhängigen gesellschaftlichen Organismen wurden. Sie zerstreuten sich zwar danach, aber eine gewisse Spur blieb zurück. Die Begegnung mit dem Papst, per definitionem friedlich, trug meiner Meinung nach auch dazu bei, die bösen Assoziationen, die seit den Ereignissen in Posen im Juni 1956 vorhanden waren, etwas zu mildern. Sie half, den Zusammenhang zwischen Masse und Gewalt auch anders zu sehen. Disziplin und Herzlichkeit einer riesengroßen Menschenmenge – das war etwas Neues, etwas, was sich im August 1980 in den besetzten Werften und Bergwerken wiederholen sollte.

Der Papst spielte also eine wichtige Rolle, er gehörte zu den sehr hell leuchtenden Kristallen in der zweiten Hälfte der siebziger Jahre. Seine unerhörte Karriere wurde zur Bestätigung und Anerkennung der Werte, die im polnischen Gemeinschaftsleben verstreut waren, und der Papstbesuch bewirkte, daß die ermüdete polnische Seele wieder ein wenig Glauben an die eigene Kraft zurückgewann.

Die späten siebziger Jahre waren auch die Zeit einer großen, gefräßigen Korruption, deren Ausmaß erst nach dem Streik vom August 1980 ans Licht gebracht wurde. Zur Impotenz des herrschenden ökonomischen Systems kamen ordinäre Gaunereien höherer Staats- und Parteifunktionäre. Ich glaube, daß sich die Eile, mit der sich viele von ihnen das Geld und die Güter, die der ganzen Gesellschaft gehörten, aneigneten, unter anderem aus der Nüchternheit ergab, mit der sie das sich nähernde Ende der Gierek-Epoche erkannten. Denn dieses war bereits seit dem Juni 1976 vorauszusehen, seit den Arbeiterunruhen in Radom und Ursus, und der bisherige Rhythmus der politischen Veränderungen in Polen hatte gelehrt, daß ein Wechsel unvermeidlich ist. Jener Rhythmus schwächt ein wenig die Attraktivität des Herrschers in Polen; für viele Funktionäre des Staats oder der Partei schien es in dieser Situation am vernünftigsten, sich auf Vorrat Staatsgelder, Güter oder Immobilien anzuschaffen.

Eine die Korruption begleitende Erscheinung war eine «Bonapartisierung» des öffentlichen Lebens, besonders in der Provinz. In den Städten, Fabriken und Büros wuchsen Tausende kleinerer Tyrannen heran, despotische Direktoren, unverschämte Wojewoden, erbarmungslose Abteilungsleiter. Einige von ihnen vereinigten zweifellos eine deutliche Neigung zur Korruption oder zum Luxusleben mit der despotischen Ausübung der ihnen anvertrauten Macht. Die Mischung zwischen einem schlechten Gewissen und einer herrschenden Hand, einer zornig erhobenen Stimme wurde zu einer ziemlich allgemeinen Erscheinung.

Diese Zustände wurden vor allem im Film porträtiert. Zu jener Zeit machte sich nämlich eine neue Generation von Regisseuren mit realitätsnahen künstlerischen Ambitionen und polemischem Temperament bemerkbar. Die jungen Regisseure, wie etwa Kieslowski, Falk, Agnieszka Holland, registrierten in ihren Filmen den charakteristischen Widerspruch dieser Zeit – die Verschlimmerung der Macht und die Verbesserung der Gesellschaft, hauptsächlich der Jugend. In ihren Filmen, so im «Amateur» von Kieslowski, aber auch in «Tarnfarbe» von Zanussi, konnte man jene kleinen Napoleons betrachten, die sich in den Fabriken breitmachten, oder auch die Jugend, die teilweise ironisch, manchmal rebellisch, zuweilen sich dem Druck der Umgebung beugend, gezeigt wurde.

Ähnlich wie dem «Prager Frühling» 1968 eine Welle von realistischen Filmen vorausging, so wurde auch in Polen der

August 1980 durch Filme vorbereitet, die sich durch eine große Sensibilität für neue Schattierungen, für neue menschliche Qualitäten in der gesellschaftlichen Landschaft auszeichneten. Andrzej Wajda saß nicht müßig herum, er schuf eine ganze Serie von Filmen – allen voran «Der Mensch aus Marmor» –, die ein großes Publikum hatten und auf ihre Weise auch zur Kristallisierung der Lösung beitrugen.

«Warum müssen immer einige Dichter um zwanzig bis hundert Jahre voraus sein?» fragte Robert Musil in seinen «Tagebüchern». Die siebziger Jahre waren in Polen ein äußerst interessantes Schauspiel. Die Denkweise, die bislang an die fünfzig Jahre hinter der geschichtlichen Entwicklung herhinkte, holte die Wirklichkeit ein. Die linke Intelligenz, die noch in Kategorien von vor 1945 dachte, wurde sich dessen bewußt, welch eine große Bedeutung die Existenz der katholischen Kirche für die polnische Gesellschaft hat. Die katholischen Intellektuellen verziehen beinahe den Ex-Stalinisten und begriffen, daß die Tätigkeit der Revisionisten eine große erzieherische Bedeutung und trotz aller Fehler während der fünfziger und sechziger Jahre einen Hauch von sozialistischem Ethos in seiner vortotalitären Gestalt gebracht hatte. Die junge Generation der Katholiken fühlte sich in der Wirklichkeit der Volksrepublik Polen zu Hause und erkannte dieses Land als ihr eigenes an, ohne im geringsten die kritische Einstellung zu verlieren. Die ältere Generation nämlich, die Katholiken und die ehemaligen Kämpfer der Heimatarmee, die erst nach dem Oktober 1956 ein normales Leben beginnen konnten, haben meiner Meinung nach nie aufgehört, das Nachkriegspolen als ein Provisorium anzusehen.

Überhaupt hat die junge Generation in den siebziger Jahren die Funktion eines gemeinsamen Nenners erfüllt. Sie hat den Alten klargemacht, daß sie mehr miteinander verbindet als trennt. Die junge Generation brachte auch eine biologisch motivierte, große Portion Hoffnung und einen ganz natürlichen Optimismus mit – Eigenschaften, die in der älteren Generation schon seit langem vergessen waren. Aber die Alten erwiesen sich als sehr nützlich, denn nur sie konnten sich an ein normales politisches Leben erinnern und davon berichten. In dem Sinn waren auch die politischen Spaltungen der älteren Generation etwas Nützliches, weil ein politisches Leben nicht ohne Unterteilungen auskommt.

Die Wendung zur Tradition, zur Geschichte und zum historischen Mythos wurde zum intellektuellen Korrelat eines wiedererwachten Patriotismus. Die polnische Tradition bietet sich mit ihren verlorenen Chancen und bedeutenden Persönlichkeiten gleichsam an, um ein historisches Problem an ihr zu studieren. Sie ist insofern fesselnd, als sie viel mehr sein kann als ein Studienobjekt, sie enthält viel mythenschaffendes Material, man kann Segmente von symbolischem Wert eines Symbols aus ihr herauslesen. Im Patriotismus der siebziger Jahre gab es viele rationale Elemente. Es scheint, daß die Schule des satirischen Denkens – etwa die Werke von Gombrowicz, die Theaterstücke von Mrozek oder die Aphorismen von Lec – nicht unnütz war. Man kann einen Film oder einen Roman, der aus dem kritischen Patriotismus hervorging, leicht von den Werken unterscheiden, die vom «neuen Nationalismus» der Parteigruppe der «Partisanen» inspiriert waren.

Die Intellektuellen begannen nicht nur miteinander zu reden, es kam auch zu Begegnungen und intensiven Kontakten mit den Arbeitern und den Bauern. Die KOR-Leute reisten im Land herum, führten Gespräche, ließen Zeitungen und Bulletins zirkulieren. Die Lösung kristallisierte sich, und im August 1980 schuf sie das bis dahin größte Kristall – die unabhängige sich selbst verwaltende Gewerkschaft.

Wenn sich die Entwicklung der Ereignisse auf diese Weise darstellt, suggeriert sie gewissermaßen, daß sich hinter den Fakten eine Notwendigkeit verbirgt, daß es also zur Schaffung der Gewerkschaft «Solidarität» kommen mußte. Das ist nicht so, es mußte nicht zu ihr kommen, es hätte sehr wohl gar nicht zum Streik in Danzig kommen müssen, er hätte eine andere Wendung nehmen, die Partei hätte sich anders verhalten können. Dennoch besteht kein Zweifel: Die gesellschaftliche Lösung unterlag dem Kristallisierungsprozeß, die zersprengten Emotionen und Gedanken, die Gespräche und Träume begannen wieder ein deutlicheres Muster zu bilden.

9

Wasser und Feuer vereinigen sich gegen den Machtanspruch der Kommunisten

Der Danziger Aufstand

Sofort nach dem Ende des Streiks der Werftarbeiter im August 1980 erschienen in den in Polen herausgegebenen Zeitschriften und Tageszeitungen Reportagen und Artikel über die Angelegenheiten der Arbeiter. Erfahrene Journalisten und Soziologen, die sich seit Jahren mit dem Problem der polnischen Arbeiterklasse professionell beschäftigten, gestanden jetzt mit kindlicher Naivität, wie sehr sie die Ereignisse vom Sommer 1980 überrascht hatten. Es überraschte sie nicht nur der Verlauf dieser Ereignisse, sie wunderten sich vor allem über die große Reife der Streikenden und über das Bild des Arbeiters selber, das aus dem Chaos der kritischen Tage auftauchte. Einer schrieb sogar, daß man die Arbeiterunruhen auf eine Rebellion gegen den unübersetzbaren Ausdruck «robol» zurückführen könnte, eine verächtliche Bezeichnung, die anklingen läßt, daß der Arbeiter nur an die Wurst denkt, nachlässig arbeitet und nach der Arbeit Bier trinkt.

Die Überraschung der Publizisten und Soziologen ist an sich wiederum etwas überraschend, denn es handelt sich bei den Arbeitern um eine große Bevölkerungsgruppe, die obendrein laut Doktrin in der Volksrepublik Polen die Macht besitzt. Es stellte sich heraus, daß in Wirklichkeit niemand wußte, nicht einmal ahnte, wer die polnischen Arbeiter sind, was sie denken, woran sie glauben. Die Augustrevolution von 1980 war in einem gewissen Maß eine Revolution der Identität. Die Arbeiter zeigten zum erstenmal der gesamten Gesellschaft ihr Gesicht, zum erstenmal auch zeigten sie – wie ein Riese, der sich bis dahin der eigenen Kraft nicht bewußt war – deutlich ihre Eigenschaften und Möglichkeiten.

Im Arbeiterstaat gehörten die Arbeiter erstaunlicherweise zu den Gesellschaftsgruppen, die am meisten geschädigt waren, wenn es um eine politische oder kulturelle Repräsentation ging. Oft zwar materiell privilegiert – zumindest die Facharbeiter, unter ihnen die Werftarbeiter und die Bergarbeiter, die in dieser Hinsicht sogar die Lehrer, die jungen Ärzte und überhaupt die Intelligenz überholten –, wurden sie gleichzeitig zum Kanonenfutter der Ideologie. In ihrem Namen wurde das Land beherrscht, sie waren es, die auf roten Transparenten bei den Umzügen am 1. Mai und auf Aufschriften an den Fabrikmauern geehrt wurden. Doch das war eine offenkundige Lüge, denn die bürokratisierte Partei, also weiße Kragen und rote Krawatten, beherrschten das Land.

Seit die Kommunisten die unabhängigen Gewerkschaften liquidiert und an ihre Stelle eine einheitliche, absolut von der Partei gesteuerte Gewerkschaft eingeführt hatten, seit die Polnische Sozialistische Partei von der Erdoberfläche verschwunden war, die vor dem Krieg neben dem Jüdischen Sozialistischen Bund die Arbeiterinteressen vertreten hatte, seit den Arbeitern das Streikrecht weggenommen worden war, wurde ihre Situation paradox. Theoretisch waren sie die Herrscher des Landes, praktisch wurden sie jedoch stumme Vollstrecker der Empfehlungen des Meisters, des Ingenieurs, des Direktors und vor allem des Parteifunktionärs. Die Arbeiter verstummten, für sie redete die Partei wie ein Regent im Namen des unmündigen Königs. Per definitionem sollte die Partei eine Arbeiterpartei sein. Sie war und ist aber eine Beamtenpartei, die zentral von Funktionären gelenkt wird, deren Hände von Tinte und nicht von Zement oder Maschinenöl beschmutzt sind.

An Stelle von Rechten erhielten die Arbeiter eine Doktrin. Ein Streik war danach nicht notwendig, weil die Arbeiterklasse zum Eigentümer der Produktionsmittel erklärt wurde. Aber über die Produktionsmittel verfügten in der Wirklichkeit die weißen Kragen und roten Krawatten, und nicht die Arbeiter. Als im Oktober 1956 Arbeiterräte entstanden, zeichnete sich die Möglichkeit ab, das einseitige zentralistische Modell zu verändern. Aber Wladyslaw Gomulka liquidierte die Räte sehr bald. Während der beschleunigten Industrialisierung in den fünfziger Jahren wuchs die Zahl der Industriearbeiter sehr rasch, die Dorfjugend kam in die Fabriken. Das war ein wesentlicher Wandel. Überhaupt hat die große Industrialisierung in Polen sehr weitgehende gesellschaftliche Veränderungen mit sich gebracht. Einige von ihnen waren vorteilhaft, weil die Bewohner von vernachlässigten Regionen die Chance einer Berufskarriere erhielten. Leute, die sich aus den ärmsten Dorfbewohnern rekrutierten und keine eigenen Höfe besaßen, konnten sich in Städten ansiedeln. Die etwas starre soziale Hierarchie, die Rangordnung der Schichten und Stände wurde umgestoßen. Die große Vermischung hatte unabhängig von den oft polizeilichen Methoden, die in dieser Zeit angewendet wurden – etwa bei der Durchführung der Agrarreform, bei der Enteignung der Fabrik-, Haus- und Ladenbesitzer oder bei der Zwangskollektivierung der Bauern – viele positive Eigenschaften, die auf eine bessere Zukunft hoffen ließen.

Aber auch diese große «Vermischung» – wie man diesen Zeitraum nennen müßte – war stumm. Sie wurde von einer verlogenen Propaganda begleitet, sie hatte keine eigenen und authentischen Organisationen, Institutionen oder Vereinigungen. Dieser Mangel eben, der aus dem absoluten Verbot herrührte, außerhalb der von der Partei geschaffenen Organisationen irgendwelche anderen zu gründen, setzte den Arbeitern am meisten zu. Man sagte ihnen, sie seien glücklich, sie seien die Pioniere einer neuen Epoche in der Geschichte der Menschheit. Die Arbeiter dagegen wußten nicht, wie sie sich gegen den ungerechten Direktor oder Meister wehren sollten.

Die Situation des Arbeiters, der von seinem Vorgesetzten ungerecht behandelt wird, ist in einer sozialistischen Fabrik schwieriger als in einer kapitalistischen Firma, weil es keine unabhängigen Gewerkschaften gibt, die für die Verfolgten eintreten können. Obendrein gehört auch die Nachbarfabrik immer derselben Firma, nämlich dem Staat, und ein schwarzes Schaf, das aus einem Betrieb entfernt wird, kann nicht mit der Nachsicht der Verwaltung in einer anderen Firma rechnen.

Im Grunde waren die Arbeiter in der schwierigsten aller Situationen, zumindest im politischen und kulturellen Sinn. Alle anderen gesellschaftlichen Gruppen erhielten irgendwelche tröstenden Belohnungen dafür, daß man ihnen das Recht zu einer freien politischen Tätigkeit genommen hatte. Die Bauern behielten ihr Land, obwohl ihnen die politischen und genossenschaftlichen Interessenvertretungen weggenommen wurden. Den Handwerkern ließ man im allgemeinen die Werkstätten, obwohl man sie mit Steuern drangsalierte. Der Intelligenz ließ man, besonders nach den Oktoberunruhen des Jahres 1956, den Zugang zum Fachwissen und ein verhältnismäßig freies Schaffen. Man verurteilte sie geradezu zur Kultur, um sie aus der Politik herauszuhalten. Die katholische Kirche konnte ihre heiligen Messen lesen, die Klöster wurden nicht liquidiert, die Kirchen nicht geschlossen.

Die Arbeiter aber durften nur arbeiten und verdienen. Hohe Verdienste für die Facharbeiter sollten eine Entschädigung für den Verlust der traditionellen Arbeiterrechte sein. Es war ein sehr dünner Faden, an dem die Loyalität der Arbeiter hing. So hatten auch alle bisherigen Arbeiterunruhen einen materiellen Hintergrund. Sie ergaben sich aus dem Protest gegen herabgesetzte Löhne oder erhöhte Preise. Im Sommer 1980 fand eine heimliche Erhöhung der Fleischpreise statt, da man viele Fleischsorten, die bis dahin in gewöhnlichen Geschäften zugänglich waren, in sogenannte kommerzielle Geschäfte verlegte, die das Fleisch, eine Mangelware, zu beträchtlich höheren Preisen verkauften. Zwar war der direkte Grund, der den wichtigsten Streik in der Danziger Werft ausgelöst hatte, der Protest gegen die Entlassung von Anna Walentynowics, einer Arbeiterin, die zum Danziger «Gründungskomitee Unabhängige Gewerkschaftszelle» gehörte; aber auch dieser Streik wäre sicher nicht zustande gekommen, wenn es nicht schon vorher, seit Juli, apolitische Streiks der Eisenbahner und anderer Arbeitergruppen gegeben hätte.

Zugleich versuchten die zumeist aus wirtschaftlichen Gründen streikenden Arbeiter, schnell Organisationen zu bilden: spontan entstanden Streikkomitees und eigene Ordnungsdienste. Das ergab sich aus der instinktiv empfundenen Notwendigkeit einer Selbstverteidigung, die nur wirksam wird, wenn die Belegschaft über eigene Organisationen verfügt. Aber gleichzeitig offenbarte sich in dieser Bewegung eine starke Sehnsucht nach Identität, ein elementares Bedürfnis einer gesellschaftlichen Existenz, das Bestreben, einen Ausdruck für die eigenen Sorgen, Wünsche und Forderungen zu finden. Die Parteipropaganda dagegen wiederholte den Arbeitern Tag und Nacht: Ihr seid das Salz der Erde, ihr seid eine große Kraft, euch gehört die Macht. Der Kontrast zwischen der Welt der Schlagworte und der politischen Ärmlichkeit des Alltags war zu groß und wuchs ständig. Dieser Kontrast trug dazu bei, daß die Wut der Arbeiter zunahm und gleichzeitig ein Gefühl ihrer zunächst einmal potentiellen Kraft.

In den siebziger Jahren vereinigten sich auf eine geradezu phantastische Weise die gewöhnlichen strukturellen Fehler des Kommunismus mit den zusätzlichen Irrtümern und Fehlentscheidungen von Partei und Regierung. Bräuche und Mißbräuche schufen eine gefährliche Mischung. Die Bonapartisierung des öffentlichen Lebens und die Arroganz der Vorgesetzten verletzten tief das Gerechtigkeitsgefühl des Volkes. Die Kaste der Partei- und Staatsfunktionäre gab sich kaum noch die Mühe, ihre Privilegien geheimzuhalten. Das tägliche Leben der Normalbürger wurde immer schwieriger, während die Funktionärskaste Zugang zu dem bevorzugten Versorgungsnetz hatte, über ein geschlossenes Gesundheitssystem verfügte, also über bessere Krankenhäuser und Sanatorien, aber auch über eigene Ferienheime und Jagdreviere. Sie war in fast jeder Hinsicht privilegiert, ob es um einen Urlaub im Land selber oder im Ausland ging, um den Kauf einer Waschmaschine, um die Zuteilung einer Wohnung oder einen Vorschulplatz für die Kinder.

Es war ein gespensterhafter Tanz auf dem Vulkan, weil sich die wirtschaftliche Lage Polens immer mehr verschlechterte und keineswegs die Privilegien einer Kaste rechtfertigte, die das Land nicht stärkte, sondern zugrunde richtete. Der Graben zwischen «wir» – die Bevölkerung – und «sie» – die Funktionärskaste – wurde so tief wie nie zuvor. Es erinnerte ein wenig an die Situation vor der Französischen Revolution, an jene begründete Wut der französischen Bauern, als eine Bande jagender Adliger ihre Felder und Gärten zerstörte. Hierin lag vielleicht der hauptsächliche, der stärkste Impuls des Arbeiteraufstandes von 1980. Er lag im verletzten Stolz der Menschen, die wußten, was sie wert waren, die wußten, daß sie «denen» nicht nachgeben mußten, daß sie ein Recht auf ein besseres Leben, auf Würde haben. Sie waren intelligent genug und konnten die Lage genau beurteilen. Darüber hinaus war der Kristallisierungsprozeß weit fortgeschritten. Es lag etwas in der Luft, es braute sich was zusammen. Die langsame Kristallisierung einerseits, das Sichklarwerden über gesellschaftliche Zusammenhänge andererseits bewirkten, daß die wachsende Wut allmählich Gestalt annahm.

Man muß den emotionellen Inhalt der Danziger Revolte von der endgültigen Form, die sie annahm, unterscheiden. Die Partei hatte es mit ihrer kurzsichtigen Politik geschafft, in den Massen eine große Wut anzustauen. Die Kräfte dagegen, die bis heute von einem Teil der Parteipublizisten in Polen als «antisozialistische» bezeichnet werden, vor allem das KOR-Komitee für gesellschaftliche Selbstverteidigung, das sich zur Hälfte aus Sozialisten zusammensetzt, trugen entscheidend dazu bei, daß die Revolte einen stillen, friedlichen Verlauf nahm, daß absolute Disziplin gewahrt wurde und es zu keinerlei Gewaltakten kam. Ohne diese «antisozialistischen Kräfte» hätte es im Sommer 1980 oder einige

Monate später zu einem völlig unkontrollierten Ausbruch der Emotionen kommen müssen, der unberechenbar in seinen Folgen, mit Sicherheit gewaltsamer als im Dezember 1970 gewesen wäre. Die Folgen auf der nationalen und internationalen Ebene wären unabsehbar gewesen und möglicherweise wäre wieder das Blut von Arbeitern, Soldaten und Polizisten geflossen.

In Stettin, Danzig und Elbing, also in den Städten, in denen es im Dezember 1970 zu den blutigen Zusammenstößen gekommen war, waren die siebziger Jahre eine Probezeit. Die dort lebenden Arbeiter vergaßen die Gespräche und Schlagworte vom Dezember 1970 nicht, sie vergaßen auch nicht die Versprechungen, die Tätigkeit der Gewerkschaften zu reformieren und den Herrschaftsstil der Partei zu verändern. Parteichef Gierek dagegen vergaß die von ihm gegebenen Versprechungen schnell. Die Arbeiter hatten ein weit besseres Gedächtnis als der Erste Parteisekretär. Sie konnten sich daran erinnern, daß Gierek durch sie an die Macht gekommen war – so wie er durch sie die Macht wieder verlieren sollte. Im Dezember 1970 hatten die Arbeiter freilich weder für noch gegen Gierek gekämpft, sein Aufstieg war gleichsam ein Nebenprodukt der Tragödie an der Küste. Es schien also, als ob in den Küstenstädten die Machenschaften der Partei in den siebziger Jahren wachsamer als woanders beobachtet würden. Die Werftarbeiter mußten Gierek als eine Art Abgeordneten ansehen, der, wenn er sie schon nicht repräsentierte, doch auf jeden Fall eine politische und moralische Verpflichtung ihnen gegenüber hatte. Die Entfremdung der kommunistischen Führer, von der manchmal die Rede ist, beruht darauf, daß sie sich praktisch im geschlossenen Kreis der «oberen Zehntausend» bewegen und daß die Signale, die von der Außenwelt kommen, so schwach sind, als kämen sie aus dem Kosmos. Das ganze innerparteiliche Filtersystem beraubt die Signale jeden Inhalts. Die Rechenschaftsberichte der unteren Instanzen enthalten naturgemäß keine negativen Akzente, da dies von ihrer unzureichenden Arbeit zeugen würde. So ist selbst ein

Parteiführer mit ausgesprochen gutem Willen durch verschiedene Beschränkungen eingeengt, unter anderem durch den Mangel an Information.

Die Situation in den siebziger Jahren war jedoch anders als zu Gomulkas Zeiten: Die Werftarbeiter zeigten mehr Konsequenz und Widerstand als die Posener Arbeiter 1956, sie sahen ihre Sache als ein mehrere Jahre dauerndes Duell. Es half ihnen ein Zufall, und das war die Gründung des KOR-Komitees.

Zwar hat nicht KOR die Werftarbeiter überredet, der Macht auf die Finger zu klopfen, auch hat KOR nicht die Streiks organisiert. Jedoch veränderte sich die Situation von dem Augenblick an, als die ersten von der Zensur unabhängigen Bulletins oder Zeitschriften, unter anderen *Der Arbeiter*, erschienen. Nun lösten sich die Gefühle und Gedanken nicht mehr in privaten Gesprächen, Klagen und Wodka auf, sondern begannen Gestalt anzunehmen. In Danzig entstand eine KOR-Gruppe, die eine unabhängige Gewerkschaftsbewegung in Gang setzte; zu ihr gehörten Andrzej Gwiazda, Anna Walentynowicz und auch Lech Walesa. In Sopot (Zopot) wohnte Bogdan Borusewicz, ein Mitglied des KOR. Es fanden Begegnungen und Diskussionen statt. Am Jahrestag der tragischen Ereignisse vom Dezember 1970 begann man, Blumen an die Mauern der Werft zu legen.

Die Kristallisierung, die durch die Gründung von KOR-Komitees im ganzen Lande beschleunigt wurde, zeigte sich auch in den Städten der Küste. Hier war diese brodelnde Lösung der gesellschaftlichen Konflikte besonders gesättigt. Selbst die bescheidensten unabhängigen Zeitungen, Bulletins oder Flugblätter hatten, wenn sie sich nur auf sachliche Weise mit der laufenden Arbeiterproblematik beschäftigten, eine ungeheure Bedeutung. Seit der Arbeiteraufstand vom Dezember 1970 aufgehört hatte, zur Sphäre des Mythos und des Volksliedes zu gehören, wurde er analysiert und verstanden.

Die elf in Privatwohnungen auf schlechtem Papier und mit primitiven Maschinen gedruckten Zeitungen zeigten die

Fehler auf, die im Dezember 1970 begangen wurden – insbesondere die Tatsache, daß damals Gefühlsausbrüche im Vordergrund standen und nicht besonnenes, organisiertes Handeln. KOR, das eine unabhängige Verlagstätigkeit ins Leben gerufen hatte, trug auf entscheidende Weise dazu bei, daß das kollektive Gedächtnis wieder erwachte und daß, wenn auch nur in geringem Maße, wieder eine unabhängige öffentliche Meinung entstand. Aber gerade das Gedächtnis spielte in diesem Fall die größte Rolle und war am allernotwendigsten.

Daß es tatsächlich so war, davon konnte man sich während der Auguststreiks von 1980 überzeugen: Alle Mitglieder der Streikkomitees beriefen sich auf die Fehler, die in den vergangenen zehn Jahren begangen worden waren; die Erinnerung an die damaligen Tage wurde nicht nur bewahrt, man zog auch Schlußfolgerungen aus den Erfahrungen. Das wäre ohne jahrelange Vorbereitungen, ohne eben diese Zeitungen, Begegnungen und Diskussionen, nicht möglich gewesen.

Im August 1980 waren die Arbeiter der Küste deshalb so gut organisiert, weil schon zwei Jahre zuvor eine Gruppe unabhängiger Arbeiterführer existierte, die die verschiedenen Gefahren klar erkannten. Sie wußten um ihre Stärke, und sie wußten, daß sie es nicht nötig hatten, Gewalt anzuwenden. Es genügte, daß sie aufhörten zu arbeiten und daß sie die Fabriken nicht verließen. Die Arbeiter an der Küste waren also keine unberechenbare Masse mehr.

Alle vorherigen Arbeiteraufstände bewiesen, daß die offiziellen bürokratischen Arbeiterorganisationen, das heißt die Parteikomitees der Fabriken und die staatliche Gewerkschaft, keinerlei Kontrolle über die schnell wachsenden Emotionen hatten und schon in den ersten Stunden des Streiks oder der Unruhe aufhörten, irgendeine Rolle zu spielen. Sie hatten auf ihre Art in der Vergangenheit funktioniert, wenn sich nichts Besonderes ereignete, aber in dramatischen Momenten verlor ihr routinemäßiges Handeln jede Wirksamkeit.

Es stellt sich oft die Frage, warum ausgerechnet die Küstenstädte Stettin, Gdingen, Danzig, Elbing und auch Köslin zum Zentrum der Arbeiterbewegung nach dem Kriege wurden. Viele Publizisten antworten, daß es an der Spezifik der Hafenstädte liegt, mit ihrer Weltoffenheit, mit ihren häufigen Kontakten zu anderen Ländern. Aus der Perspektive einer Hafenstadt sind die Probleme anderer Länder, darunter auch die Arbeiter- und Gewerkschaftsprobleme, leichter zu erkennen.

Die Werftarbeiter gehören zur Arbeiteraristokratie, nicht nur weil sie verhältnismäßig hohe Löhne beziehen und weil sie hauptsächlich für den Export produzieren, sondern auch, weil die Werftindustrie in Polen leistungsfähig und modern ist – die einzige eindrucksvolle Errungenschaft der polnischen Industrie nach dem Krieg. Vielleicht ist hier noch ein gewisses Element der guten Vorkriegstradition vorhanden, das sich mit Gdingen und seinem Baumeister, dem Vizepremierminister Eugeniusz Kwiatkowski verbindet. Kwiatkowski gehörte vor dem Kriege zu einer kleinen Gruppe von modern und liberal denkenden Politikern in den Regierungen der Pilsudski-Koalition. Er war der Initiator und energische Leiter des Aufbaus von Gdingen als Stadt und als Hafenzentrum. In den ersten Jahren nach dem Krieg, bevor der sehr harte stalinistische Kurs begann, erfüllte er sogar noch die Funktion des Regierungsbevollmächtigten für die Küstenindustrie.

Sicherlich hat die Generation der gegenwärtigen Werftarbeiter nicht viel von Eugeniusz Kwiatkowski gehört, denn die meisten von ihnen sind Kinder von Umsiedlern, die aus den von der UdSSR annektierten Ostgebieten Polens in diese Gegend gezogen sind. Aber manchmal finden sich auch später noch Spuren jener Energie, die solch bedeutende Menschen einst auszeichnete. Das muß gar kein mystischer Einfluß sein, es genügt, daß eine gewisse Kontinuität der Handlungen vorhanden ist.

Für viele Beobachter der Ereignisse von 1980 waren Haltung und Philosophie der Arbeiter ein Rätsel. Man fragte sich, woher so intelligente Arbeiter kommen. Das hat mehr mit den Erwartungen der internationalen oder auch nationalen Beobachter zu tun als mit der gesellschaftlichen Wirklichkeit der Arbeiterklasse. Es gibt keine Klasse oder gesellschaftliche Gruppe, um die so viele Mythen gesponnen wurden, so viele sehnsuchtsvolle Hoffnungen, wie gerade um das Proletariat. Die Intellektuellen statteten die Arbeiterklasse mit mystischen Eigenschaften aus. Oder sie entzogen ihnen diese außergewöhnlichen Eigenschaften, wenn ihrer Meinung nach das Proletariat sich nicht in geziemender Weise verhielt; dann sprachen sie ihm die historische Bedeutung ab.

So war es im Westen, als die rebellischen Studenten und ihre intellektuellen Meister Ende der sechziger Jahre behaupteten, das Proletariat habe seine revolutionären Fähigkeiten verloren. Ähnlich war es aber auch in Polen, wo lange Zeit hindurch ein großer Teil der Intelligenz die Passivität der Arbeiter im März 1968 als sehr schmerzhaft empfand. So fand man nur selten ein sachliches Urteil über die Arbeiter, im allgemeinen überwog ein mythisches Denken, das zwischen Bewunderung und Verachtung schwankte, zwischen Hoffnung und Enttäuschung.

In all diesen Erwartungen ist der linke, marxistische, ziemlich orthodoxe Mythos lebendig, der Mythos eines Proletariats als des Apostels einer klassenlosen, vollkommenen Gesellschaft. Aber es mangelt auch nicht an Theoretikern, obwohl sie in der Minderheit sind, für die die Arbeiterklasse eine Mission christlicher oder theokratischer Natur zu erfüllen hat. Die letzteren können mit der Haltung der Danziger Arbeiter zufrieden sein, aber auch sie würden sich irren, wenn sie in den polnischen Ereignissen eine Bestätigung ihrer Vorstellungen sähen.

Die Arbeiter leben auf dem Boden der Tatsachen und nicht im Himmel der Mythen. Sie sind – auf jeden Fall in Polen – dabei sehr stark mit der gesamten Gesellschaft verbunden. Dazu trägt das Monopol des Staates als des einzigen Arbeitgebers bei. Abgesehen von den privaten Bauern, haben fast alle Berufstätigen in Polen mit demselben Arbeitgeber, mit dem Staat zu tun. Es ist also nicht so, daß die Arbeiter eine ganz besondere Ideenwelt hätten, die für alle übrigen sozialen Schichten exotisch wäre. Auch die soziale Zusammensetzung der polnischen Arbeiterschaft ist sehr heterogen. Neben den Nachkommen von Proletarierfamilien sind es die Söhne und Töchter von Bauern – einige von ihnen sind Nachfahren des armen oder verarmten Kleinadels – und auch Kinder aus Intellektuellenfamilien.

Es gibt Regionen – das sagt man von Oberschlesien –, wo ein gewisser Antagonismus zwischen Arbeitern und Intelligenz auftritt. Die Arbeiter scheinen dort in den Intellektuellen die Verbündeten der Parteibürokratie zu sehen. Das ist jedoch keine allgemeine Erscheinung. Allgemein verbreitet ist dagegen die Überzeugung der Arbeiter , daß sie eine politische Klasse sind, daß es in großem Maße ihnen zusteht, über die Geschicke des Landes zu entscheiden.

Die Verwunderung darüber, daß die Arbeiter so intelligent sind, teile ich offen gestanden nicht, und ich verstehe sie auch nicht. Warum sollten sie nicht intelligent sein? Gebildete und ungebildete Menschen trennt im allgemeinen nicht die Intelligenz, sondern der Grad der Bildung, die Kenntnis von Shakespeares Sonetten, der späten Streichquartette von Beethoven oder des «Tractatus» von Ludwig Wittgenstein. Um dagegen die öffentlichen Dinge richtig zu beurteilen, genügt der gesunde Menschenverstand und ein Freiheitsinstinkt. Die Menschen, die in den Fabriken beschäftigt sind und täglich mit der Wirklichkeit zu tun haben, sind den Intellektuellen insofern überlegen, als sie unempfänglich für den Bazillus des Mythos oder der Ideologie sind. Weder glorifizieren sie sich selber, noch glauben sie an Utopien.

Die Arbeiter verkündeten also keine ideologischen Schlagworte, weder im Sinn einer klassenlosen Gesellschaft noch im Sinn einer theokratischen Mission. Ihr Bündnis mit der Kirche ging nicht so weit, daß sie bereit gewesen wären, jede Empfehlung des Klerus blind zu erfüllen. Das bewies die berühmte Inschrift «Die Madonna streikt», die an der Danziger Werftmauer am Tag nach der nicht sehr geglückten Predigt zu lesen war, die der Primas, Kardinal Wyszyński, am 26. August 1980 in Tschenstochau gehalten hatte.

Die Arbeiter traten als politische Klasse in dem Sinne auf, daß sie objektiv und subjektiv die gesamte Gesellschaft repräsentierten und in ihrem Namen sprachen. Als Arbeiter forderten sie freie Gewerkschaften und das Streikrecht, als Polen und Christen forderten sie, daß die heilige Messe im Radio übertragen würde, als Bürger verlangten sie, daß die Kompetenz der Zensur beschränkt würde. Das alles ist nicht schwer zu verstehen, man muß nur den Mythos vom Proletariat verwerfen, der seine eigenen, für andere unzugänglichen Wahrheiten verkündet.

Die weitere Entwicklung der Ereignisse zeigte, daß für die Partei – und für die Stabilisierung der politischen Situation in Polen – die Stimmungen in jenen Landesteilen viel gefährlicher waren, in denen sich die Arbeiter gar nicht oder nur in geringem Maße auf eine verstärkte Gewerkschaftsarbeit vorbereitet hatten. Dies waren Regionen, in denen die oppositionelle Zeitung *Der Arbeiter* kaum gelesen wurde, in die die jungen Helfer des KOR nicht kamen und in denen sich keine Kleinstgruppen freier Gewerkschaften gebildet hatten. Die starken Emotionen, die von der «Solidarität»-Führung so schwer zu beherrschen waren, etwa in der Gegend von Jelenia Góra (Hirschberg) oder Bielsko-Biala (Bielitz), waren von debütantischer Frische, dort brannten die Leidenschaften lichterloh, aber sie waren auch gefährlich. Im Grunde verdankt die Partei dem KOR-Komitee sehr viel. Dort, wo die durch die Schriften oder Gruppen des KOR gelenkte Kristallisierung des Arbeiterbewußtseins weiter fortgeschritten war, stand der Staatsmacht ein reifer Verhandlungs- und Vertragspartner gegenüber. Dieser Partner reagierte auf rationale Argumente, wie die wirtschaftliche Situation des Landes oder die Bedrohung von seiten der beunruhigten Nachbarn Polens.

Die Revolte der Arbeiter an der Küste barg insofern ein

antiutopisches und antimythisches Element in sich, als die Gewerkschaft «Solidarität» sich entschieden gegen eine falsche, von der offiziellen Doktrin vorausgesetzte Solidarisierung wandte. Diese offizielle Doktrin verstand darunter eine Solidarisierung der gesamten Nation, folglich eine für die Partei ungefährliche Form der Solidarität. Eine so verstandene Solidarisierung steht übrigens in einem direkten Zusammenhang mit einer gewissen Vision der Gesellschaft bei Karl Marx, mit seiner romantischen Überzeugung, daß eine von der Plage der Entfremdung befreite Gesellschaft eine Einheit darstelle und keine Mechanismen zur Vermittlung von Konflikten brauche. Es sollten, glaubte Marx, dort keine Konflikte existieren, wo das Privateigentum an Produktionsmitteln abgeschafft ist.

Die Konflikte waren aber keineswegs verschwunden, sie wurden nur im Namen einer postulierten sozialen Harmonie vertuscht. Deshalb hat auch die Danziger Vereinbarung, die am 31. August 1980 unterschrieben und dann Gesellschaftsvertrag genannt wurde, an die Stelle einer idealen und falsch verstandenen Einheit einen tatsächlichen Kompromiß gesetzt. Ein Defizit, das dort entsteht, wo die Utopie auf den lebendigen Körper der Gesellschaft aufgepfropft wird, muß durch einen klaren politischen Zwang ausgeglichen werden: offen, in Gestalt von Terror, oder auch verborgen, in Gestalt von Überredung, Propaganda, undemokratischen Wahlen, Korrumpierung der Menschen.

Die Gewerkschaft «Solidarität» war also gegen eine Solidarisierung. Indem sie die Arbeiter vereinigte und in ihrem Namen offen gegen die Willkür des Arbeitgebers Staat auftrat, brach sie mit der schädlichen Illusion, daß sich im Sozialismus Arbeiter vor dem Arbeitgeber nicht zu schützen brauchten, da sie ja selber stolze Eigentümer der Produktionsmittel seien. Es lag darin keine Bedrohung, sondern eher eine Hoffnung für den Sozialismus, wenn man ihn nur so versteht, wie ihn Leszek Kolakowski in den «Hauptströmungen des Marxismus» beschrieben hat – als ein System der gegenseitigen Zugeständnisse und nicht als ein mythisches Gebäude, in dem per definitionem eine dauernde idyllische Einheit der Interessen, der Überzeugungen und der Haltungen herrscht, in der es keinen politischen Streit gibt mit Ausnahme jenes Streits, der dann nur von Agenten fremder Mächte oder von Ankömmlingen aus dem Weltall gesät sein kann.

Ob sich wirklich in Polen ein realistischeres Modell des Sozialismus durchsetzt, in dem die Fehler der Parteiführung von der öffentlichen Meinung korrigiert werden können, ist im Augenblick sehr unsicher. Eine Intervention der Armeen des Warschauer Paktes würde natürlich für viele Jahre jeglichen Fortschritt in dieser Richtung unmöglich und das bereits Erreichte zunichte machen. Nach der Unterzeichnung des Danziger Abkommens begann gleichsam eine Wiederholung aller vorherigen polnischen politischen Unruhen. Es wiederholte sich die Geschichte des unvollkommenen Kompromisses, der zwischen der Partei und der Gesellschaft geschlossen worden ist. Die Parteiführung ist nicht einheitlich, immer deutlicher macht sich eine Gruppe bemerkbar, die weniger geneigt ist, mit der «Solidarität» zu paktieren. Aber auch die «Solidarität» ist nicht einheitlich, die Masse ihrer Mitglieder ist in allerhöchstem Maße mißtrauisch gegenüber den Erklärungen des Politbüros und der Regierung.

In der augenblicklichen Situation muß es jedoch zu einem dauerhaften Kompromiß kommen; dazu zwingt sowohl die kritische Wirtschaftslage des Landes als auch die Beunruhigungen, die die polnischen Veränderungen im Kreml ausgelöst haben. Ob und wann ein solcher Kompromiß geschlossen wird, weiß niemand. Es ist auch völlig unklar, welche Art Sozialordnung in Polen von der Sowjetunion akzeptiert werden kann. Angesichts der gegenwärtigen politischen und zahlenmäßigen Stärke der «Solidarität» ist ein dauerhafter Kompromiß nur möglich, wenn die Danziger Vereinbarungen tatsächlich eingehalten, wenn eine wirkliche Demokratisierung und Rationalisierung des öffentlichen Lebens, vor allem der Machtausübung der Partei, herbeigeführt werden kann.

Andererseits ist bekannt, daß «Solidarität» und KOR, das übrigens angesichts der Existenz dieser mächtigen unabhängigen Gewerkschaft seine Daseinsberechtigung weitgehend verloren hat, gar nicht danach streben, das augenblickliche System zu stürzen. Sie wollen nicht, daß die Industrie reprivatisiert wird, sie beabsichtigen nicht, dem Politbüro die Befehlsgewalt über die Streit- und Ordnungskräfte oder seine Entscheidungsbefugnisse im Bereich der Außenpolitik zu entreißen, noch wollen sie, daß Polen aus dem Warschauer Pakt austritt. Tatsache ist auch, daß KOR nicht nur keine Verschärfung der Situation anstrebt, sondern sich im Gegenteil bemüht, die Konflikte zu entschärfen. Am 27. November 1980 überzeugte Jacek Kuroń, gemeinsam mit dem per Helikopter aus Danzig eingeflogenen «Solidarität»-Führer Walesa, die Arbeiter der Stahlhütte «Warszawa» davon, daß es besser sei, auf einen Streik zu verzichten.

Zur Verschärfung des Konfliktes tragen vor allem die dogmatisch denkenden Funktionäre in der Parteiführung und im mittleren Parteiapparat bei, sowie die regionalen Organisationen von «Solidarität» mit ihren Emotionen. Die Dogmatiker in der Parteiführung blockieren die Realisierung zahlreicher Punkte des Danziger Abkommens – zum Beispiel die juristische Regelung der Zensur oder auch des Zugangs von «Solidarität» zu den Massenmedien. Mehr noch, sichtbar ermutigt durch die immer unverhüllteren sowjetischen Beschimpfungen und Drohungen an die polnische Erneuerungsbewegung, beginnen sie erneut, sich der alten Polizeimethoden zu bedienen. Sollten sich, dank Moskauer Unterstützung, die Anhänger dieses harten Kurses durchsetzen, wäre eine weitere Eskalation der Spannungen – womöglich bis zu einem tragischen Ende – unvermeidbar.

Die große Frage ist: Wie kann die Koexistenz einer kommunistischen Partei und einer starken unabhängigen Gewerkschaft aussehen – unter der Voraussetzung, daß es doch zu einer Stabilisierung und nicht zu einer Katastrophe kommt. Vor allem muß man bemerken, daß die «Solidarität» nicht nur die Arbeiter – wenn auch sie in allererster Linie – und Bauern vertritt, sondern auch einen großen Teil der Intelligenz. Sie ist also eine authentische und legitime Interessenvertretung fast aller Arbeitnehmer und Landwirte des Landes. Auf Grund dessen wäre es eine Illusion anzunehmen, daß diese Massenorganisation apolitisch bliebe und sich nur mit klassischen Gewerkschaftsproblemen beschäftigen würde.

Die «Solidarität» muß als eine politische Quasi-Partei funktionieren, als eine Partei, die freiwillig – in Anerkennung der politischen Realitäten Osteuropas – darauf verzichtet, die Macht zu ergreifen. Sie sollte aber Kritik an den Handlungen der regierenden Partei äußern und Einflußnahme auf die öffentliche Meinung nehmen dürfen. Der Machtbereich der kommunistischen Partei würde zwar dadurch geschmälert, die Art ihrer Machtausübung könnte aber sogar vervollkommnet werden. Denn eine Machtkontrolle wäre für diese Partei zwar eine Bremse und ein Hindernis, aber auch die Rettung. Es kann für sie eine Befreiung von jener regelmäßig wachsenden Entfremdung sein, vom Verlust des Kontaktes mit der Gesellschaft.

Die Entstehung der «Solidarität» stellt die Chance dar, den bis jetzt chaotischen und immer mit unberechenbaren Folgen drohenden Konflikt zwischen der Partei und der Gesellschaft in einen Konfliktzustand umzuwandeln, der auf einer rationalen Ebene abläuft und gesetzlich abgesichert ist. Die «Solidarität» könnte also die Handlungen der Partei korrigieren, die gesellschaftsfeindlichen Entscheidungen kritisieren und die benachteiligten sozialen Gruppen verteidigen.

Die Tätigkeit der Partei zeichnet immer eine gewisse Starrheit aus, die sich aus den ideologischen Voraussetzungen ergibt, aus der Verbindung mit anderen kommunistischen Parteien, aus der Trägheit des Verwaltungsapparates. Die Korrekturfunktion der «Solidarität» müßte auf eine Verteidigung der Interessen großer Gruppen von Arbeitnehmern ausgerichtet sein, und gerade die Art des Dialogs könnte sich als sehr heilsam für das sozialistisch genannte System erweisen. Das wäre dann vielleicht tatsächlich der real existierende Sozialismus, realer als die augenblicklich existierenden realen sozialistischen Systeme in den Ländern des Ostblocks. Die Partei müßte, wenn sie einem dauernden Druck ausgesetzt wäre, die Methoden ihrer Machtausübung verbessern und ihre innere Struktur reformieren. Sie würde nicht aufhören, für Leute attraktiv zu sein, die von einer Karriere träumen, weil sie nicht aufhören würde, Macht auszuüben. Sie könnte aber keine Korruption mehr in ihren Reihen zulassen, weil das wachsame Auge der «Solidarität» dies nicht erlauben würde.

Werden die Partei in Polen und die Partei in der Sowjetunion sich auf Dauer mit der Systemveränderung abfinden, die die Existenz der «Solidarität» bedeutet? Oder werden sie mit List oder mit Gewalt versuchen, die neue Organisation lahmzulegen und den Lauf der Ereignisse rückgängig zu machen? Wird die «Solidarität» tatsächlich ihre bisherige Besonnenheit und Zurückhaltung bewahren und nicht mehr fordern, als es das gegenwärtige Kräfteverhältnis zuläßt?

Es fehlt nicht an ernsthaften Problemen in den Beziehungen zwischen der Staatsmacht und der «Solidarität». Zu vielen Fragen institutioneller und juristischer Art, die gelöst werden müssen, ist auch eine neue politische Weisheit nötig, das Akzeptieren eines völlig neuen politischen Konsenses auf beiden Seiten, sowohl in der Partei wie in der «Solidarität». Die mehrjährige Existenz einer immer stärkeren demokratischen Opposition in Polen trug dazu bei, daß zu einem gewissen Teil die Intellektuellen- und Arbeiterkreise eine politische Kultur aufbauen konnten. Das Denken in politischen Kategorien – und nicht nur in moralischen – wurde wieder zu einer Beschäftigung, die viele begeisterte. Jetzt profitiert davon die «Solidarität», weil auch ihre Leute und ihre Experten keine Neulinge in der politischen Praxis und Theorie sind. Genauso müssen jetzt die Vertreter der Partei-Elite die neue Sprache lernen. Sie müssen eine neue Methode entwickeln, Schwierigkeiten zu lösen. Vorher beherrschten sie das Land, ohne zur Kenntnis zu nehmen, daß ihre Anordnungen auf einen wirksamen Widerstand stießen. Jetzt können sie nur noch regieren und müssen jedesmal auf Kritik und Widerstand gefaßt sein. Eigentlich sollten sie zufrieden sein, denn ihr Leben ist interessanter geworden.

Die Entstehung der «Solidarität» bringt eine wesentliche Verbesserung des politischen Systems mit sich, bedeutet den Übergang von der künstlich aufrechterhaltenen Illusion der Einheit und Konfliktlosigkeit zu einem komplizierten Modell, in dem ein Netz von Kompromissen den blinden Gehorsam ersetzt. Kann das gelingen? Ist der Widerspruch zwischen dem traditionellen Regierungsmodell und der nun entstandenen Situation nicht allzu groß? Wird das steife Rückgrat mit dem biegsamen und beweglichen Organismus zusammenwachsen? Alle diese Fragen betreffen die Zukunft, und die ist ungewiß, zumal auch fremde, kaum berechenbare Faktoren hinzukommen.

Dagegen ist die Antwort auf die Frage nach dem geistigen und historischen Hintergrund der neusten Entwicklung ziemlich klar. Sehr verschiedene Kreise und Traditionen haben zu einer Renaissance der Bürgeraktivitäten in Polen beigetragen. Einerseits war es die sozialistische Tradition – im Geist der Polnischen Sozialistischen Partei und der Arbeiterselbstverwaltung – sowie das Bewußtsein der Unabhängigkeit bei den Arbeitern. Das ist bekanntlich eine atheistische Tradition, obwohl gegenwärtig eine völlig andere Tradition, nämlich die christliche, genauer noch die katholische, mit ihr verbunden ist. Wasser und Feuer vereinigten sich in einem Verteidigungsbündnis gegen den absoluten und für das Schicksal höchst bedrohlichen Machtanspruch der Kommunisten. Mehr als Wasser und Feuer, denn die Kirche war schließlich in der Zwischenkriegszeit rechtsgerichtet, während die Sozialisten natürlich links standen.

Die Linke und die Rechte also in einem Lager? Dazu kommt noch die patriotische Tradition, die man allerdings schwerlich irgendeiner konkreten Linie oder politischen

Partei der Vergangenheit zuordnen kann, da sie den verschiedensten Richtungen und Parteigruppierungen gemeinsam war und teilweise noch aus früheren Epochen stammte. Indessen hörte die Kirche auf, rechts zu sein. Von den linken Erinnerungen an die Vergangenheit blieb eher eine gewisse Hitze der Emotionen, eine Neigung zu Selbstverwaltung und sozial orientiertem Handeln, ein Sentiment für die linken Helden aus den Geschichtsbüchern, ein rebellischer Geist, eine Zuneigung zu den Gedemütigten und Unterdrückten, eine gewisse Geringschätzung für die zynische, objektive politische Denkart, dagegen ein Verständnis für moralische Forderungen. Neu hingegen ist das wachsende Interesse für den Parlamentarismus und für die Gesetzlichkeit.

Eine «klassische» Rechte gibt es in Polen nicht mehr, denn es gibt kein großes Eigentum, zu dessen Verteidigung sie antreten könnte. Man trifft Publizisten, die konservativ denken und die in Westeuropa als rechts gelten würden. Diese Publizisten argumentieren im allgemeinen in Kategorien eines liberalen Zentrums, sie sind viel mehr fasziniert von der Politik als von der Ethik. Sie haben keinen größeren erzieherischen Einfluß, jedenfalls nicht auf breite Bevölkerungsschichten, ihre Publikationen werden aber mit Interesse von Studenten gelesen.

Schließlich bleibt das patriotische Element, im allgemeinen losgelöst von früheren parteilichen Assoziationen, manchmal jedoch, wie in dem alten und ernsten Kirchenlied «Gott, der du Polen ...», in einem Zusammenhang mit der katholischen Religiosität stehend. Diese alten religiösen Lieder drückten in Polen oft eine verzweifelte Ratlosigkeit aus. Sie wurden zum Beispiel 1944 während des Warschauer Aufstandes gesungen, als keinerlei Hoffnung mehr bestand. Dieselben Lieder sangen die Arbeiter, die sich auf dem Gelände der Danziger Werft im August 1980 versammelt hatten. Hier drückten sie vielleicht mehr das Gefühl einer Einheit aus, aber auch des Muts, sowie der Verbundenheit mit der Tradition des verzweifelten Kampfes um ein freies Vaterland. Dieser Patriotismus hat etwas Reines an sich, er hat nichts gemein mit dem Chauvinismus. Es ist auch nichts Verwunderliches daran, daß in dem Teil der Welt, in dem die Doktrin der beschränkten Souveränität der Staaten gilt, das helle Feuer der Liebe zum Vaterland brennt, das man auch Patriotismus nennt.

Die chemische Zusammensetzung jener gesellschaftlichen Verbindung gegen einen Sozialismus des Zwangs und für einen Sozialismus des Kompromisses ist nicht alltäglich. Alte Feinde treffen sich in einer Gruppierung wieder. Das bringt auch ernsthafte Schwierigkeiten mit sich. Der Westen versteht nur mit größter Mühe die Partnerwahl in diesem Bündnis. Aber ähnlich war es schon in den vierziger Jahren, als die Polnische Sozialistische Partei unter der Führung von Stanislaw Mikolajczyk gegen die zum Machtmonopol strebende kommunistische Partei kämpfte. In den vierziger Jahren zog die Bauernpartei praktisch alle an, die gegen eine Abschaffung des freien Parlamentarismus waren; also existierte schon damals eine Art antitotalitäres Bündnis, das die klassische Spaltung in eine Rechte und eine Linke überbrückte.

Wenn ich mit den zahlreichen – und meist so sympathischen – westlichen Linken spreche, mit Deutschen, Franzosen oder Italienern, stoße ich auf grundsätzliche Verständigungsschwierigkeiten. Es geht dabei meist nicht um das Streben nach sozialen Reformen und Umwandlungen, sondern um etwas Tieferes, um Anschauungen. Meine Bekannten und sympathischen Linken messen im allgemeinen dem, was mir wichtig erscheint, wenig oder fast gar keine Bedeutung bei. Sie unterschätzen die Bedeutung des Parlaments, sie sprechen ironisch über eine unabhängige Presse und eine unabhängige Gerichtsbarkeit, sie interessieren sich nicht für die im Verlauf vieler Jahrhunderte entstandene komplizierte und pluralistische Struktur der westlichen Gesellschaften. Für die Religion haben sie kein gutes Wort übrig, den Papst halten sie für den letzten Reaktionär.

Manchmal scheinen mir diese gutgläubigen Linken ganz

nah zu sein, denn wir finden zum Beispiel Bücher und Filme, die sowohl ihnen wie mir sehr gefallen, aber gleichzeitig besteht zwischen uns eine tiefe Kluft verschiedener Erfahrungen. In Polen war es nicht so dramatisch wie in der Sowjetunion zu Zeiten des Generalissimus Stalin, aber auch hier spürte man den kalten Hauch desselben Windes, eines asiatischen Windes, der fast alle Werte und Errungenschaften der europäischen Zivilisation vernichtete: die Freiheit des Individuums, die Achtung vor Wahrheit und Gerechtigkeit, den Grundsatz, daß man den politischen Gegner nicht erschießt, sondern mit ihm einen Kompromiß abzuschließen versucht.

In Polen kam es nie zu solch extremen Zuständen wie in der Sowjetunion, aber selbst der etwas angewärmte asiatische Wind genügt, damit die Europäer den unendlichen Wert ihrer bedrohten Institutionen richtig sehen. In der Religion entdeckt man dann sehr viel mehr als das «Opium fürs Volk», man sieht in ihr das erprobte System, Erfahrungen einzuordnen, und auch die Tradition, deren Ausgangspunkt das menschliche Individuum und nicht eine mythisch emporgehobene gesellschaftliche Klasse ist. Man verspürt auch einen großen Wahrheitshunger in einer Situation, in der die Zensur jede gedruckte Silbe kontrolliert und jeden Hauch einer Kritik an der Regierung streicht. Wenn die Richter von nur einer einzigen Partei legitimiert werden, beginnt man, die platonische Idee der Gerechtigkeit und das römisch-europäische Prinzip eines unabhängigen Gerichtes zu lieben. Man schätzt die Vielfalt, wenn man zur monotonen Einheit im politischen und – vor dem Oktober 1956 – auch kulturellen Leben verurteilt ist.

Im Westen gelten diese Sympathien für hoffnungslos konservativ, im Osten sind sie eine Lebensnotwendigkeit, fast eine Reaktion des bedrohten Organismus. Deswegen sind die Gespräche mit den sympathischen westlichen Linken so schwierig, denn die stehen an der Spitze einer von der Geschichte aufgeschütteten Höhe und bemerken diese Höhe gar nicht. Im Osten ist diese Anhöhe von Bulldozern zerstört, es entsteht also ganz spontan eine fast ökologische Bewegung zur Verteidigung der europäischen Errungenschaften.

Die Römer kamen nicht bis nach Polen. Polen war immer eine Provinz des Abendlandes, eine jüngere Schwesterzivilisation, die nur wenige orientalische Einflüsse annahm. Im Grunde ist Polen auf lateinischem Fundament aufgebaut. Jetzt erinnert es ein wenig an einen Kachelofen, in dem das Feuer sehr lange brannte und der sich sehr langsam erwärmt hat. Dieser Kachelofen aber bewahrt seine Wärme auch dann noch, wenn andere Öfen schon völlig kalt sind. Denn in Warschau – wie auch in Prag oder Budapest – kann man heute mehr leidenschaftliche Anhänger des europäischen Gedankens treffen als in Paris oder Florenz, wo diese Ideen, die schließlich eher aus diesen Städten als aus Warschau, Prag oder Budapest stammen, oft negiert, verspottet und vergessen oder manchmal nur gleichgültig zur Kenntnis genommen werden.

Ich weiß nicht, ob (das westliche) Europa viel Nutzen aus dem Engagement der (östlichen) Europäer ziehen kann, und ich glaube an keinen neuen Messianismus, mit dem Polen oder auch ganz Osteuropa gegenwärtig Paris und Florenz beglücken könnte. Vielleicht könnte der einzige Nutzen in dem Dienst beruhen, den jemand, der ein gutes Gedächtnis hat, einem Menschen erweist, der an einem schlechten Gedächtnis leidet: Der osteuropäische Glaube an Europa kann den Bewohnern von Florenz und Paris in Erinnerung bringen, welches die Fundamente des Hauses sind, in dem sie leben.

In Danzig wurden 1980 diese ehrenwerten europäischen Grundsätze auf eine besondere und interessante Weise mit einer späteren, ebenfalls europäischen Erfindung gemischt, mit der Idee einer freien Gewerkschaftsbewegung, wobei noch Elemente des sozialistischen Ethos hinzugefügt wurden. Diese sehr originelle Topographie wird auch in den gegenseitigen Beziehungen zwischen der neuen Gewerkschaft und der katholischen Kirche sichtbar. Beide bilden in keinem Fall eine Einheit, die «Solidarität» ist keine und will keine christlich-demokratische Organisation sein, aber sie redet mit der Kirche, und sie redet gern mit ihr. Zum Teil ergibt sich das einfach aus politischer Notwendigkeit. Aber gleichzeitig bestätigt es auch die Vermutung, daß ein neues Kräfteverhältnis in Polen geschaffen worden ist. Ein neues Verhältnis, das aber an sehr alte Vorlagen anknüpft.

Die Tatsache, daß die Staatsmacht sich allzu unverschämt und allzu stark in die Privatangelegenheiten eines jeden Bürgers einmischt, bestimmt in Polen von vornherein fast die ganze moralische, politische und intellektuelle Problematik. Man kann auch sagen, daß diese Ordnung und Regelung, die eine Herausforderung für jeden denkenden Menschen ist, gewisse Vorzüge hat, sie rettet ihn nämlich vor einer tiefen Verzweiflung. Wie jede Herausforderung zwingt sie zur Antwort, zur Anstrengung, verlangt sie Mut und eigenes Denken. Besonders bewahrt diese Herausforderung jedoch vor einer gewissen Art von Nihilismus, vor einem Nihilismus, der zuweilen in Europa oder in den Vereinigen Staaten auftaucht und alles ausweglos erscheinen läßt. Durch diesen Nihilismus verwerfen wir alle von der Tradition übermittelten Formen des politischen und ästhetischen Engagements. Er läßt uns nach neuen Formen suchen, die schon fast außerhalb der Grenzen des menschlichen Ausdrucks liegen, am Rande des Terrors und des Stammelns. Ob der in Danzig im August 1980 entfesselte Gedanke eines rationalen Mutes die Chance zu einem dauerhaften Erfolg hat, wird die Zukunft zeigen.

Über den Autor

Adam Zagajewski wurde am 21. Juni 1945 in Lemberg geboren und lebt in Krakau. Er ist in Polen als Lyriker, Essayist und Romancier bekannt.

Als Lyrik-Bände brachte er heraus: «Kommunikat» («Das Kommuniqué»), erschienen 1972; «Sklepy miesne» («Die Fleischläden»), erschienen 1975, sowie den 1978 erschienenen Band «List» («Der Brief»). Die ersten beiden Bände kamen im Krakauer Verlag «Wydawnictwo Literackie» heraus. Der dritte erschien im inoffiziellen studentischen Verlag «Krakowska Oficyna Studencka». Im April 1981 gab der Berliner Oberbaum-Verlag eine Anthologie polnischer Lyrik heraus («Landkarte schwer gebügelt»), die auch Gedichte Zagajewskis enthält.

Zagajewskis Lyrik kreist in erster Linie um existentielle, aber auch politische Themen. Für den Lyrik-Band «Der Brief» erhielt er den Preis der polnischen Untergrundzeitschrift *Zapis*.

1975 ist von Zagajewski in einem Warschauer Staatsverlag der Roman «Cieplo, zimno» («Warm, kalt») erschienen. Darin beschreibt der Autor die Geschichte eines jungen Intellektuellen, der nach der Wahrheit sucht, aber schließlich zu einem Konformisten wird. Demnächst erscheint in Polen ein weiterer Roman mit dem Titel «Sluch absolutny» («Das absolute Gehör»), in dem sich ein Universitätsassistent für marxistische Philosophie mit der Freiheit des Denkens auseinandersetzt.

Sein zusammen mit Julian Kornhauser verfaßter Essay-Band «Swiat nie przedstawiony» («Die nicht dargestellte Welt»), der 1974 im Krakauer Verlag «Wydawnictwo Literackie» erschien, ist ein Pamphlet gegen die in Polen veröffentlichte Literatur – ein Werk, das landweit diskutiert worden ist. Dieser Band stand auf der Vorschlagsliste der bekannten Warschauer Wochenzeitschrift *Polityka* und brachte den beiden Autoren den Preis der exilpolnischen Stiftung Koscielski ein. In seinem 1978 im katholischen «Znak»-Verlag in Krakau erschienenen Essay-Band «Drugi oddech» («Der zweite Atem») setzt Zagajewski die Auseinandersetzung mit der Literatur fort, insbesondere mit der literarischen Tradition Polens.

Zagajewski studierte von 1963 bis 1968 an der Krakauer Jagiellonischen Universität. In der Folgezeit gehörte er zu den Mitgründern der «Fliegenden Universität» – einer parallel zum staatlichen Erziehungswesen aufgebauten halblegalen Hochschule. Ende 1975 war Zagajewski einer der Mitunterzeichner des «Briefes der 59» und gehörte zum Kreis der Bürgerrechtsbewegung KOR. 1976 erteilte ihm die Regierung wegen seiner oppositionellen Tätigkeit Publikationsverbot, das erst im Verlauf der Streiks 1980 aufgehoben worden ist. Im März 1979 kam der Autor im Rahmen des Künstlerprogramms des Deutschen Akademischen Austauschdienstes nach West-Berlin, wo er das vorliegende Buch verfaßte.